21 世纪高职高专财经类能力本位型规划教材

市场营销专业项目式教材

市场调查与预测

主　编　熊衍红
副主编　饶黎黎　王东霞
参　编　刘　洋　陈巧霞
　　　　赵　昆

内 容 简 介

本书根据高职教育要求突出技能性与实用性的教学特点,以市场调研的实际工作过程为主线编写而成,按照市场调查与预测的工作任务步骤构建教学内容体系,以工作任务的具体实施为中心整合相应的知识和技能,系统介绍市场调查与预测的基本理论和实践知识,包括确立市场调查目标和内容、设计调查方案、正确运用调查方法实施调查、收集资料、确定样本计划、设计调查问卷并进行调查信息资料的整理和预测分析以及撰写调研报告等。

本书采用全新体例编写。通过对本书的学习,读者可以独立策划、撰写市场调查方案;能正确选择和实施市场调查方法;能独立设计调查问卷,具备整理和分析调查资料并进行市场预测、撰写市场调研报告的能力。

本书可作为高职高专工商管理类相关专业的教材,也可作为各类企业营销人员的培训教材或自学参考书。

图书在版编目(CIP)数据

市场调查与预测/熊衍红主编. —北京:北京大学出版社,2011.12
(21世纪高职高专财经类能力本位型规划教材)
ISBN 978-7-301-19904-6

Ⅰ.①市… Ⅱ.①熊… Ⅲ.①市场调查—高等职业教育—教材②市场预测—高等职业教育—教材 Ⅳ.①F713.5

中国版本图书馆 CIP 数据核字(2011)第 258343 号

书　　名:	市场调查与预测
著作责任者:	熊衍红　主编
策 划 编 辑:	王红樱
责 任 编 辑:	蔡华兵
标 准 书 号:	ISBN 978-7-301-19904-6/F · 2995
出 版 者:	北京大学出版社
地　　址:	北京市海淀区成府路 205 号　100871
网　　址:	http://www.pup.cn　http://www.pup6.cn
电　　话:	邮购部 62752015　发行部 62750672　编辑部 62750667　出版部 62754962
电子邮箱:	pup_6@163.com
印 刷 者:	北京鑫海金澳胶印有限公司
发 行 者:	北京大学出版社
经 销 者:	新华书店
	787 毫米×1092 毫米　16 开本　15.5 印张　360 千字
	2011 年 12 月第 1 版　2011 年 12 月第 1 次印刷
定　　价:	31.00 元

未经许可,不得以任何方式复制或抄袭本书之部分或全部内容。
版权所有,侵权必究　　举报电话:010-62752024
　　　　　　　　　　　电子邮箱:fd@pup.pku.edu.cn

前　言

本书为北京大学出版社"21 世纪高职高专财经类能力本位型规划教材"之一。为适应新时期职业技术教育发展的需要，根据职业岗位培养具备组织和承担市场调查项目的实际操作能力的技能型人才的特点，我们以实际的市场调查工作流程为主线进行内容设计，将工作中需要的职业能力转化为教学内容，编写成这本体现了能力本位特色的教材。

本书内容共分 9 个项目，包括市场调查概述、市场调查方案策划、市场调查方法、抽样调查、调查问卷设计、市场调查资料整理、市场调查资料分析、市场预测方法和调查报告的撰写。此外，为便于学生学习，本书还设置了适当的知识链接、小思考、应用案例等模块。

本书可按照 42～66 学时安排教学，推荐学时分配为：项目一安排 2～4 学时，项目二安排 2～4 学时，项目三安排 6～12 学时，项目四安排 6～8 学时，项目五安排 4～8 学时，项目六安排 6～8 学时，项目七安排 6～8 学时，项目八安排 6～8 学时，项目九安排 4～6 学时。教师可根据不同的专业灵活安排学时，课堂重点讲解每个项目中的主要知识模块，知识链接、应用案例、思考与练习、项目实训这些模块可安排学生在课后阅读和练习。

本书突破了传统教材的知识框架，注重理论与实践相结合，内容丰富，案例翔实，并附有多种类型的习题供学生练习。

本书由湖北财税职业学院熊衍红担任主编，湖北水利水电职业技术学院饶黎黎和济源职业技术学院王东霞担任副主编。本书具体编写分工为：熊衍红编写项目一，湖北城市建设职业技术学院刘洋编写项目二和项目三，湖北财税职业学院陈巧霞编写项目四和项目八，饶黎黎编写项目五和项目九，湖北工业大学工程技术学院赵昆编写项目六和项目七，王东霞参与编写项目三、项目四和项目五。全书由熊衍红统稿。

本书在编写过程中，参考和引用了国内外有关著作、研究成果和文献资料，在此向相关作者和所有帮助过本书编写的朋友一并表示衷心的感谢！

由于编者水平有限，书中难免存在不足和疏漏之处，敬请各位读者批评指正。

编　者
2011 年 8 月

目 录

项目一　市场调查概述 …………………… 1
1.1　认识市场调查 ……………………… 2
1.1.1　市场调查的概念 ……………… 3
1.1.2　市场调查的特征 ……………… 3
1.1.3　市场调查的作用 ……………… 4
1.1.4　市场调查的基本要求 ………… 5
1.2　理解市场调查的类型、步骤与内容 ……………………………………… 6
1.2.1　市场调查的类型 ……………… 6
1.2.2　市场调查的流程 ……………… 7
1.2.3　市场调查的内容 ……………… 8
1.3　了解市场调查机构和人员 …………… 17
1.3.1　市场调查机构 ………………… 17
1.3.2　市场调查人员 ………………… 19
项目小结 …………………………………… 19
思考与练习 ………………………………… 20
项目实训 …………………………………… 21

项目二　市场调查方案策划 ……………… 22
2.1　了解市场调查方案设计的意义 ……… 26
2.1.1　市场调查方案设计的含义 …… 27
2.1.2　市场调查方案设计的意义 …… 27
2.1.3　市场调查方案设计的特点与原则 ………………………………… 28
2.2　理解市场调查方案设计的工作流程 ……………………………………… 29
2.2.1　确定调查的必要性 …………… 29
2.2.2　确定调查目标 ………………… 29
2.2.3　确定调查对象和调查单位 …… 30
2.2.4　确定调查内容 ………………… 31
2.2.5　确定信息的类型和来源 ……… 31
2.2.6　确定调查人员、时限 ………… 32
2.2.7　选择调查方法 ………………… 33
2.2.8　确定调查资料整理和分析方式 ………………………………… 33
2.2.9　确定提交调查结果的方式 …… 34
2.2.10　确定调查的经费预算 ……… 34
2.3　市场调查方案策划的编写与评价 …… 34
2.3.1　市场调查方案策划的格式 …… 34
2.3.2　市场调查方案策划的评价 …… 35
项目小结 …………………………………… 36
思考与练习 ………………………………… 36
项目实训 …………………………………… 39

项目三　市场调查方法 …………………… 40
3.1　文案调查法 …………………………… 41
3.1.1　文案调查法的作用 …………… 41
3.1.2　间接资料的收集 ……………… 43
3.1.3　文案调查的方法 ……………… 44
3.1.4　文案调查法的注意事项 ……… 45
3.1.5　文案调查的实施步骤 ………… 45
3.2　访问调查法 …………………………… 46
3.2.1　访问调查法的概念与种类 …… 46
3.2.2　标准化访问 …………………… 47
3.2.3　非标准化访问 ………………… 52
3.3　观察法 ………………………………… 56
3.3.1　观察法的类型 ………………… 56
3.3.2　观察法的操作要点 …………… 57
3.3.3　观察法的优缺点 ……………… 58
3.4　实验调查法 …………………………… 59
3.4.1　实验调查法的类型 …………… 59
3.4.2　实验调查法的优缺点 ………… 60
3.4.3　实验调查法有效性检测 ……… 61
3.5　网络调查法 …………………………… 61
3.5.1　网络调查的优点 ……………… 61
3.5.2　网络调查的缺点 ……………… 62
3.5.3　网络调查的常用方法 ………… 63
项目小结 …………………………………… 64
思考与练习 ………………………………… 64
项目实训 …………………………………… 68

项目四　抽样调查 ………………………… 69
4.1　认识抽样调查 ………………………… 70
4.1.1　抽样调查的概念 ……………… 70
4.1.2　抽样调查的特点 ……………… 70
4.1.3　抽样调查的应用范围 ………… 71

  4.1.4 抽样调查中常用的名词 ……… 72
 4.2 抽样调查的操作程序 …………… 76
  4.2.1 确定调查总体 ……………… 77
  4.2.2 设计和抽取样本 …………… 77
  4.2.3 搜集样本资料，计算样本
     指标 ………………………… 77
  4.2.4 推断总体 …………………… 77
 4.3 抽样技术的类别及特点 ………… 79
  4.3.1 随机抽样 …………………… 79
  4.3.2 非随机抽样 ………………… 81
 项目小结 ………………………………… 82
 思考与练习 ……………………………… 83
 项目实训 ………………………………… 84

项目五 调查问卷设计 ……………… 85
 5.1 调查问卷的作用和结构 ………… 87
  5.1.1 调查问卷的含义与优缺点 … 87
  5.1.2 调查问卷的结构 …………… 89
  5.1.3 调查问卷的类型 …………… 91
 5.2 问卷设计的基本流程与原则 …… 95
  5.2.1 问卷设计的基本流程 ……… 95
  5.2.2 问卷设计的原则 …………… 99
  5.2.3 问卷设计的整体要求 …… 100
 5.3 调查问卷题型设计 …………… 102
  5.3.1 问题的设计形式 ………… 102
  5.3.2 问卷题型设计表述 ……… 106
 5.4 问卷答案量化的类型与设计 … 108
  5.4.1 问卷答案的类型及设计
     原则 ……………………… 108
  5.4.2 问卷答案量化的类型 …… 110
  5.4.3 问卷调查法的适用范围 … 113
  5.4.4 问卷的发放与回收 ……… 113
 项目小结 ……………………………… 114
 思考与练习 …………………………… 115
 项目实训 ……………………………… 120

项目六 市场调查资料整理 ………… 122
 6.1 调查资料的审核 ……………… 124
  6.1.1 调查资料的收集与管理 … 124
  6.1.2 调查问卷的审核 ………… 128
 6.2 SPSS 简介 …………………… 129
  6.2.1 概述 ……………………… 129
  6.2.2 常用界面与窗口 ………… 130

  6.2.3 建立数据文件 …………… 131
 6.3 SPSS 对调查资料的整理 …… 133
  6.3.1 资料整理简述 …………… 133
  6.3.2 数据编码与录入 ………… 134
  6.3.3 数据基本操作与管理 …… 138
 项目小结 ……………………………… 145
 思考与练习 …………………………… 146
 项目实训 ……………………………… 148

项目七 市场调查资料分析 ………… 150
 7.1 市场调查资料分析概述 ……… 153
  7.1.1 市场调查资料分析的内涵和
     原则 ……………………… 153
  7.1.2 市场调查资料分析方法 … 154
 7.2 SPSS 对调查资料的分析操作 … 154
  7.2.1 描述统计 ………………… 154
  7.2.2 比较均值 ………………… 160
  7.2.3 多选题分析 ……………… 163
 7.3 调查资料的汇总 ……………… 166
  7.3.1 分类汇总 ………………… 166
  7.3.2 报告 ……………………… 169
 项目小结 ……………………………… 178
 思考与练习 …………………………… 179
 项目实训 ……………………………… 181

项目八 市场预测方法 ……………… 183
 8.1 认识市场预测 ………………… 184
  8.1.1 市场预测的含义 ………… 184
  8.1.2 市场预测的基本原理 …… 185
  8.1.3 市场预测的基本要求 …… 186
  8.1.4 市场预测的种类 ………… 187
  8.1.5 市场预测的程序 ………… 187
 8.2 定性预测方法 ………………… 189
  8.2.1 定性预测方法概述 ……… 189
  8.2.2 头脑风暴法 ……………… 189
  8.2.3 德尔菲法 ………………… 191
  8.2.4 主观概率法 ……………… 193
 8.3 定量预测方法 ………………… 195
  8.3.1 定量预测方法概述 ……… 195
  8.3.2 时间序列预测法 ………… 195
  8.3.3 回归分析预测法 ………… 205
 项目小结 ……………………………… 207
 思考与练习 …………………………… 207

项目实训 ································ 209

项目九　调查报告的撰写 ············ 210
9.1　调查报告的种类和意义 ············ 213
9.1.1　调查报告的特征 ············ 213
9.1.2　调查报告的种类 ············ 215
9.1.3　撰写调查报告的意义 ······· 216
9.2　调查报告的格式与要求 ············ 217
9.2.1　调查报告的格式 ············ 217
9.2.2　调查报告的内容 ············ 224

9.2.3　撰写调查报告的基本要求 ··· 225
9.3　撰写调查报告的程序和技巧 ········ 226
9.3.1　撰写调查报告的程序 ······· 226
9.3.2　撰写调查报告的技巧 ······· 228
9.3.3　撰写调查报告的注意事项 ··· 231

项目小结 ································ 233
思考与练习 ······························ 233
项目实训 ································ 236

参考文献 ································ 239

项目一　市场调查概述

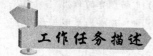

大学生小王毕业后准备自主创业经营一家品牌服饰店,但是在他的脑海中却充满了问号:什么档次的服装经营前景更好?消费者对什么样的品牌更感兴趣?店面位置选在哪里更合适?这一系列的问题必须得到有效解决才能让小王真正迈开自主创业的第一步,而解决这一系列问题的基础就是市场调查。"没有调查,就没有发言权。"市场调查是企业营销活动的起点,是企业赢得市场必不可少的重要营销工具,是企业营销成败的关键。不进行市场调查,企业将寸步难行。那么,到底什么是市场调查?应该如何正确认识市场调查?市场调查对企业的营销活动有何重要作用?常用的市场调查类型有哪些?市场调查主要是对哪些方面的内容进行调查?如何正确开展市场调查?作为市场调查人员应具备哪些素质?如何有效借助市场调查机构服务于企业的营销活动?这些工作任务将通过本项目内容的学习得到有效解决,为市场调查的具体实施打下基础。

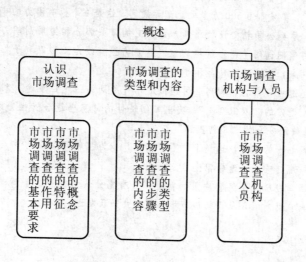

市场调查与预测

学习目标

知识目标	能力目标	学习重点和难点
(1) 理解市场调查的概念与特点 (2) 认识市场调查的作用 (3) 明确市场调查的基本要求 (4) 理解掌握市场调查的类型和内容 (5) 了解市场调查机构和人员	(1) 能够正确针对不同的对象和环境，运用不同的市场调查类型进行调查 (2) 能够根据企业面临宏观环境和微观环境，选择正确的调查内容 (3) 能够有效借助市场调查机构服务于企业的营销活动	(1) 市场调查的概念及特征 (2) 市场调查的作用 (3) 市场调查的类型与步骤 (4) 市场调查的内容

吉列公司面向妇女的专用"刮毛刀"

男人长胡子，因而要刮胡子；女人不长胡子，自然也就不必刮胡子。然而，美国的吉列公司却把"刮胡刀"推销给女人，居然大获成功。

吉列公司创建于1901年，其产品因使男人刮胡子变得方便、舒适、安全而大受欢迎。进入20世纪70年代，吉列公司的销售额已达20亿美元，成为世界著名的跨国公司。然而吉列公司的领导者并不满足于此，而是想方设法继续拓展市场，争取更多用户。就在1974年，公司提出了面向妇女的专用"刮毛刀"。

这一决策看似荒谬，却是建立在坚实可靠的市场调查的基础之上的。

吉列公司先用一年的时间进行了周密的市场调查，发现在美国30岁以上的妇女中，有65%的人为保持美好形象，要定期刮除腿毛和腋毛。这些妇女之中，除使用电动刮胡刀和脱毛剂之外，主要靠购买各种男用刮胡刀来满足此项需要，一年在这方面的花费高达7 500万美元。相比之下，美国妇女一年花在眉笔和眼影上的钱仅6 300万美元，染发剂5 500万美元。毫无疑问，这是一个极有潜力的市场。

根据市场调查结果，吉列公司精心设计了新产品，它的刀头部分和男用刮胡刀并无两样，采用一次性使用的双层刀片，但是刀架则选用了色彩鲜艳的塑料，并将握柄改为弧形以利于妇女使用，握柄上还印压了一朵雏菊图案。这样一来，新产品立即显示了女性的特点。

为了使雏菊刮毛刀迅速占领市场，吉列公司还拟定几种不同的"定位观念"到消费者中征求意见。这些定位观念包括：突出刮毛刀的"双刀刮毛"；突出其创造性的"完全适合女性需求"；强调价格的"不到50美分"；以及表明产品使用安全的"不伤玉腿"等。

最后，公司根据多数妇女的意见，选择了"不伤玉腿"作为推销时突出的重点，刊登广告进行刻意宣传。结果，雏菊刮毛刀一炮打响，迅速畅销全球。

这个案例说明，市场调查研究是经营决策的前提，只有充分认识市场，了解市场需求，对市场做出科学的分析判断，决策才具有针对性，从而拓展市场，使企业兴旺发达。

（资料来源：华律网）

1.1 认识市场调查

一个企业要在竞争激烈的市场环境中生存下去，市场营销活动是必需的，市场营销中一个基础的环节就是了解市场、分析市场。而要做到充分有效地了解市场，市场调查是关键。

项目一 市场调查概述

1.1.1 市场调查的概念

市场调查是指运用科学的方法,有目的地、系统地设计、搜集、整理、分析和传递有关市场营销活动的相关信息和资料,分析市场情况,了解市场的现状及其发展趋势,为企业经营决策提供科学依据的营销管理活动。它是企业开展经营活动的前提。

随着经济发展,科技进步与社会、政治、法律环境的不断变化,企业在整个市场营销管理过程中,需要应对与处理的问题和矛盾很多,只有建立在准确的市场调查基础上,牢牢把握市场变化的脉搏,才有可能做出正确的营销决策。

 知识链接 1-1

> 美国市场营销协会(American Marketing Association,AMA)将市场调查定义为通过信息来连接消费者、顾客、公众与市场营销人员的职能。这些信息用于识别和确定营销机会及问题,产生、提炼和评估营销活动、监督营销绩效,促进人们对营销过程的理解。市场调查包括了确定所需信息,设计收集信息的方法,管理并实施信息收集,分析结果,得出结论等一系列活动。
>
> 美国著名的营销学家菲利普·科特勒博士将市场调查定义为为制定某项具体的营销决策而对有关信息进行系统地收集、分析和报告的过程。
>
> 美国的另一学者大卫·拉克认为:"市场调查是为了特定的市场营销决策,对有关资料进行系统地计划、收集、记录、分析和解释。"这个定义与上述定义的主要区别是增加了计划阶段。它认为市场调查应将较大精力放在计划这个环节上,同时在对资料进行分析后,应再根据所做的决策进行认真的解释,相当于报告。

1.1.2 市场调查的特征

作为企业市场营销活动的基础,市场调查执行着自己的特殊职能和任务,具有一定的特征。

1. 目的性

市场调查的目的性是由企业经营活动的目的性所决定的。市场调查费时、费力,还要负担费用的支出,因此,任何一项调查都应有明确的目的,企业需根据营销活动的需要并围绕既定目的进行具体的市场调查,为企业制定战略规划、制定策略、进行经营管理决策提供信息支持。

 小思考 1-1

> 产品调查的目的可能有哪些?

2. 科学性

市场调查面对的是复杂多变的市场营销环境要素,企业为了获得能够最准确地反映市场情况的资料和信息，把握影响市场营销活动的关键因素，必须运用科学的方法、科学的技术手段得出科学的分析结论。

3. 系统性

市场调查的系统性表现在：首先，市场调查活动是一个系统，包括编制调查计划、设计调查问卷、抽取样本、访问、收集资料、整理资料、分析资料和撰写分析报告等；其次，影响市场调查的因素也是一个系统，诸多因素构成一个整体。

4. 社会性

市场调查是面向社会的调研活动，调查的主体是具有丰富知识的专业人员，调查的对象是具有丰富内涵的社会人，市场调查的内容涉及社会经济生活的各个领域。

5. 不确定性

市场调查受多种因素影响，其中很多影响因素本身就具有不确定性，如消费者的心理状态、个人消费习惯、消费环境等，这也就使调查难免出现误差。

1.1.3 市场调查的作用

在市场竞争激烈的情况下，由于企业对市场信息掌握不够，从而坐失良机或销售受阻的情况比比皆是，因而市场调查显得尤为重要。对市场信息资料收集越多，分析越准确，企业越容易占据主动位置。因此，市场调查已成为工商企业共同关注的目标。

1. 市场调查是企业实现经营目的的重要环节

企业经营的目的是满足人民日益增长的物质文化需要进而获得利润，为此企业首先要了解消费者的需要以便按照其需要进行生产，特别是消费者的需要在不断变化，这就不但需要调查，而且要及时进行调查。市场调查是国民经济各部门制订计划及企业实现生产经营目的的重要一环。

2. 市场调查是企业进行决策或修订策略的客观依据

企业进行经营决策，首先要了解内部和外部的环境及信息。要掌握信息，就必须进行市场调查。

企业的管理部门或有关负责人要针对某些问题进行决策或修正原定策略——产品策略、定价策略、分销策略、广告和推广策略等，通常需要了解的情况和考虑的问题是多方面的，例如：

(1) 产品在哪些市场的销售前景较好？
(2) 产品在某个市场上的销售预计可达到什么样的数量？
(3) 怎样才能扩大企业产品的销路，增加销售量？
(4) 如何把握产品的价格？
(5) 应该使用什么方法组织产品推销？

如此种种问题，只有通过市场调查才能得到具体答案，才能作为决策或修正策略的客观依据。

3. 市场调查是企业改进技术和提高管理水平的重要途径

当今世界，科学技术发展迅速，新发明、新创造、新技术和新产品层出不穷。通过市场调查所得到的信息和资料有助于及时了解世界各国的经济动态和有关科技信息，为本企业的管理部门和有关决策人员提供科技情报。

4. 市场调查是增强企业竞争力和应变能力的重要手段

市场的竞争是激烈的，情况也在不断发生变化。市场上的各种变化因素可以归结为两类：①可控制因素，如产品、价格、分销、广告和推广等；②非可控制因素，如国内环境和国际环境所包括的有关政治、经济、文化、地理条件、战争与国外分支机构等因素。这两类因素相互联系、相互影响，而且不断发生变化。及时调整可控制因素来适应非可控制因素的变化情况，才能应对市场竞争。只有通过市场调查才能及时了解各种非可控制因素的变化情况，从而有针对性地采取某种应变措施应对竞争。通过市场调查，除了可以了解市场目前状况外，还可预测未来的市场变化趋势。如果一家处在激烈竞争中的公司不搞市场调查，就好像丧失了营销业务活动的"耳"和"目"，就像是"聋子"和"瞎子"一样，对市场好像变化毫无警觉，反应迟钝，甚至一无所知、无所适从，这是十分危险的。

当然，有时候营销决策者也不得不放弃市场调查，如情况危急，时间紧迫，没有时间进行调查，或者营销经理已经掌握了足够的信息能够做出正确的决策，或出于成本利益原则考虑市场调查的投入远远高于获得的收益等。

应用案例 1-1

> 在20世纪90年代，中国彩电市场经历了4次价格大战，促使长虹彩电在家电行业中独领风骚。然而，1999年初，长虹集团发现其彩电零售市场份额的领先地位开始动摇，厦华、康佳等品牌正直追而至。是消费者的需求发生变化了吗？还是进口彩电占据了大量的市场份额？长虹经过大量的市场调查发现：上述两者都不是，而是其他几个品牌的彩电拥有相对的价格优势，从而导致了长虹彩电在一定程度出现销售滑坡，而此时长虹彩电整机库存超过250万台。查出症结以后，长虹集团依据自己的优势，实施了新一轮的价格战略，点燃了中国彩电业第五次降价的烽火。结果，长虹集团重新巩固了自己的市场霸主地位，创造了良好的经济和社会效益。

1.1.4 市场调查的基本要求

市场调查在企业营销活动中发挥着重要作用，但其实施不是无原则、无程序的，坚持和遵循市场调查的原则和要求，是做好市场调查工作的基础。

（1）端正指导思想。要树立为解决实际问题而进行调查研究的思想，牢记"一切结论产生于调查的末尾"。注意防止出现为了某种特殊需要，带着事先想出的观点和结论寻找"合适"的素材来印证的虚假调查。

（2）如实反映情况。对通过调查得出的信息，坚持以事实为基础如实反映。

（3）选择有效方法。调查研究采取何种方法，一般应综合考虑调研的效果和人力、物力、财力的可能性以及时间限度等。某些调查项目，往往需要同时采用多种不同的调查方法。例如，进行典型调查，就需要交叉运用座谈会、访问法、观察法等多种方式。

（4）安排适当场合。安排调查的时间和地点时，要为被调查者着想，充分考虑被调查者是否方便，是否能引起被调查者的兴趣。

（5）注意控制误差。影响市场变化的因素十分复杂，调研过程难免产生误差，但是应将调查误差控制在最低限度，尽量保持调查结果的真实性。

（6）掌握谈话技巧。调研人员在调查访问时的口吻、语气和表情对调查结果有直接的影响，因此谈话特别需要讲究技巧。

（7）注意仪表和举止。一般来讲，调查人员穿着整洁，举止端庄，平易近人，就容易与被调查者打成一片；反之则会给被调查者以疏远的感觉，使之不愿与调查人员接近。

（8）遵守调查纪律。包括遵纪守法，尊重被调查者的意见和风俗习惯，注意保密和保管好调查资料等。

1.2 理解市场调查的类型、步骤与内容

市场调查按照不同的标准可以划分为不同的类型。了解市场调查的类型和内容，有助于企业选择最好的调查途径。

1.2.1 市场调查的类型

1. 按市场调查的范围划分

按市场调查的范围划分，市场调查可分为市场普查、重点调查、典型调查和抽样调查。

1）市场普查

市场普查就是对市场调查指标有关的总体进行调查，即对所要认识的研究对象全体进行逐一的、普遍的、全面的调查。它是全面收集市场信息，获得较为完整、系统的信息资料的一种方法。

2）重点调查

重点调查是指在调查对象总体中选定一部分重点单位进行调查。所谓重点单位，是指在总体中处于十分重要地位的单位，或者在总体某项标志总量中占绝大比重的一些单位。采用这种调查方式，较易选定为数不多的重点调查单位，能够以较少的人力、较少的费用开支，较快地掌握调查对象的基本情况。

3）典型调查

典型调查是在调查对象总体中有意识地选择一些具有典型意义或具有代表性的单位进行专门调查。这种典型调查一般可分为两类：一类是对具有典型意义的少数单位进行解剖麻雀式的调查，以研究事物的一般情况。这类调查通常用来研究新生事物以及新情况和新问题，或者用来总结先进经验，以便掌握典型方法，指导全面工作。另一类是从调查总体中选择具有代表性的典型单位进行调查，以典型样本的指标，推断总体的指标。

4）抽样调查

抽样调查是指从市场调查对象总体中抽取出一部分子体作为样本进行调查，然后根据样

本信息推算市场总体情况的方法。

2. 按市场调查的性质和目的划分

按市场调查的性质和目的的不同,市场调查可分为探索性调查、描述性调查、因果性调查和预测性调查。

1) 探索性调查

探索性调查是在情况不明时,为了找出问题的症结、进一步明确深入调查的具体内容和重点而进行的非正式的初步调查。这种调查有助于将一个大而模糊的问题表达为小而准确的子问题,并识别出需要进一步调研的信息。它的主要作用是发现问题或寻找市场机会。基本操作是企业将经营问题产生的原因预先设立假设,然后展开市场调查,鉴定假设是否成立,进而针对问题选取有效的方法进行改进。例如,某公司的市场份额去年下降了,公司无法逐一查知原因,就可用探索性调查来发掘问题:是经济衰退的影响?是广告支出的减少?是销售代理效率低?还是消费者的习惯改变了?

探索性调查主要适合于调查那些企业知之甚少、不能肯定其性质的问题。

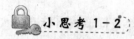

探索性调查也称非正式调查或试探性调查。这种调查是不是没有任何目的呢?

2) 描述性调查

描述性调查是为了描述总体或现象的属性而设计的调查,是在对问题有了一定的认识基础之上的调查。描述性调查主要是进行事实资料的收集、整理,将市场的客观情况如实地加以描述和反映,寻求对"谁"、"什么事情"、"什么时候"、"什么地点"这样一些问题的回答。它可以描述不同消费者群体在需要、态度、行为等方面的差异。描述的结果,尽管不能对"为什么"做出回答,但也为解决营销问题提供了所需的全部信息。例如,某商店了解到该店68%的顾客主要是年龄在18~45岁的女性消费者,并经常带着家人、朋友一起来购物。这种描述性调查提供了重要的决策信息,使商店特别重视直接向女性消费者开展促销活动。

市场调查有很多都属于描述性调查,它主要解决"是什么"的问题。

3) 因果性调查

因果性调查是调查一个因素的改变是否引起另一个因素改变的研究活动,目的是识别变量之间的因果关系。例如,自行车销售量的增长会促进轮胎、车锁与车铃的需求量增加,消费者收入增加会使消费品的需求量增加等。掌握了市场各种现象之间或问题之间的联系,就能预见市场的变化发展趋势。它主要解决"为什么"的问题。

4) 预测性调查

预测性调查用于预测未来市场前景,重点在于掌握未来市场发展变化的趋势,为经营管理决策和市场营销决策提供依据。

1.2.2 市场调查的流程

市场调查的全过程可划分为调查准备、调查实施和结果处理3个阶段,每个阶段又可分为若干具体步骤,如图1.1所示。

图 1.1 市场调查的过程

1. 调查准备阶段

本阶段主要解决调查目的、范围和调查力量的组织等问题,并设计出切实可行的调查方案。这个阶段具体工作步骤如下:

(1) 确定调查目标,拟定调查项目。
(2) 确定收集资料的范围和方式。
(3) 设计调查表和抽样方式。
(4) 制订调查方案。

2. 调查实施阶段

该阶段是整个市场调查过程中最关键的阶段,对调查工作能否满足准确、及时、完整及节约等基本要求有直接的影响。这个阶段的工作步骤如下:

(1) 对调查人员进行培训,使调查人员理解调查计划,掌握调查技术及同调查目标有关的经济知识。
(2) 实地调查。即调查人员按调查方案规定的时间、地点及方法具体地收集有关资料。实地调查的质量取决于调查人员的素质、责任心和组织管理的科学性。

3. 总结阶段

这个阶段的工作步骤如下:

(1) 资料的整理与分析。即对所收集的资料进行"去粗取精、去伪存真、由此及彼、由表及里"的处理。
(2) 撰写调查报告。市场调查报告一般由引言、正文、结论及附件 4 个部分组成。其基本内容包括开展调查的目的、被调查单位的基本情况、所调查问题的事实材料、调查分析过程的说明及调查的结论和建议等。
(3) 追踪与反馈。提出了调查的结论和建议,不能认为调查过程就此完结,而应继续了解其结论是否被重视和采纳、采纳的程度和采纳后的实际效果以及调查结论与市场发展是否一致等,以便积累经验,不断提高调查工作的质量。

1.2.3 市场调查的内容

市场调查通常包括两大内容:市场宏观环境调查,主要包括政治环境调查、法律环境调查、经济环境调查、社会文化环境调查、科技环境调查、地理和气候环境调查;市场微观环境调查,主要包括市场需求调查、消费者人口状况调查、消费者购买动机和行为调查、市场供给调查、市场营销活动调查。

1. 市场宏观环境调查

宏观环境是指全面地、间接地影响企业长远发展的外部因素,即地理影响因素、政治影响因素、经济影响因素、社会文化影响因素和科技影响因素。一切组织及其活动都处在这些环境之中，不可避免地受其影响和制约。

1）政治环境调查

政治环境调查主要是为了了解影响和制约市场环境的国内外政治形势以及国家管理市场的有关方针政策。其调查内容主要涉及以下几个方面：

（1）国家制度和政策。主要了解其政治制度、对外政策（包括对不同国家和地区的政策）等。有些国家政权不够稳定，因此，只有了解并掌握这些国家的政权更迭和政治趋势，才能尽可能避免承担经济上的风险和损失。

（2）国家或地区之间的政治关系。随着国际政治关系的变化，对外贸易关系也会发生变化，如设立或取消关税壁垒，采取或撤销一些惩罚性措施、增加或减少一些优惠性待遇等。

（3）政治和社会动乱。由于罢工、暴乱、战争等引起的社会动乱，会影响国际商品流通和交货期，给对外贸易带来一定的风险，但同时也可能产生某种机遇，通过调查，有助于企业随机应变，把握市场成交机会。

（4）国有化政策。了解各国对外国投资的政策，如外国人的投资是否要收归国有。什么情况下收归国有等。

2）法律环境调查

法律环境调查主要是了解现有政策、法令及其变化趋势和对企业的影响程度，分析企业什么可做，什么不可做，什么可尝试着做，探寻企业发展方向以立于不败之地。许多发达国家都十分重视经济立法并严格遵照执行。我国作为发展中国家，也正在加速向法制化方向迈进，先后制定了《中华人民共和国经济合同法》、《中华人民共和国商标法》、《中华人民共和国专利法》、《中华人民共和国广告法》和《中华人民共和国环境保护法》等多种经济法规及条例，这些都对企业营销活动产生了重要的影响。许多国家都制定有各种适合本国经济的对外贸易法律，其中规定了对某些出口国家所施加的进口限制、税收管制及有关外汇的管理制度等。随着外向型经济的发展，我国与世界各国的交往越来越密切，这些法律和规定都是企业进入国际市场时所必须了解的。

3）经济环境调查

经济环境对市场活动有着直接的影响，对经济环境的调查，主要可以从生产和消费两个方面进行：

（1）生产方面。生产决定消费，市场供应、居民消费都有赖于生产。生产方面的调查主要包括这样几项内容：能源和资源状况，交通运输条件，经济增长速度及趋势，产业结构，国民生产总值，通货膨胀率，失业率，农、轻、重比例关系等。

（2）消费方面。消费对生产具有反作用。消费规模决定市场的容量，也是经济环境调查不可忽视的重要因素。消费方面的调查主要是了解某一国家（或地区）的国民收入、消费水平、消费结构、物价水平、物价指数等。

小思考 1-3

为什么说在经济环境调查中，应着重把握一个国家（或地区）总的经济发展前景？

4）社会文化环境调查

社会文化环境在很大程度上决定着人们的价值观念和购买行为，它影响着消费者购买产品的动机、种类、时间、方式以及地点。经营活动必须适应所涉及国家(或地区)的文化和传统习惯，才能被当地消费者所接受。例如，在销往中东地区的各种用品中不能含有酒精，这是因为该地区绝大多数的居民笃信伊斯兰教，严禁饮酒；又如，有些地区消费者喜欢标有"进口"或"合资"字样的商品，而另一些地区消费者却可能相反。这种情况一方面与民族感情有关，另一方面也与各国、各民族的保守意识和开放意识有关，这些都要通过市场调查才能掌握。

5) 科技环境调查

科学技术是生产力。要及时了解新技术、新材料、新产品、新能源的状况，国内外科技总的发展水平和发展趋势，本企业所涉及的技术领域的发展情况，专业渗透范围，产品技术质量检验指标和技术标准等。这些都是科技环境调查的主要内容。

6) 地理和气候环境调查

各个国家和地区由于地理位置不同，气候和其他自然环境也有很大的差异，它们不是人为造成的，也很难通过人的作用加以控制，只能在了解的基础上适应这种环境。应注意对地区条件、气候条件、季节因素、使用条件等方面进行调查。气候对人们的消费行为有很大的影响，从而制约着许多产品的生产和经营，如衣服、食品、住房等。

例如，我国的藤制家具在南方十分畅销，但在北方则销路不畅，受到冷落。其主要原因是北方气候干燥，这种家具到北方后往往会发生断裂，影响了产品的声誉和销路。由此可见，地理和气候环境与社会环境一样，也是市场调查不可忽视的一项重要内容。

2. 市场微观环境调查

1) 市场需求调查

需求通常是指人们对外界事物的欲望和要求，人们的需求是多方面、多层次的。多方面表现在：人们有维持肌体生存的生理需求，如衣、食、住、行等；也有精神文化生活的需求，如读书看报、文娱活动、旅游等；还有社会活动的需求，如参加政治、社会集团及各种社交活动等。按照标志不同，需求还可分为物质需求(包括生产资料和生活资料)，精神文化需求和社会活动需求；商品需求和劳务需求；欲望需求及有支付能力的需求等。

知识链接 1-2

马斯洛需求层次理论(Maslow's Hierarchy of Needs)也称"基本需求层次理论"，是行为科学的理论之一，由美国心理学家亚伯拉罕·马斯洛于1943年在《人类激励理论》一文中提出。马斯洛需求层次理论将需求分成生理需求、安全需求、归属与爱的需求、尊重需求和自我实现需求5类，依次由较低层次到较高层次排列。一般来说，某一层次的需要相对满足了，就会向高一层次发展，追求更高一层次的需要就成为驱使行为的动力。相应的，获得基本满足的需要就不再是一股激励力量。

2) 消费者人口状况调查

某一国家(或地区)购买力总量及人均购买力水平的高低决定了该国(或地区)市场需求的大小。在购买力总量一定的情况下，人均购买力的大小直接受消费者人口总数的影响，为研究人口状况对市场需求的影响，便于进行市场细分，就应对人口情况进行调查。主要包括对总人口、家庭及家庭平均人口、人口地理分布、年龄及性别构成、教育程度及民族传统习惯的调查等。

3) 消费者购买动机和行为调查

（1）消费者购买动机调查。所谓消费者购买动机，就是为满足一定的需要，而引起人们购买行为的愿望和意念。人们的购买动机常常是由那些最紧迫的需要决定的，但购买动机又是可以运用一些相应的手段诱发的。消费者购买动机调查的目的主要是弄清购买动机产生的各种原因，以便采取相应的诱发措施。

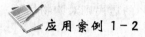

应用案例 1-2

> 日本资生堂集团为了在激烈的广告竞争中击败对手，对消费者就化妆品的需求心理和消费情况进行调查，他们将消费者按年龄分成4种类型：第一种类型为15～17岁的消费者，她们讲究打扮、追求时髦，对化妆品的需求意识较强烈，但购买的往往是单一的化妆品；第二种类型为18～24岁的消费者，她们对化妆品采取积极的消费行动，只要是中意的商品，价格再高也在所不惜，这一类消费者往往购买整套的化妆品；第三种类型为25～34岁的消费者，她们大多数已结婚，因此对化妆品的需求心理和消费行动也有所变化，化妆已是她们的日常生活习惯；第四种类型为35岁以上的消费者，她们中间可分为积极派和消极派两种类型，但也显示了购买单一化妆品的倾向。资生堂集团根据上述情况，制定了"年龄分类"的广告销售策略，在广播、电视和报刊上，针对各类型消费者的特点大做广告，并努力使化妆品的式样、包装适应各类消费者的特点和需要，使产品受到普遍欢迎。
>
> （资料来源：MBA智库文档）

（2）消费者购买行为调查。消费者购买行为是消费者购买动机在实际购买过程中的具体表现，消费者购买行为调查就是对消费者购买模式和习惯的调查，即通常所讲的"3W"、"1H"调查，了解消费者在何时购买（When）、何处购买（Where）、由谁购买（Who）和如何购买（How）等情况。

① 消费者何时购买的调查。消费者在购物时间上存在着一定的习惯和规律。某些商品销售随着自然气候和商业气候的不同，具有明显的季节性。例如，在春节、"五一"、中秋节、国庆节等节日期间，消费者购买商品的数量要比以往增加很多。企业应按照季节的要求，适时、适量地供应商品，才能满足市场需求。此外，对于商业企业来说，掌握一定时间内的客流规律，有助于合理分配劳动力，提高商业人员的劳动效率，把握住商品销售的黄金时间。

例如，某商场在对一周内的客流进行实测调查后发现，一周中客流量最多的是周日，最少的是周一；而在一天内，客流最高峰为职工下班时间，即上午11时和下午5时；其他时间客流人数也均有一定的分布规律。据此，商场对人员和货物都做出了合理安排，做到忙时多上岗、闲时少上岗，让售货员能在营业高峰到来时，以饱满的精神面貌迎接顾客，从而取得较好的经济效益和社会效益。

② 消费者在何处购买的调查。这种调查一般分为两种：一是调查消费者在什么地方决定购买，二是调查消费者在什么地方实际购买。对于多数商品，消费者在购买前已在家中做出决定。例如，购买商品房、购买电器等，这类商品信息消费者可通过电视、广播、报纸杂志等媒体所做的广告和其他渠道获得。而对于一般日用品、食品和服装等，具体购买哪种商品，消费者通常是在购买现场，受商品陈列、包装和导购人员介绍而临时做出决定的，具有

一定的随意性。目前，我国一些城市已出现通过电视商场购买的方式，使得决定购买和实际购买行为在家中便可完成。

此外，为了合理地设置商业和服务业网点，还可对消费者常去哪些购物场所进行调查。

例如，某营销机构在为某商场所做的市场营销环境调查中了解到：有59%的居民选择距家最近的商店，有10%的居民选择距工作地点最近的商店，有7%的居民选择上下班沿途经过的商店，有18%的居民选择有名气的大型、综合、专营商店，有6%的居民则对购物场所不加选择，即随意性购物。

③ 谁负责家庭购买的调查。本项调查具体可包括3个方向，一是在家庭中由谁做出购买决定，二是谁去购买，三是和谁一起去购买。有关调查结果显示：对于日用品、服装、食品等商品，大多由女方做出购买决定，同时也主要由女方实际购买；对于耐用消费品，男方做出决定的较多，当然在许多情况下也要同女方共同商定，最后由男方独自或与女方一同去购买；对于儿童用品，常由孩子提出购买要求，由父母决定，与孩子一同前往商店购买。此外，通过调查还发现，实施购买行为的人不同，如男方独自购买，女方独自购买或男女双方一同购买，对最后实际交易情况也有一定影响。

上述3个方面的调查能为商店经营提供许多有价值的信息。例如，如果了解到光临某商场或某柜台的大多为年轻女性，就可着意营造一种能够吸引她们前来购物的气氛，并注意经销商品的颜色和包装等；如果以男性为主，则可增加特色商品或系列商品的陈列和销售。

④ 消费者如何购买的调查。不同的消费者具有各自不同的购物爱好和习惯。例如，从商品价格和商品品牌的关系上看，有些消费者注重品牌，对价格要求不多，他们愿意支付较多的钱购买自己所喜爱的品牌；而有些消费者则注重价格，他们购买较便宜的商品，而对品牌并不在乎或要求不高。

以空调这种消费品为例，说明消费者购买行为的特点。

4）市场供给调查

市场供给是指全社会在一定时期内对市场提供的可交换商品和服务的总量。它与购买力相对应，由3部分组成：居民供应量、社会集团供应量和生产资料供应量。它们是市场需求得以实现的物质保证。

对于市场供给，可着重调查以下几个方面：

（1）商品供给来源及影响因素调查。市场商品供应量有着不同的来源，从全部供应量的宏观角度看，除由国内工农业生产部门提供的商品、进口商品、国家储备拨付和挖掘社会潜在物资外，还有期初结余的供应量。可先对不同的来源进行调查，了解本期市场全部商品供应量变化的特点和趋势，再进一步了解影响各种来源供应量的因素。

影响各种来源供应量的因素可归纳为以下几个方面：

① 生产量。商品货源的数量首先依赖于生产量，而生产量的高低又取决于现有生产水平和增长速度。

② 结余储存。结余储存应包括商业部门和生产者两方面的储存，还应包括国家储备。

③ 进出口差额及地区间的货物流动。

④ 价格水平。商品价格合理与否,对商品货源有较大影响。此外,可替代性商品价格水平的变化,也影响着相关商品供应量的大小。

⑤ 商品销售前景预期。生产经营者预期的主要形态是涨价预期、扩张预期、降价预期和紧缩预期。涨价预期会导致企业不顾具体商品的市场行情而盲目经营,使本来已供过于求的商品继续扩大其生产经营,涨价预期形成后,商品持有者往往掌握着商品(常是紧缩商品)而不投入市场,以待涨价,从而造成某种商品一方面市场短缺,另一方面库存积压,破坏了商品上市的均衡性,对此也应加以了解。

(2) 商品供应能力调查。商品供应能力调查是对工商企业的商品生产能力和商品流转能力进行的调查。其调查主要包括以下几个方面的内容:

① 企业现有商品生产或商品流转的规模、速度、结构状况,能否满足消费要求。

② 企业现有的经营设施、设备条件,其技术水平和设备现代化程度在同行业中所处的地位,是否适应商品生产和流转的发展。

③ 企业是否需要进行投资扩建或者更新改建。

④ 企业资金状况,自有资金、借贷资金和股份资金的总量、构成以及分配使用状况,企业经营的安全性、稳定性。

⑤ 企业的现实盈利状况及综合效益。

⑥ 企业现有职工的数量、构成、思想文化素质、业务水平,是否适应生产、经营业务不断发展的需要等。

(3) 商品供应范围调查。商品供应范围及其变化,会直接影响到商品销售量的变化。范围扩大意味着可能购买本企业商品的用户数量的增加,在正常情况下会带来销售总量的增加;反之,则会使销售总量减少。此项调查主要包括以下几个方面内容:

① 销售市场区域的变化。在调查中要了解有哪些地区、哪些类型的消费者使用本企业的商品,了解他们在今后一段时期的购买是否会发生变化。同时,还要了解哪些地区、哪些类型的消费者目前尚未购买但可能购买本企业的商品,通过宣传能否使他们对本企业的商品发生兴趣以及当地社会集团购买情况等。通过市场调查,如果发现本企业商品销售区域有其他企业同类商品进入,并且明显比本企业的商品受欢迎,那么,本企业商品在该区域的销售将面临挑战;反之,则预示着本企业将有一个较好的销售前景。

② 市场份额的变化。由于某些商品供应能力有限,或因消费者选择商品的标准不同,往往会出现在同一市场上多种同类商品都有销路的状况,各企业的商品都占有一定的市场份额。市场份额不是固定不变的,它会受消费者的喜好、商品的改进等各种因素的影响而发生变动。因此,要随时了解本企业商品与其他企业商品相比所存在的优势和差距,这些同类商品在市场上受消费者欢迎的程度,消费者对各种同类商品的印象、评价和购买习惯等。通过调查,使企业对市场份额变化的状况、趋势及其原因有较深入和全面的了解,有利于企业在争取市场的过程中获得更多的份额。

5) 市场营销活动调查

市场营销活动调查也要围绕营销组合活动展开。其内容主要包括:竞争对手状况调查、商品实体和包装调查、价格调查、销售渠道调查、产品寿命周期调查和广告调查等。

(1) 竞争对手状况调查。

① 是否存在直接或间接的竞争对手及其名称。

② 竞争对手的所在地和活动范围。

③ 竞争对手的生产经营规模和资金状况。
④ 竞争对手生产经营商品的品种、质量、价格、服务方式及在消费者中的声誉和形象。
⑤ 竞争对手技术水平和新产品开发经营情况。
⑥ 竞争对手的销售渠道。
⑦ 竞争对手的宣传手段和广告策略。
⑧ 现有竞争程度(市场、市场占有率、市场覆盖面等)、竞争范围和竞争方式。
⑨ 潜在竞争对手状况。

通过调查，可将本企业的现有条件与竞争对手进行对比，为制定有效的竞争策略提供依据。

(2) 产品调查。市场营销中的产品概念是一个整体的概念，不仅包括产品实体，而且包括包装、品牌、装潢、商标、价格以及和商品相关的服务等。

例如，我国许多出口商品质量过硬，但往往由于式样、工艺、装潢未采用国际标准，或未用条形码标价等原因而在国际市场上以远低于具有同样内在质量和使用价值的外国商品价格出售，造成了严重的经济损失。这就需要企业在展开营销活动之前进行产品调查。

① 产品实体调查。产品实体调查是对产品本身各种性能所做的调查。

a. 产品性能调查。产品的有用性、耐用性、安全性、维修方便性等方面都是人们在购买产品时经常考虑的因素。通过调查可以了解哪些问题是最主要的，是生产经营中应该强调和狠抓落实的重点。例如，某企业在对淋浴器市场进行调查时了解到，淋浴器的安全性是消费者购买淋浴器时所考虑的最重要的因素，因此，该企业将提高产品质量作为整个工作的中心环节来抓，很快使产品质量达到国内一流水平，并在广告中加以强调，使该企业商品盛销不衰。

b. 商品的规格、型号、式样、颜色和口味等方面的调查。通过调查，了解消费者对上述方面的意见和要求。例如，在国际市场上，各国对颜色有各种喜恶。在法国和德国，人们一见到墨绿色就会联想起纳粹，因而许多人厌恶墨绿色；利比亚、埃及等伊斯兰国家将绿色视为高贵色；在我国，红色则象征着欢快、喜庆。可见，企业只有在对此了解的基础上，投其所好，避其所恶，才能使商品为消费者所接受。

c. 产品制作材料调查。主要是调查市场对原料或材料的各种特殊要求。例如，近年来美国许多青年人喜欢穿纯棉制作的衬衫，而不喜欢穿化纤类衬衫；我国的不少消费者喜欢喝不含任何添加剂的饮料等。

② 产品包装调查，其内容见表1-1。

表1-1 产品包装调查

包装种类		调查内容
销售包装	消费品包装	(1) 包装与市场环境是否协调 (2) 消费者喜欢什么样的包装外形 (3) 包装应该传递哪些信息 (4) 竞争产品需要何种包装样式和包装规格
	工业品包装	(1) 包装是否易于储存、拆封 (2) 包装是否便于识别商品 (3) 包装是否经济，是否便于退回、回收和重新利用等
运输包装		(1) 包装是否能适应运输途中不同地点的搬运方式 (2) 是否能够保证防热、防潮、防盗以及适应各种不利的气候条件 (3) 运输的时间长短和包装费用多少等

③ 产品生命周期调查。任何产品从开始试制、投入市场到被市场淘汰,都有一个诞生、成长、成熟和衰亡的过程,这一过程称为产品的寿命周期,它包括导入期、成长期、成熟期和衰退期4个阶段。因此,企业应通过对销售量和市场需求的调查,判断和掌握自己所生产和经营的产品所处的寿命周期阶段,以采取相应的对策。

a. 产品销售量及销售增长率调查。销售增长率是判断产品所处寿命周期阶段的重要依据。因为在寿命周期的各个阶段,销售增长率是不同的。根据日本的经验,增长率在投入期是不稳定的,成长期则在10%以上,成熟期大致稳定在0.1%~10%,衰退期则为负数。当然,国情不同、行业不同,其经验数值也不一定相同。

b. 产品普及率调查。耐用消费品的普及率资料可通过居民调查获得,通常用每百户居民所拥有的耐用消费品数量来表现。当调查结果显示企业某种产品接近衰退期时,就应及早采取相应措施,如对产品进行一些改装或改变促销策略等,以使产品的生命周期得以延长。或者停止生产和经营该种产品,开发其他新产品。

(3) 价格调查。从宏观角度看,价格调查主要是对市场商品的价格水平、市场零售物价指数和居民消费价格指数等方面进行调查。居民消费价格指数与居民购买力成反比,当居民货币收入一定时,价格指数上升,则购买力就相对下降。

从微观角度看,价格调查的内容包括以下几个方面:

① 国家对商品价格的控制措施和具体的规定。

② 企业商品的定价是否合理,使企业增加盈利的定价标准。

③ 消费者容易接受的价格以及接受程度,消费者的价格心理状态。

④ 商品需求和供给的价格弹性及影响因素等。

(4) 销售渠道调查。企业应善于利用原有的销售渠道,并不断开拓新的渠道。对于企业来讲,目前可供选择的销售渠道有很多,虽然有些工业产品的销售可以采取直销方式,但多数商品要由一个或更多的中间商转手销售,如批发商、零售商等,对于销往国际市场的商品,还要选择进口商。为了选好中间商,有必要了解以下几个方面的情况:

① 企业现有销售渠道能否满足销售商品的需要?

② 企业是否有通畅的销售渠道?如果不通畅,阻塞的原因是什么?

③ 销售渠道中各个环节的商品库存是否合理?能否满足随时供应市场的需要?有无积压和脱销现象?

④ 销售渠道中的每一个环节对商品销售提供哪些支持?能否为销售提供技术服务或开展推销活动?

⑤ 市场上是否存在经销某种或某类商品的权威性机构?如果存在,其促销的商品目前在市场上所占的份额是多少?

⑥ 市场上经营本商品的主要中间商,对经销本商品有何要求?

通过上述调查,有助于企业评价和选择中间商,开辟合理的、效益最佳的销售渠道。

(5) 促销调查。

① 广告调查。广告调查是用科学的方法了解广告宣传活动的情况和过程,为广告主做出决策、达到预定的广告目标提供依据。广告调查的内容包括广告诉求调查、广告媒体调查和广告效果调查等。

广告诉求调查也就是消费者动机调查,包括对消费者收入情况、知识水平、广告意识、生活方式、情趣爱好的调查以及结合特定产品了解消费者对产品接受程度等。只有了解消费者的喜好，才能制作出打动人心的好广告。

广告媒体调查的目的是使广告宣传能达到理想的效果。广告媒体是广告信息传递的工具，目前各种媒体广告种类繁多，如视听广告、阅读广告、邮寄广告、户外广告等。同时，每一类媒体中又有许多具体媒体，如目前全国电视台就有上百家，有收视范围覆盖全国的，也有地区性的，其声望、可靠性、覆盖面等各不相同。企业做广告约有2/3的费用要花在媒体上，因此，如何能以最低的广告费用获得最大的媒体影响力，是企业和广告制作者所密切关注的问题，这就需要通过调查了解情况，将各种媒体的长处和短处进行比较，包括印象度的优劣、经济性、各种媒体相互组合的广告效果变化等。

知识链接 1-3

> 日本广告业主协会曾以公司职员为对象进行过"你想了解什么媒体"的访问调查，内容涉及报纸、杂志、广播、电视等媒体，现以报纸调查内容为例加以说明。
>
> （1）发行数量。由此资料可了解区域性读者媒体与全国性读者媒体的比率，从而拟定特定地区的广告计划。
>
> （2）读者阶层调查。以性别、年龄、地区、职业、收入阶层的构成为基础，调查以下各项：①商品的特有情形；②购买商品的希望人数；③品牌的选择；④对报纸的态度和信任情况；⑤报纸连同杂志并读情形；⑥与其他媒体的关联性。
>
> （3）阅读率调查。包括对广告的注意率以及有无标图、专栏版面、位置布局等构成广告的要素与阅读率的关系的调查。

广告效果调查是广告调查的一项重要内容，广告效果是企业和广告人员共同关注的问题，调查主要包括：广告究竟有没有人看过、听过，什么人看过、听过；对广告内容有无兴趣、有无记忆，看过广告后是否产生购买欲望；有没有人和有多少人因广告而最终购买商品和服务。前两项内容可通过阅读率或视听率调查取得相关资料，后一项调查是将广告效果和随之而来的销售额变化联系起来加以评价的，但在实际评价时则会遇到一定的困难，这是由于广告所产生的销售效果会受到各种因素的影响，有时广告制作精良，为大众喜闻乐见，但因商品本身质次价高或居民购买力水平低等原因，使商品销售额并未增加；而有时商品销售额大增是由社会时尚变化引起的，并非由广告所致。为得出比较真实可靠的结论，广告效果调查常采用市场调查中的实验法进行。

②促销人员调查。促销人员调查是为了了解促销人员的基本素质、推销能力、推销技术和推销成效，以及销售的组织和管理的利弊得失，以便进一步合理地确定推销的组织结构，实施人员的奖励和培训。主要包括营销人员销售观念调查、营销人员销售技能调查、营销人员培训效果调查以及营销人员薪酬调查等。

③公共关系调查。由于公共关系促销是企业的一种"软推销术"，它在树立企业形象和产品现象时，能促进产品的销售，满足了消费者高层次的精神需要，不断赢得新老顾客的信赖。因此，在进行市场调查时应重点进行公共关系活动效果调查、公众舆论调查、企业形象调查等。

1.3 了解市场调查机构和人员

1.3.1 市场调查机构

1. 市场调查机构的类型

市场调查机构是受部门或企业委托，专门从事市场调查的单位。市场调查机构规模有大有小，其隶属关系及独立程度也不一样，名称更是五花八门，但归纳起来，基本上有4类。

1）各级政府部门组织的调查机构

我国最大的市场调查机构为国家统计部门，国家统计局、各级主管部门和地方统计机构负责管理和公布统一的市场调查资料，便于企业了解市场环境变化及发展，指导企业微观经营活动。此外，为适应经济形势发展的需要，统计部门还相继成立了城市社会经济调查队、农村社会经济调查队、企业调查队和人口调查队等调查队伍。除统计机构外，中央和地方的各级财政、计划、银行、工商、税务等职能部门也都设有各种形式的市场调查机构。

2）新闻单位、大学和研究机关的调查机构

这些机构也都开展独立的市场调查活动，定期或不定期地公布一些市场信息。例如，以提供信息起家的英国路透社，在全球设立了众多的分社和记者站，目前已成为世界上最大的经济新闻提供者，经济信息收入成为该社的主要来源。

3）专业性市场调查机构

这类调查机构在国外的数量是很多的，它们的产生是社会分工日益专业化的表现，也是当今信息社会的必然产物。专业性市场调查机构主要有3种类型，见表1-2。

表1-2 专业性市场调查机构类型

专业公司	主要职能
综合性市场调查公司	这类公司专门搜集各种市场信息，当有关单位和企业需要时，只需交纳一定费用，就可随时获得所需资料。同时，它们也承接各种调查委托，具有涉及面广、综合性强的特点
咨询公司	这类公司一般是由资深的专家、学者和有丰富实践经验的人员组成，为企业和单位进行诊断，充当顾问。这类公司在为委托方进行咨询时，也要进行市场调查，对企业的咨询目标进行可行性分析。当然，它们也可接受企业或单位的委托，代理或参与调查设计和具体调查工作
广告公司的调查部门	广告公司为了制作出打动人心的广告，取得良好的广告效果，就要对市场环境和消费者进行调查。广告公司大都设立调查部门，经常大量地承接广告制作和市场调查

近年来，我国也出现了许多专门从事经济信息调查、咨询服务的公司，它们承接市场调查任务，提供商品信息，指导企业生产经营活动，在为社会服务的同时，自身也取得了很好的经济效益。

4) 企业内部的调查机构

目前国外许多大的企业和组织，根据生产经营的需要，大都设立了专门的调查机构，市场调查已成为这类企业固定性、经常性的工作。

例如，可口可乐公司设立了专门的市场调研部门，并由一位副经理负责管理。这个部门的工作人员有调查设计员、统计员、行为科学研究者等。

2. 专业性市场调查机构

当企业缺乏必要的市场调查机构，或对有效实施市场调查感到力不从心时，可以考虑借助企业外部的专业性市场调查机构来完成调查任务，如委托广告公司、咨询公司、信息中心等机构进行市场调查。

由专业性的市场调查机构进行市场调查有两点好处：一是这些机构具有高效的市场调查所必须具有的各种条件，如完善的资料、深厚的学术理论基础、有效的调查实务经验和精密的调查工具等，借助这些机构，能提高调查结果的准确性；二是由这些机构进行调查，工作人员比较自然，容易得到比较客观和有助于决策的建议。

当企业需要委托市场调查专业机构进行调查时，应做到知己知彼，慎重地选择合作对象，以取得事半功倍的效果。企业在委托调查机构完成调查任务时，应首先明确以下几点：

（1）希望调查机构提供何种调查服务。目前市场调查机构的活动范围日趋广泛，包括确定市场特征、衡量市场潜力、市场份额分析、企业趋势分析、竞争产品研究、价格调查、短期预测等多种服务。

（2）希望提供综合性服务还是某种专门或特定性服务。

（3）是长期合作还是短期合作。

（4）是否希望提供某种额外的服务。

（5）对调查时间的要求及提交调查报告的最后期限。

（6）调查预算。

（7）资料归企业独家享用，还是与调查机构共享。

企业可以根据上述问题，做出委托调查计划，用来与市场调查机构进行洽谈。企业在选择市场调查机构时，必须了解和考虑以下几个方面的因素：

（1）目前市场调查机构的名称、性质及联系方式。

（2）调查机构的信誉。指调查机构在业界的声誉和知名度、遵守职业道德及公正原则的情况和限期完成工作的能力等。

（3）调查机构的业务能力。指调查机构内专业人员业务能力的高低，能否提供有价值的资讯，是否具备创新观念、系统观念、营销观念和沟通能力。

（4）调查机构的经验。包括调查机构创建的时间长短，主要工作人员的服务年限，已完成的市场调查项目性质及工作范围等。

（5）市场调查机构所拥有的硬件和软件条件。硬件条件包括信息搜集、整理和传递工具的现代化程度；软件条件包括调查人员的素质及配备情况。

（6）调查机构收费合理性。包括调查机构的收费标准和从事本项调查的费用预算等。

对于委托调查的企业来讲，一旦委托调查机构进行市场调查后，应给予其信任和授权，并提供充分的协助，使调查能顺利进行。对于受委托的调查机构来讲，应严守职业道德，时刻为用户着想，为用户提供满意的服务。调查机构在接受委托后，应迅速适应委托企业的经营环境。对现有资料加以消化,做出市场调查建议书,内容包括:市场调查的重点及可能结果,提供市场报告的时间,市场调查预算及收费条件,企业应有的协助等。在委托企业接受市场调查建议书后,即可实施调查,在提出市场报告后,还应注意随时为委托企业提供调查后续服务,以求获得长期合作的机会,并树立良好的信誉。

1.3.2 市场调查人员

市场调查人员是调查工作的主体,其数量和质量直接影响市场调查的结果,因此,市场调查机构必须根据调查工作量的大小及调查工作的难易程度,配备一定数量并具有较高素质的工作人员。根据市场调查的客观要求,调查人员应具备3个方面的基本素质,见表1-3。

表1-3 市场调查人员应具备的基本素质

基本素质	具体素质要求
思想品德素质	坚持四项基本原则,具有强烈的社会责任感和事业心;具有较高的职业道德修养,实事求是、公正无私;工作认真细致;具有创新精神;谦虚谨慎、平易近人
业务素质	具有较广博的理论知识,具有较强的业务能力(利用各种情报资料的能力、对调查环境较强的适应能力、分析、鉴别、综合信息资料的能力、较强的语言和文字表达能力)
身心素质	良好的身体素质和心理素质

总之,一名合格的市场调查人员应勤学好问,有思想、有知识,并具有创造性,必须善于倾听,善于思考,善于提出问题、分析问题和解决问题。

项目小结

本项目主要介绍了市场调查的概念、特征、作用、类型、调查内容、调查机构和人员等相关知识。

市场调查是指针对组织特定的营销活动,采用科学的研究方法,系统地、客观地收集、整理、分析、处理有关市场营销各方面的信息,为营销管理者制定、评估和改进营销决策提供依据的一项营销管理活动,具有目的性、科学性、系统性、社会性和不确定性的特征。它是企业开展经营活动的前提。

按范围划分,市场调查可分为市场普查、重点调查、典型调查和抽样调查。按性质和目的的不同,市场调查可分为探索性调查、描述性调查、因果性调查和预测性调查。市场调查通常包括两大内容:市场宏观环境调查,主要包括政治环境调查、法律环境调查、经济环境调查、社会文化环境调查、科技环境调查、地理和气候环境调查;市场微观环境调查,主要包括市场需求调查、消费者人口状况调查、消费者购买动机和行为调查、市场供给调查、市场营销活动调查。

市场调查机构是受部门或企业委托,专门从事市场调查的单位。当企业缺乏必要的市场调查机构,或对有效实施市场调查感到力不从心时,可以考虑借助企业外部的专业性市场调查机构来完成调查任务。市场调查机构必须根据调查工作量的大小及调查工作的难易程度,配备一定数量并有较高素质的工作人员。

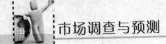

思考与练习

一、填空题

1. 市场调查是企业开展经营活动的前提，具有_____、_____、_____和_____、_____的特点。
2. 按范围划分，市场调查可分为_____、_____、_____和_____。
3. 按性质和目的的不同，市场调查可分为_____、_____、_____和预测性调查。
4. 市场微观环境调查，主要包括市场需求调查、_____、_____、_____等。

二、选择题

1. 市场调查的最主要的目的是为营销经理提供（　　）。
   A. 意见　　　　　　B. 休息　　　　　　C. 支持　　　　　　D. 解决方案
2. （　　）方面不是市场调查的运用。
   A. 保证新产品成功上市　　　　　　B. 确认市场上的机会和威胁
   C. 制定营销策略　　　　　　　　　D. 监控营销绩效
3. 对于企业知之甚少、不能肯定性质的问题适合采用（　　）。
   A. 探索性调查　　　　　　　　　　B. 描述性调查
   C. 因果性调查　　　　　　　　　　D. 预测性调查
4. 属于消费品包装调查的内容有（　　）。
   A. 消费者喜欢什么样的包装外形
   B. 包装应该传递哪些信息
   C. 包装与市场环境是否协调
   D. 竞争产品需要何种包装样式和包装规格

三、简答题

1. 举例说明市场调查有助于解决哪些营销问题。
2. 简述消费者购买动机和行为调查的基本内容。
3. 企业选择市场调查机构进行市场调查时应明确哪些问题？
4. 简述市场调查的基本步骤。

四、案例分析题

美国公司的市场调查

美国的《华尔街日报》有一篇文章开头写道："没有别人比妈妈更了解你，可是她知道你有几条短裤吗？然而，乔基国际调研公司知道。妈妈知道你往每杯水里放多少块冰块吗？而可口可乐公司却知道。"瞧，国外某些公司对消费者的了解，竟然超过了妈妈对子女的了解！有的甚至连消费者本人也不知道或从未考虑过的事，他们都一清二楚。例如，可口可乐公司发现人们在每杯水中平均放3.2块冰块，每人每年平均看到69个该公司的广告。有些公司还调查出：每人每年吃 156 个汉堡包、95 个热狗。汉宝公司曾秘密调查过，消费者是将卫生纸折叠起来使用还是揉皱后使用。市场调查作为营销手段对于发达国家的许多企业来说已成为一种武器。在他们看来，企业不进行市场调查就进行营销决策是不可思议的。在美国，73％的企业设有正规的市场调研部门，负责对产品的调查、预测、咨询等工作，并且在产品进入每一个新市场之前都要对其进行调查。美国大公司的市场调研经费约占经销额的3.5％，市场调查成果能为企业带来千百倍的回报。

（资料来源：中国广告刊例网）

分析：
（1）请用本项目学习的知识分析可口可乐公司是如何做到对消费者的消费行为和习惯了如指掌的？
（2）运用所学知识分析为什么美国 73％ 的企业都设有正规的市场调研部门？
（3）你从该案例中能获得什么启示？

项 目 实 训

实训一：了解市场调查的重要性以及目前我国市场调查行业的情况

实训目的

提高学生的思想意识，充分认识到市场调查在营销决策中的重要作用，让学生感受到我国市场调查行业前景广阔，提高学生的学习积极性，并在以后的工作中将市场调查工作放在重要的位置。

实训内容和要求

（1）通过互联网搜索企业重视市场调查从而取得经营成功的案例以及忽略市场调查导致企业经营失败的案例。
（2）了解目前我国市场调查行业的情况。

实训成果及考核

写一篇实训报告，将本次实训的收获和感受记录下来。教师根据学生的认真程度以及思想认识的深刻程度打分。

实训二：为某家电企业营销经理设计产品（冰箱）调查活动的调查内容

实训目的

提高学生对市场调查内容的认识，锻炼学生根据具体企业实际灵活运用所学知识的能力，提高学习兴趣，培养学生的团队合作能力。

实训内容和要求

（1）每 10 人为一组，分组讨论冰箱调查应涉及的内容。
（2）每组选出一名主持人，负责组织本组讨论，小组内每位同学必须发言，并由一名同学做好记录。

实训成果及考核

每组共同拟定一份产品（冰箱）调查内容的方案。教师对学生的表现和方案进行点评，打分，并评出最佳方案。

项目二　市场调查方案策划

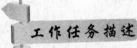
工作任务描述

市场调查受到诸如经费、时间、准确性等很多因素的制约，所以当市场调查人员接受一项调查委托后，他需要对整体调查过程进行权衡和谋划，选择合适的调查方法、适当的抽样手段，选取合适的样本数，确定具体的调查开展时间等。这些就构成了市场调查整体方案策划。市场调查是针对企业生产、经营中面临的市场机会和要解决的问题而开展的活动，所以有着很强的针对性。在确定调研目标后，必须按照一定的程序对整个调查活动进行全面设计策划，以保证调查工作有序开展，减少行为的盲目性，提高调查的经济性，保质保量完成调查工作。

如何制定一份有效的市场调查方案策划是本项目的重要内容，其涉及的工作任务和要求如下：

(1) 确定调查的必要性。
(2) 确定调查目标。
(3) 确定调查对象和调查单位。
(4) 确定调查内容。
(5) 确定信息的类型和来源。
(6) 确定调研人员、时限。
(7) 选择调查方法。
(8) 确定调研资料整理和分析方式
(9) 确定提交调查结果的方式。
(10) 确定调查的经费预算。

项目二 市场调查方案策划

知识概览

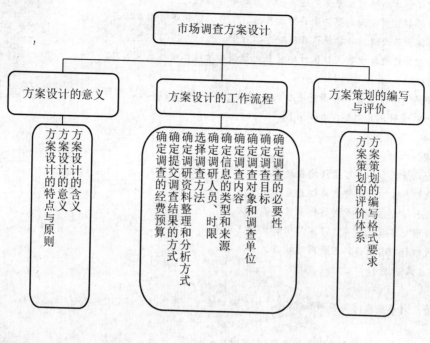

学习目标

知识目标	能力目标	学习重点和难点
（1）了解市场调查方案设计的意义 （2）熟悉市场调查方案组成结构 （3）明确市场调查方案设计的基本流程及整体要求 （4）掌握市场调查方案策划的编写方法与评价标准	（1）能够根据调查目的、要求设计市场调查方案 （2）能够根据调查要求设计调查流程，撰写市场调查方案设计策划书 （3）能对市场调查方案策划书进行评价与选择	（1）市场调查方案设计的工作流程 （2）市场调查方案设计的评价

导入案例

湘潭大学单放机市场调查计划书

1. 前言

单放机又称随身听，是一种集娱乐性和学习性于一体的小型电器，因其方便实用而在大学校园内广为流行。目前各高校都大力强调学习英语的重要性，湘潭大学（简称湘大）已经将英语四级和学位证挂钩。为了练好听力，湘大学子几乎人人都需要单放机，市场容量巨大。

为配合某单放机产品扩大在湘大的市场占有率，评估湘大单放机行销环境，制定相应的营销策略，预先进行湘大单放机市场调查大有必要。

本次市场调查将围绕市场环境、消费者、竞争者来进行。

2. 调查目的

为了详细了解湘大单放机市场各方面情况，为该产品在湘大的扩展制定科学合理的营销方案，特撰写此市场调研计划书。

(1) 全面摸清企业品牌在消费者中的知名度、渗透率、美誉度和忠诚度。

(2) 全面了解本品牌及主要竞争品牌在湘大的销售现状。

(3) 全面了解目前湘大主要竞争品牌的价格、广告、促销等营销策略。

(4) 了解湘大消费者对单放机消费的观念、习惯。

(5) 掌握湘大在校学生的人口统计学资料，预测单放机市场容量及潜力。

3．调查内容

市场调研的内容要根据市场调查的目的来确定。市场调研分为内、外调研两个部分，此次服装市场调研主要运用外部调研，其主要内容如下。

1) 行业市场环境调查

主要的调研内容：

(1) 湘大单放机市场的容量及发展潜力。

(2) 湘大该行业的营销特点及行业竞争状况。

(3) 学校教学、生活环境对该行业发展的影响。

(4) 当前湘大单放机种类、品牌及销售状况。

(5) 湘大该行业各产品的经销网络状态。

2) 消费者调查

主要的调研内容：

(1) 消费者对单放机的购买形态(购买品牌、购买地点、选购标准等)与消费心理(必需品、偏爱、经济、便利、时尚等)。

(2) 消费者对单放机各品牌的了解程度(包括功能、特点、价格、包装等)。

(3) 消费者对品牌的意识、对本品牌及竞争品牌的观念及品牌忠诚度。

(4) 消费者平均月开支及消费比例的统计。

(5) 消费者理想的单放机描述。

3) 竞争者调查

主要的调研内容：

(1) 主要竞争者的产品与品牌优、劣势。

(2) 主要竞争者的营销方式与营销策略。

(3) 主要竞争者市场概况。

(4) 本产品主要竞争者的经销网络状态。

4．调研对象及抽样

因为单放机在高校的普遍性，全体在校学生都是调查对象，但因为家庭经济背景的差异，全校学生月生活支出还是存在较大的差距，其消费习惯的差异也导致了他们在选择单放机的品牌、档次、价格上都会有所不同。为了准确、快速地得出调查结果，此次调查决定采用分层随机抽样法：先按住宿条件的不同分为两层(住宿条件基本上能反映各学生的家庭经济条件)——公寓学生与普通宿舍学生；然后再进行随机抽样。此外，分布在湘大校内外的各经销商、专卖店也是本次调查的对象，因其规模、档次的差异性，决定采用判断抽样法。具体情况如下所列。

消费者(学生)：300 名，其中住公寓的学生占 50%

经销商：10 家，其中校外 5 家

大型综合商场：1 家

中型综合商场：2 家

专卖店：2 家

校内：5 家

综合商场：3 家

专卖店：2家

消费者样本要求如下：

(1) 家庭成员中没有人在单放机生产单位或经销单位工作。

(2) 家庭成员中没有人在市场调查公司或广告公司工作。

(3) 消费者没有在最近半年中接受过类似产品的市场调查测试。

(4) 消费者所学专业不能为市场营销、调查或广告类。

5. 调查员的规定、培训

1) 规定

(1) 仪表端正、大方。

(2) 举止谈吐得体，态度亲切、热情。

(3) 具有认真负责、积极向上的工作态度及职业热情。

(4) 具有把握谈话气氛的能力。

(5) 经过专门的市场调查培训，专业素质良好。

2) 培训

培训必须以实效为导向。本次调查人员的培训采用举办培训班、集中讲授的形式，聘请有丰富经验的调查人员面授调查技巧、经验，并对受训人员进行思想道德教育，使之充分认识到市场调查的重要意义，培养其强烈的事业心和责任感，端正其工作态度和作风，激发对调查工作的积极性。

6. 人员安排

根据调研方案，在湘大及市区进行本次调研需要的人员有3种：调研督导、调查人员、复核员。具体分配如下：

调研督导：1名

调查人员：20名（其中15名对消费者进行问卷调查，5名对经销商进行深度访谈）

复核员：1~2名（可由督导兼职，也可另外招聘）

如有必要还可配备辅助督导(1名)，协助进行访谈、收发和检查问卷与礼品。问卷的复核比例为全部问卷数量的30%。全部采用电话复核方式，复核时间为问卷回收的24小时内。

7. 市场调查方法及具体实施

1) 对消费者的调查以问卷调查为主

具体实施方法如下：

在完成市场调查问卷的设计与制作以及调查人员的培训等相关工作后，就可以开展具体的问卷调查了。将调查问卷平均分发给各调查人员，统一选择中餐或晚餐后这段时间开始进行调查(因为此时学生们多在宿舍里，便于集中调查，能够节约调查时间和成本)。调查员在进入各宿舍时说明来意，并特别声明在调查结束后将赠送精美礼物一份，以吸引被调查者的积极参与，得到准确有效的调查结果。调查过程中，调查员应耐心等待，切不可催促被调查者。要求被调查者写明姓名、班级、寝室、电话号码，以便复核。调查员可以在当时收回问卷，也可以第二天收回(有利于被调查者充分考虑，得出更真实有效的结果)。

2) 对经销商的调查以深度访谈为主

由于调查形式的不同，对调查者所提出的要求也有所差异。相对于实施问卷调查的调查者而言，对经销商进行深度访谈的调查者的其专业水平要求更高一些。因为时间较长，调查员对经销商进行深度访谈以前一般要预约好时间并承诺给予一定报酬，访谈前调查员要做好充分的准备，列出调查了解的所有问题。调查者在访谈过程中应占据主导地位，把握着整个谈话的方向，能够准确筛选谈话内容并快速做好笔记以得到真实有效的调查结果。

3) 通过网上查询或资料查询调查湘大人口统计资料

调查者查找资料时应注意其权威性和时效性，尽量减少误差。因为其简易性，该工作可直接由复核员完成。

8. 调查程序及时间安排

市场调研大致来说可分为准备、实施和结果处理3个阶段。

(1) 准备阶段：它一般分为界定调研问题、设计调研方案、设计调研问卷或调研提纲3个部分。

(2) 实施阶段：根据调研要求，采用多种形式，由调研人员广泛地收集与调查活动有关的信息。

(3) 结果处理阶段：将收集的信息进行汇总、归纳、整理和分析，并将调研结果以书面的形式——调研报告表述出来。

在客户确认项目后，有计划地安排调研工作的各项日程，用以规范和保证调研工作的顺利实施。按调研的实施程序，可分7个小项来对时间进行具体安排。

调研方案、问卷的设计：3个工作日

调研方案、问卷的修改、确认：1个工作日

项目准备（人员培训、安排）：1个工作日

实地访问：4个工作日

数据预处理：2个工作日

数据统计分析：3个工作日

调研报告撰写：2个工作日

论证：2个工作日

9. 经费预算

(1) 策划费：1 500元

(2) 交通费：500元

(3) 调查人员培训费：500元

(4) 公关费：1 000元

(5) 访谈费：1 000元

(6) 问卷调查费：1 000元

(7) 统计费：1 000元

(8) 报告费：500元

总计：7 000元

10. 附录

参与人员：待定

项目负责人：待定

调查方案、问卷的设计：待定

调查方案、问卷的修改：待定

调查人员培训：待定

调查人员：待定

调查数据处理：待定

调查数据统计分析：待定

调查报告撰写：待定

论证人员：待定

调查计划书撰写：待定

（资料来源：百度文库）

2.1 了解市场调查方案设计的意义

市场调查是以科学的方法系统、客观地收集、分析、研究有关市场活动信息的活动，涉及企业各类经营活动。开展市场调查主要是为了企业寻求发展机会和解决在发展中遇到的各种问题，因此具有很强的目的性和针对性。在开展市场调查活动之前，要根据针对的问题和调查的目的，对整体调查活动进行方案的设计。

2.1.1 市场调查方案设计的含义

市场调查方案设计，就是根据调查研究的目的和调查对象的性质，在进行实际调查之前，对调查工作总任务的各个方面和各个阶段进行的通盘考虑和安排，提出相应的调查实施方案，安排合理的工作程序。包括调查目的、对象、内容、方法、步骤和时间费用安排等。这一程序是顺利和高效完成营销调研的前提和保证。市场调查方案是市场调查活动的指导文件，只有对整个调查项目进行统一考虑和安排，才能保证调查工作有秩序、有步骤地顺利进行。

2.1.2 市场调查方案设计的意义

市场调查方案设计是调查活动的开始。调查活动包含很多环节，要协调好各环节之间的衔接配合，就需要制订一份科学、严密、可行的工作计划，来规范整个调查过程的操作思路，控制调查人员的工作进度。因此，市场调查方案的设计是顺利完成调查工作的首要环节，其意义主要表现在以下几个方面：

（1）从认识过程讲，市场调查方案设计是从定性认识过渡到定量认识的开始阶段。当企业产生市场调查的需要时，开始阶段都是定性认识。例如，一个企业发现自己产品的销量明显下滑，选择市场调查的方式来寻找原因，然而影响企业产品销量的因素很多，如果调研人员没有进行分析就展开全面的调查，调查的时间、成本都会产生很大的浪费，同时也会得出大量没有实际作用的调研数据。所以，市场调查方案的设计就是帮助调查人员分析调查工作的一种工具，搞清楚为什么要调查，调查什么等这些定性的问题，才能有针对性的设计整个调查过程。应选择合适的调研方法。确定样本数量，采取合适的定量研究手段。

（2）从工作讲，调查方案设计起着统筹兼顾、统一协调的作用。市场调查是一项复杂的系统工程，调查中会遇到很多复杂的问题，在大规模调查的情况下，更是如此。2010年11月1日，我国开始第六次全国人口普查，仅北京就有10万名人口普查员参与调查工作。如果没有一份完善、详细的市场调查方案指导调查工作，这些调查人员的调配、管理等必然会出现各种难以预料的问题。导致调查结果偏差的原因有很多，有些是属于调查自身的问题，如调查问卷存在设计缺陷、调研目的不明确等；有些是属于与调查相关的问题，如样本框的选择偏差、抽样方法的不恰当、样本数量过多或过少等；还有些是调查过程的问题，如调查人员的能力与素质较低、调研时间选择不恰当等。因此需要通过调查方案的设计，安排好调查工作的各个环节，设置好调查工作的操作流程，控制各类调查误差产生的主观、客观因素，使调查工作有序进行，使调查结果真实可信。

（3）从实践要求讲，调查方案设计能够适应现代市场调查发展的需要。现代市场调查不仅是收集相应市场资料，而且是对于市场信息的整体反映。与此相适应，市场调查过程也相应地由单纯的资料的收集与处理，转变为集调查方案设计、资料收集、资料整理与分析为一体的完整的工作流程。

2.1.3 市场调查方案设计的特点与原则

1. 市场调查总体方案设计的特点

1) 可行性

市场调查总体方案是整个市场调查活动的指导性文件,所以总体方案必须具备可行性的特点。总体方案中涉及的样本数量、调查方式、抽样方式等内容必须是能够切实可行的。要结合市场调查的目的、调查经费、调查的时间要求来设计可行性强的市场调查总体方案。

2) 全面性

市场调查总体方案贯穿整个调查过程,指导着调查活动的开展并保证调查目的的实现。因此,总体方案应包含调查过程的各个环节,不能出现遗漏,否则可能会因为缺乏指导和控制而影响市场调查活动的开展和目标的实现。

3) 规划性

市场调查的过程中,会遇到种种突发的问题和阻碍。为了防止这些意外的因素影响调查的效果,或者拖延调查的时间、增加调查的费用,在制订方案时,要注意方案的规划性,将可能发生的各种突发情况事先予以考虑,未雨绸缪。

4) 最优性

调研方案的最后确定要经过多方反复协调和磋商,方案要经过多次的修改和完善,才能保证市场调查能既满足要求又具有较好的经济性。同时,作为专业的调研机构,在接到客户的调研委托之后,为使客户满意,也会拿出多套调研方案,让客户选择更适合自己的调研方案。

2. 市场调查总体方案设计的原则

1) 科学性原则

设计调研方案应当遵循科学性原则。在市场调查过程中,有很多环节必须依靠科学的方法来进行。例如,确定样本量时,如果调查结果要说明总体参数的置信区间,则样本量的确定就必须有相应理论依据,即调查人员必须根据方案设计中具体的抽样方式及相应的精度要求、误差许可范围来设计正确的样本量计算方法。针对不同的调查环境,调查人员也要科学地选择调研问卷的形式和抽样方式。因此,科学性是市场调查总体方案设计的一项重要原则。

2) 客观性原则

设计调研方案必须依据实际情况,不仅要科学,而且要结合企业的实际环境。例如,普查是一种准确性很高的调研方式,但是受费用和调研时间的制约,并不是每个企业、每类调查都能够开展普查。这就需要调查人员根据企业的经济承受能力和调研的具体要求来设计调研方案;要结合使用的调研方法客观设计调研问卷的内容。采用电话调查的方式,如果设计开放式问题,效果就不会很理想;人员访问调查,过多涉及被调查者的隐私,拒答率就较高。因此,调研方案各项内容的设计都必须从客观实际调查环境和调查条件出发。

3) 有效性原则

所谓有效性,是指在受调查经费约束的情况下,调查的结果精确度最高;在同等结果精确率要求下,调查费用消耗最少,即调查的"性价比"最高。在实际的调研环境下,调查经费和调查精度往往是成反比的。因此在设计调查方案时,要在费用和调查精度之间找到最适合的平衡点,这就是有效性的意义。

2.2 理解市场调查方案设计的工作流程

市场调查方案设计是对市场调查过程的总体规划,它设计市场调查活动的各个环节。市场调研方案设计的内容主要包括:确定调查的必要性;确定调查目标;确定调查对象和调查单位;确定调查内容;确定信息的类型和来源;确定调研人员、时间、期限;选择调查方法和工具;确定抽样方式和方法,完成抽样设计;确定提交调查结果的方式;确定调查的经费预算等10项内容。

2.2.1 确定调查的必要性

市场调查的每一步都非常重要,但是最重要的就是先确定研究问题的必要性。市场调查的目的是为企业的经营决策服务,大部分情况下,当企业决策者发现新的市场机会,或者解决遇到的营销决策问题时,会产生市场调查的需求,但是这个需求是不确定的。这个时候,调查人员需要告诉企业决策者有没有开展市场调查的必要。并不是在做出每一项营销决策前都需要进行市场调查活动。有些时候,市场调查也许是不必要的。

1. 可用信息已经存在

如果企业的经营决策者对于相关市场信息已经非常熟悉,他们对于自身市场、竞争者以及产品和服务都有着大量现成可用的信息,这个时候再进行新一轮的调研,从经济性上考虑就是不必要的了。

2. 成本高于信息的价值

进行市场调查是需要一定的成本和资源的,包括人力资源成本、资金和其他硬件成本。现阶段大部分企业自身无法独立完成大型调查活动,必须依赖专业的市场调查公司。这就会耗费一笔数目不小的资金。如果花费巨额成本,得到的信息价值却非常有限,那就没有进行市场调查的必要。

3. 可能错过市场时机

市场调研都是针对企业出现的特定问题而展开的,目的是为了帮助企业做出正确的决策。因为出现经营问题或者发现新的经营机会,企业会开展详细的市场调查。但是市场机会往往稍纵即逝,而很多市场调研活动需要一定的时间来开展,所以在决策时间紧迫的情况下,企业不得不放弃市场调研。

在确定市场调查总体方案之前,先要考虑此次调查是否有开展的必要性。

2.2.2 确定调查目标

在确定了市场调查的必要性后,要确定调查的目标,即明确定义调研问题。包括调查中要解决的问题、通过调查可以得到的信息、取得信息的途径等。例如，企业在经营中出现了产品销量下降的情况，原因可能是：产品陈旧老化，趋于衰退期，竞争者有价格优势，消费者购买能力下降，企业服务质量下滑，企业促销手段存在问题等。在进行市场调查方案设计时，调查人员首先就要找出出现这种情况的主要原因，而不能直接展开笼统的调查，这就是要确定的调查目标。只有首先明确企业的调查目标，才能正确的设计市场调查方案的其他内容。衡量一套市场调查整体方案是否科学、客观，就要检验这套方案是否能明确体现调查的目标。

确定调查目标的方式主要有 4 种。

1. 分析二手资料

通过对企业以往经营资料的查阅和分析，可以使调查人员快速确定调查需定义的问题，这是一种简便有效的办法。

2. 定性的调查研究

对于可能存在的调查问题，调查人员首先要对问题产生的原因定性地定义，再针对这些定义开展调查研究。这样能够快速准确地定义调查的问题。

3. 向专家咨询

对于一些难以通过二手资料得出，或者单凭调查人员个人的力量难以准确定义的问题，可以邀请相关专家进行分析，借助专家丰富的专业知识和实践经验，帮助调查人员准确地定义调查的问题，确定调查的目标。

4. 与决策者讨论

企业的决策者对企业的运作和企业的环境比调查人员要熟悉很多，往往对于调查的目的有着自己的看法和见解。在确定调查目标之前，和企业决策者进行讨论与交流，对于调查人员开展调查工作有很大的帮助。

2.2.3 确定调查对象和调查单位

调查对象是根据市场调查目的选定的信息源范围，是依据调查的任务和目的，确定的本次调查的范围及需要调查的市场现象的总体，由某些具有相似性或共同点的调查单位组成。确定调查对象，就是确定向谁调查的问题。

调查单位是在调查过程中，获取信息的每一个个体，也就是所要调查的具体单位和具体的信息提供者。调查单位主要有两类：一类是客观存在的实体，另一类是已经发生的事件、行为等。

不同的调查目的和不同的调查精度得出的调查对象和单位是不一样的。在确定调查对象和调查单位时，要注意以下问题：

(1) 严格界定调查对象的范围，并明确其与其他有关现象的区别，以免调查实施时，因界定不清而发生差错。例如，调查大学生的月消费支出，就首先要明确"大学生"的概念，弄清"大学生"是指专科生、本科生还是研究生、博士生，包不包括在职、成教类学生等。只有严格界定了调查对象的范围，在调查过程中才不会出现总体偏差。

(2) 调查单位的确定取决于调查目的和对象，不同的调查方式会产生不同的调查单位。如果采取普查的方式，则样本总体中所有单位都是调查单位；如果采用抽样调查的方式，则是在样本总体中，按照一定的抽样原则，抽取部分单位作为调查单位。

2.2.4 确定调查内容

调查内容是指调查涉及的具体信息项目，调查内容的多少决定着企业能用于决策的信息量的多少。确定调查的内容，也就是要明确调查人员需要得到哪些信息。在实际过程中，作为调查的委托方，企业总是希望一次调查能得到尽可能多的信息，然而从市场调查实际看，被调查者对于容量过大的市场调查本身会有抗拒心理，过多的调查内容会影响其回答的真实度；对于企业来讲，过多的信息，特别是一些对此次调查无意义的冗余信息，反而会为其决策带来不必要的影响。所以调查的内容要根据调查的目的和目标来进行取舍，要考虑调查对象的特点来进行设计，同时要注意以下内容：

（1）调查的内容应该是调查任务所必须了解的，同时是能够获取的。首先，调查内容应该是本次调查所必需的信息项目，不要出现遗漏，如调查家庭消费情况，调查内容只包括家庭收入情况，却不调查家庭人数等信息，最后得出的调研数据的可参考性就会大打折扣。同时，过多的调查内容会延长调查开展的时间。社会学家的数据理论和实际调查人员的经验表明，调查时间拖得越长，被调查者对于调查的配合度就越差，所以和此次调查关系不大，或者完全无关的信息不必出现在调查内容中。其次，调查的内容应该是能够获取的，应该设计更多能量化、易接受的调查内容，对消费者态度等不宜量化的信息项目，应尽量设计合适的调查方式。

（2）调查项目的表述应该清楚准确。项目表述的模糊，可能会使被调查者产生理解差异，从而给出不同的答案，影响信息数据的准确性。

（3）注意调查内容之间的相关性。调查内容的相关性指的是在调查内容设计过程中，注意前后的关联性。这样做的目的在于将取得的资料进行相互对比分析，既可以初步验证资料的准确性，也可以了解现象发生变化的原因、条件和后果。

2.2.5 确定信息的类型和来源

营销调研人员能得到的信息有第一手资料和第二手资料之分。第一手资料是指为达到本次调查目的而收集的资料；第二手资料是指已经存在的为实现其他调研目的而收集的资料，是营销调研人员根据自身需要而选择使用的资料。二手资料有很多优点，如速度快、费用低、获取方便等，所以每次市场调查都不可避免的使用到二手资料。确定信息的类型和来源主要是针对调查使用的二手资料进行的。

二手资料也是作为一手资料而产生的，只不过是其他调查人员基于其调查目的而设计和分析整理出来的。所以，往往会存在一些与此次调查不相符的问题。例如，二手资料的测量单位与调查者的要求不一致，分类定义对于此次调查无实际意义，时效性太差，真伪性有待考证等。所以在使用二手资料的过程中，需要对资料的类型和来源进行分析确定。

从类别看，二手资料分为内部资料和外部资料两种。内部资料主要为企业管理信息系统中包含的内部报告资料、企业会计账目、销售记录等。外部资料是从公司外部获得的次级资料，如各类出版资料、辛迪加数据、各类数据库等。

确定信息的类型和来源主要考虑以下因素：

（1）资料的真实性。收集二手资料，尤其是外部资料，先要注意选择真实性较强的资料来源，如政府部门公布的经济数据、权威机构给出的数据资料等。

（2）资料的时效性。对于二手资料，时效性不尽如人意是很常见的。尽量选择时效性较强的资料，是确定信息来源的一个关键环节。

（3）资料的针对性。收集资料要有的放矢，必须有确定的指向和目标，而且能对企业经营决策提供实际的效用。

2.2.6 确定调查人员、时限

调查人员、调查时间、调查期限是市场调查实施过程控制的关键环节。确定调查人员，主要是确定参加调查人员的条件和数量，包括对调查人员的必要培训。由于调查对象来自不同的群体，其文化层次和理解能力差异较大，所以要求调查人员具备一定的沟通能力和丰富的专业知识，能够正确理解调查提纲、表格和问卷内容，能比较准确地记载调查对象反映出来的实际情况和内容。

调查方案设计确定调查的时限，主要是确定调查开始进行和结束的时间。如果所要调查的是时期现象，就要明确资料所反映的是调查对象从何时起到何时止的情况；如果所要调查的是时点现象，就要明确统一的标准调查时点。不同的调查内容和不同的调查方法，在调查时间的选择上存在区别。例如，针对年轻人的入户调查，最好选择在晚上和周末；而针对老年人的入户调查，则可在白天进行；若采用观察法进行调查，为了保证样本更加具备代表性，应选择不同的时间段。另外选用不同的调查方法，所需的时间长短也不一样，如邮寄访问本身周期较长，在设计时限上应该更加充裕；而电话调查所需时间较少，在制订计划时就可以更注重时效性。因此在确定时限时，要充分考虑调查方式、调查对象的自身特点。为提高调查的时效性，在可能的情况下，尽量缩短调查时限。通常情况一项中等规模的调查课题的研究工作需要花费30～60个工作日，一些大规模的社会性调查可能会持续半年左右。根据暨南大学李小勤教授的研究成果，一般一个调查项目所需的时间安排比例见表2-1。

表 2-1 调查项目时间安排表

调查环节	所占整体时间比例
计划起草，磋商阶段	4%～5%
抽样方案设计实施	10%～15%
问卷设计，预调查	
问卷修正印刷	30%～40%
调查人员的挑选与培训	
实地调查	
数据录入分析	30%～40%
撰写调查报告	
与客户的说明会	5%～10%
建议与修正、定稿	

2.2.7 选择调查方法

在调查方案中，还要规定采用什么组织方式和方法取得调查资料。常见的调查方式有探索性调查、描述性调查、因果性调查等；搜集调查资料的方式有普查、抽样调查两大类，而抽样调查又分为随机抽样、重点调查、典型调查、抽样调查等。具体调查方法有文案法、访问法、观察法和实验法等。各种调查方法的适用范围和效果是不一样的，在调查时，采用何种方式、方法不是固定和统一的，而是取决于调查对象和调查任务。在市场经济条件下，为准确、及时、全面地取得市场信息，尤其应注意多种调查方式的结合运用。具体操作时应该注意以下几点：

(1) 探索性调查是整个调查研究框架的最初步骤，但并不是每一次调查都需要从探索性调查开始。

(2) 普查的效果最好，但是费用和时效性相对较差，并且不是所有的调查都适用。所以要结合调查的要求和费用来选择合适的调查方式。

(3) 重点调查、典型调查等非随机抽样调查，在一些以调查主要影响、主要因素为目的的调查过程中，比随机抽样更加适用。

(4) 随机抽样也有很多种方式，如简单随机抽样、分层随机抽样、分群随机抽样等。在随机抽样过程中，要结合调查对象的特点选择具体的随机抽样方式，以取得更好的效果。

2.2.8 确定调查资料整理和分析方式

采用实地调查方法搜集的原始资料大多是零散的、不系统的，只能反映事物的表象，无法深入研究事物的本质和规律，这就要求对大量原始资料进行加工汇总，使之系统化、条理化。目前这种资料处理工作一般已由计算机进行，这在设计中也应予以考虑，包括采用何种操作程序以保证必要的运算速度、计算精度及特殊目的。随着经济理论的发展和计算机的运用，越来越多的现代统计分析手段可供调查人员在分析时选择，如回归分析、相关分析、聚类分析等。每种分析技术都有其自身的特点和适用性，因此，应根据调查的要求，选择最佳的分析方法并在方案中加以显示。主要确定的内容包括初级资料真实性检验方法、样本有效性的验证方法、资料分析的方法等。

1. 初级资料真实性检验方法

要检查调查资料的真实性和准确程度。可以根据以往的实践经验对调查资料进行判断，也可以根据调查资料的内在逻辑性进行判断。同时要检验收集的资料是否齐全，有无重复或遗漏，并对记录的一致性和口径的统一性进行检查验证。

2. 样本有效性的验证方法

作为委托方，企业往往会质疑样本的真实性。要向企业证明样本的真实可靠，可以进行随机抽样估计样本本身的统计误差，或者比较样本和普查资料是否一致。

3. 资料分析的方法

要使委托方对调查机构提交的调查结果和调查报告感到信任，除了验证样本的有效性外，还要告知其所采用的资料分析办法。常见的资料分析办法主要是统计分析和理论分析。

统计分析主要包括两个方面的内容：

（1）描述统计，主要依据样本资料计算样本的统计值，找出这些数据的分布特征，计算出一些有代表性的统计数字，它是调查的结果，常见的数据指标包括频数、集中趋势、离散程度、相关分析和回归分析等。

（2）推论统计，是在描述统计的基础上，利用数据所传递的信息，通过样本对总体特征加以推断，即以统计值推论总体的参数值，主要包括区间估计、假设检验等内容。

理论分析是对资料整理汇总统计分析的基础上进行理论加工，从直接的数据资料抽象为具体方法和具体理论，分析方法主要有归纳法、演绎法、类推法、公理法、系统法等。

2.2.9 确定提交调查结果的方式

调查报告是调查项目的重要部分，它是调查机构提交给委托方的最终产品。提交报告的方式主要包括报告书的形式和份数，报告书的基本内容，报告书中图表的多少等。这些都需要在方案设计的过程中加以确定。

2.2.10 确定调查的经费预算

调查的费用是委托方最关心的问题，特别是在有多家调研公司共同竞争一个项目时，合理而清晰的报价能够获得企业的青睐。同时从调查的经济性考虑，调查的经费预算也是调查效果的一项重要衡量指标。调查的开支费用会因调查方式、样本容量大小、调查内容等不同而不同。在制定预算时，应该制订详细的细分工作项目费用计划。通常在调查前期，计划准备的费用安排大概应占到总预算的20%，具体实施阶段的费用安排可以占40%～50%。而最后分析阶段的费用大概占据总费用的40%，因此，必须全面考虑各个方面的费用计划，并且保证适当的利润和弹性。

2.3 市场调查方案策划的编写与评价

2.3.1 市场调查方案策划的格式

市场调查方案策划有两方面的作用：一是用来提供给委托方审议检查，作为双方的执行协议；二是作为市场调查人员实施执行的纲领和依据。一份完整的市场调查方案策划主要包括以下几个部分的内容：

（1）前言部分。简单介绍整个调查开展的背景、产生调查意向的原因。

（2）调查目的与意义。详细介绍调查的背景、需要解决的问题和可能存在的几种备选决策，指明调研结果对于委托方的决策价值、经济效益、社会效益及理论价值。

（3）调查的内容和范围界定。指明课题调研的主要内容，规定必须的信息资料，列出主要的调查问题和相关理论假设。明确界定此次调研的对象和范围。

（4）调查将采用的方法。指明所采用的研究方法的主要特征，如抽样方案的步骤和主要内容、样本数量确定的依据和精度指标、最终数据采集的方法和调查方式、调查问卷设计方面的考虑和问卷的形式以及数据处理和分析方法等。

（5）调查进度安排和经费开支预算。调查的各环节的开展时间、负责人员、经费使用情况以及对突发事件影响的预处理方法。

（6）附件。列出负责人与参与者的名单，并介绍相应分工情况，问卷设计过程中的各项技术参数的含义，编码设计方式，调查误差的技术和细节，数据分析的方法、结果及采用的分析软件。

一份完整的市场调查方案策划，以上 6 个部分内容；不应该缺失，否则便会影响调查的具体实施。在具体格式上，可以根据委托方的要求和自己的操作习惯，将具体格式进行综合或者进一步细化，注意灵活选择。

2.3.2 市场调查方案策划的评价

由于调查环境的变化和委托方的要求等原因，调查方案策划通常不是唯一的，调查机构会设计多个调查方案进行比较，从中选出最优方案，这就涉及对市场调查方案策划的评价。对市场调查方案策划的评价主要考虑调查方案是否可行，也就是对调查方案进行可行性分析。

1. 调查方案的可行性研究

可行性分析是科学设计调查方案的重要环节，针对市场调查方案进行可行性研究的方法有很多，常见的主要有直观判断法、逻辑分析法和试点检查法。

1）直观判断法

直观判断法是一种简单、易操作的可行性判断办法。通过组织一些具有丰富市场调查经验的人士，对调查方案进行初步地主观推理判断，以说明调查方案的合理性和可行性。这种方法对调查方案中一些明显的理论错误、可操作性较差的环节、调查的经济性等问题可以直接做出判定。优点主要是能够节省人力、财力和时间，且操作简便；缺点则在于直观判断法属于经验法的一种，受到经验、个人喜好的限制，具有很强的主观性，风险相对较大。

2）逻辑分析法

逻辑分析法是指从逻辑层面考查调研方案的内容是否符合情理，对一些明显不合逻辑的调查内容和抽样方式进行筛选和排除。例如，对没通电的山区进行广告效果的考量，就是一种从逻辑上行不通、缺乏实际意义的调查。

3）试点调查法

对于大规模的调查来说，在正式调查前进行小范围的试点是十分必要的。在小范围内选择部分单位进行试点调查，对调查方案进行实地检测，目的是使调研方案更加科学和完善。在进行试点调查时，要注意试点的选择。试点调查是实践不是实验，所以选择的试点应该是具有典型性的调查样本，而不是针对特殊调查样本开展。

2. 调查方案设计的总体评价

进行可行性分析后，要对调查方案策划进行质量评价，主要通过以下几个指标衡量。

1）调查方案是否能体现调查目的

方案设计是否能体现调查的目的和要求，是评价调查方案设计的一个重要指标。调查的内容是否能满足调查的目的，调查方法是否适合调查对象，问卷设计是否科学都是评价的重点。有些调查人员在设计调查方案时，片面追求调查方案的科学性、严谨性，而使调查方案脱离了原先设定的目标，这是很不可取的。确定调查方案能否体现调查目的是进行方案评价的第一步。

2）调查方案是否具备可操作性

调查方案的可操作性主要体现在：问卷问题是否太难；样本总体是否能方便地获得；调查人员是否具备基本的调查能力等。如果出现问卷难度太大、样本框不明确等情况，要注意及时修改调查方案策划。

3）调查方案设计是否满足经济性要求

开展市场调查会产生一定的费用，一般情况下，调查要求越严格，费用越高。在制订调查方案的过程中，不仅要考虑调查方案自身的科学性，而且要考虑取得这些资料的成本和获取信息的代价。在评价调查方案设计时，经济性也是非常重要的评价指标。

项目小结

本项目主要介绍了市场调查方案设计的含义、作用、工作流程和评价体系。市场调查方案设计，就是根据调查研究的目的和调查对象的性质，在进行实际调查之前，对调查工作总任务的各个方面和各个阶段进行的通盘考虑和安排，提出相应的调查实施方案，安排合理的工作程序，对整个调研活动具有指导和控制作用。

市场调查方案设计的工作流程主要有以下几个方面：确定调查的必要性，确定调查目标，确定调查对象和调查单位，确定调查内容，确定信息的类型和来源，确定调研人员、时限，选择调查方法，确定调研资料整理和分析方式，确定提交调查结果的方式，确定调查的经费预算。在进行市场调查方案策划的过程中要注意策划书的内容和格式，并做好对于策划书的评价。

思考与练习

一、填空题

1. 从逻辑层面考查调研方案的内容是否符合情理。对一些明显不合逻辑的调查内容和抽样方式进行筛选和排除的方法是_____。
2. 为保证调查的顺利完成，调查人员必须具备_____、_____和_____。
3. 定义问题的方式主要有_____、_____、_____和_____。
4. 市场调研总体方案设计的主要特点有_____、_____、_____和_____。

二、选择题

1. 市场调查总体方案设计的特点不包括（　　）。
   A. 可行性　　　B. 全面性　　　C. 规划性　　　D. 固定性
2. 确定信息的类型和来源主要要考虑（　　）。
   A. 真实性　　　B. 时效性　　　C. 针对性　　　D. 以上皆是

三、简答题

1. 市场调查总体方案策划的意义是什么？

2. 市场调查总体方案策划包含哪些内容？
3. 为什么要对总体方案进行评价？如何开展可行性分析和评价？

四、案例分析题

电动自行车消费者调研方案

1. 调查背景

由于改革开放后，居民收入日益增加，汽车在一般社会大众日常生活中所扮演的角色已由奢侈品转变为必需品。然而，随着汽车数量的大幅增加，其所造成的空气污染、噪声污染等问题也愈加严重，能源耗费问题也不容忽视。于是，可降低环境污染并减少不必要资源浪费的电动自行车顺应环境保护、节约资源之需而产生，目前在国内几个大城市蓬勃发展起来。生产电动自行车的厂家也日益多起来，竞争也日趋激烈。

2. 调查目的

某厂家为了增强竞争力，了解电动自行车使用者与潜在使用者的需求与建议，作为研究改进电动自行车的有效参照，组织了对全国3个主要电动自行车城市的调查。

3. 调查内容

1) 电动自行车使用状况分析

(1) 骑车经验分析。

(2) 驾驶速度分析。

(3) 每日行驶里程数分析。

(4) 每日行驶时间分析。

(5) 主要用途分析。

(6) 搭载情况分析。

(7) 交通状况分析。

(8) 电动自行车更换频率分析。

(9) 使用满意度分析。

(10) 使用情况分析。

2) 电动自行车需求分析

(1) 理想的电动自行车外形分析。

(2) 充电方式分析。

(3) 公共设施的配合分析。

(4) 愿意购买价格分析。

(5) 购买可能性分析。

(6) 欲购买的原因分析。

(7) 不想购买的原因分析。

(8) 购买时机分析。

3) 电动自行车需求分析（试骑后）

(1) 购买可能性分析。

(2) 购买原因分析。

(3) 不想购买原因分析。

(4) 购买时机分析。

(5) 调研地区、对象、样本。

将南京市、苏州市、武汉市 3 地区 18～60 岁的公民作为抽样母体，并依抽样地区、性别、年龄等 3 个变量进行分层比例抽样，分配各组样本数。样本分配见表 2-2。

表 2-2 样本分配表

项目类别		样 本 数
地区别	南京市	216
	苏州市	58
	武汉市	110
性别	男	195
	女	189
年龄/岁	16～24	82
	25～29	63
	30～34	64
	35～39	61
	40～44	41
	45～49	29
	50～54	25
	55～60	19
合　计		384

4. 调研方式、方法

采用问卷调查、人员定点访问的调查方式。

5. 问卷发放数量与投放方式

按样本数量发放问卷 384 份，采用送发式问卷发放形式。

6. 资料整理与分析的方法

对合格的问卷进行登记、计算，得出可供分析使用的初步计算结果，进而对调查结果做出准确描述及初步分析，为进一步的分析提供依据。该阶段的工作虽在室内进行，不可控因素相对较少，但智力含量高，技术性强，须予以相当重视。

7. 调研时间

调研时间为 2010 年 6 月 13 日～21 日。

8. 调研经费预算

包括问卷制作费、人员工资、交通费、调查实施费等。

9. 调研报告提交方式

将本次调查的实施情况、调查结果及分析结果付诸文字，形成《电动自行车消费者调查报告》，作为本次调查的最终结果。

(资料来源：百度文库)

分析：
(1) 这份调研方案是否完整？是否具备可执行性？
(2) 此方案存在哪些不足？有没有可以更改的地方？

项 目 实 训

实训一：市场调研方案设计

实训目的

了解市场调研总体方案的设计内容和技巧，学会对总体方案进行评价与分析。

实训内容和要求

针对自己熟悉的学生食堂，进行一项顾客满意度的调查，以小组为单位设计调研总体方案。

实训考核

(1) 学生3～5人为一组，模拟一个调查项目组，选定一名负责人，进行工作的安排和报告的汇报。

(2) 小组负责人负责整个小组的工作调度，分配小组成员的工作内容，并给出相应评价。

(3) 各组方案完成后，由各小组负责人组成方案评价委员会，对所有完成的总体方案进行可行性分析和评价，给出评价等级与分数。

(4) 教师给出所有总体方案分数，学生最终成绩由教师给定成绩、方案评定等级与小组负责人的评价3项内容综合得出。

实训二：市场调研方案设计

实训目的

让学生在具体工作任务环境下，学会根据具体调查要求进行市场调查方案设计，并对委托方的时间、费用、样本等要求进行综合权衡。

实训项目

某企业拟针对大学生手机市场进行一次市场调查，主要需要了解的信息为大学生手机使用率、学生对手机功能的需求、学生对手机价格的承受能力以及学生对于本企业手机产品的品牌美誉度。拟调查不少于1 000个样本，需要在15天之内完成，费用不能超过5 000元，请为此设计市场调查方案。

实训考核

(1) 学生3～5人为一组，模拟一个调查项目组，选定一名负责人，进行工作的安排和报告的汇报。

(2) 小组负责人负责整个小组的工作调度，分配小组成员的工作内容，并给出相应评价。

(3) 各组方案完成后，由各小组负责人组成方案评价委员会，对所有完成的总体方案进行可行性分析和评价，给出评价等级与分数。

(4) 教师给出所有总体方案分数，学生最终成绩由教师给定成绩、方案评定等级与小组负责人的评价3项内容综合得出。

项目三　市场调查方法

工作任务描述

市场调查中，获取信息的方式有很多。在接受调查委托任务后，企业既希望调查结果真实，又希望尽量节省费用，同时能尽快拿到调查结果。这就需要调查人员根据具体的调查环境与调查要求，选择合适的调查方式更好地完成工作任务。常见的市场调查的方法主要有以下几种：

(1) 文案调查法。
(2) 访问调查法。
(3) 观察法。
(4) 实验法。
(5) 网络调查法。

每种不同的调查方法有着自己的优缺点和适用范围，调查人员在选择调查方法时，要注意根据不同的调查要求、调查对象和调查影响因素具体确定恰当的调查方法，使调查开展更加轻松，节省时间费用，同时取得的结果更加符合市场实际。了解市场调查资料的类型、市场调查资料搜集的概念及方法的类型。

知识概览

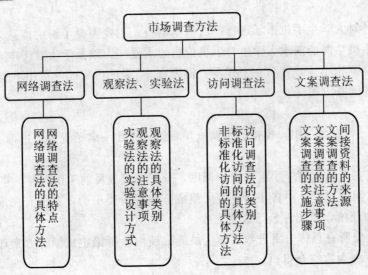

项目三 市场调查方法

知识目标	能力目标	学习重点和难点
(1) 掌握文案调查法的概念、特点、程序及应用情形。 (2) 掌握各种访问调查法的概念、特点、程序及应用情形。 (3) 掌握观察法与实验调查法的概念、特点、程序及应用情形。 (4) 掌握网络调查法的概念、特点、程序及应用情形。	(1) 能够识别各类调研方法的优缺点 (2) 能够根据调查要求选择合适的调研方法 (3) 掌握各类调查方法的适用范围和注意点	(1) 文案调查法的适用范围和注意事项 (2) 观察法的适用范围和注意事项 (3) 网络调查法的优缺点和开展的方式

环球时装：侦探式销售调查

位居日本服装业之首的环球时间公司,由20世纪60年代创业时的零售企业发展成为日本具有代表性的大型企业,靠的主要是掌握第一手"活情报"。他们在全国81座城市顾客集中的车站、繁华街道开设侦探性专营店,陈列公司所有产品,给顾客以综合印象,售货员的主要任务是观察顾客的采购动向;事业部每周安排一天时间全员出动,分散到各地调查,有的甚至到竞争对手的商店观察顾客情绪,向售货员了解情况,找店主聊天。调查结束后,当晚回到公司进行讨论,分析顾客消费动向,提出改进工作的新措施。全国经销该公司时装的专营店和兼营店均制有顾客登记卡,详细地记载每位顾客的年龄、性别、体重、身高、体型、肤色、发色、使用的化妆品、常去的理发店以及兴趣、嗜好、健康状况、家庭成员、家庭收入、现时穿着及家中存衣的详细情况。这些卡片通过信息网络储存在公司信息中心,只要根据卡片就能判断顾客眼下想买什么时装,今后有可能添置什么时装。试探式销售调查,使环球时间公司迅速扩张,且其利润率之高,连日本最大的企业丰田汽车公司也被抛在后面。

(资料来源:http://www.51fashion.com.cn/businessnews/2005-6-17160305.html)

3.1 文案调查法

3.1.1 文案调查法的作用

文案调查法又称间接调查法,是指调查人员从各类文献、档案资料中收集有关市场信息资料的方法。通过对间接资料的收集,可以使企业迅速了解有关市场,把握市场机会,也可以使自己对要了解的市场情况有初步的认识,为进一步的直接调查奠定基础。文案调查的作用具体表现在4个方面。

1. 发现问题并为市场研究提供重要参考

1) 市场供求趋势分析

市场供求趋势分析即收集各种市场动态资料并加以分析对比,观察市场发展方向。例如，某企业近几年的营业额平均以15%的速度增长，由此可推测未来几年营业额的变动情况。

2）相关与回归分析

相关与回归分析即利用一系列相互联系的现有资料进行相关与回归分析，研究现象之间相互影响的方向和程度，并可在此基础上进行预测。

3）市场占有率分析

市场占有率分析是根据各方面的资料，计算本企业某种产品的市场销售量占该市场同种商品总销售量的份额，以了解市场需求及本企业所处的市场地位。

4）市场覆盖率分析

市场覆盖率分析是将本企业某种商品的投放点与全国该种产品市场销售点总数进行比较，反映企业商品销售的广度和宽度。

2. 可为实地调查创造条件

（1）通过文案调查，可以初步了解调查对象的性质、范围、内容和重点等，并能提供实地调查无法或难以取得的市场环境等方面的宏观资料，便于进一步开展和组织实地调查，取得良好的效果。

（2）文案调查所收集的资料还可用来证实各种调查假设，即可通过对以往类似调查资料的研究指导实地调查的设计，将文案调查资料与实地调查资料进行对比，鉴别和证明实地调查结果的准确性和可靠性。

（3）利用文案调查资料并经适当的实地调查，可以推算所需掌握的数据资料。

（4）利用文案调查资料，可以帮助探讨现象发生的各种原因并进行说明。

3. 可用于有关部门和企业的经常性市场调查

实地调查与文案调查相比，更费时、费力，组织起来也比较困难，故不能或不宜经常进行，而文案调查如果经调查人员精心策划，尤其是在建立企业及外部文案市场调查体系的情况下，具有较强的机动性和灵活性，能根据企业经营管理的需要，随时收集、整理和分析各种市场信息，定期为决策者提供有关市场调查报告。

4. 不受时空限制

从时间看，文案调查不仅可以掌握现实资料，还可获得实地调查所无法取得的历史资料；从空间看，文案调查既能对企业内部资料进行收集，还可掌握大量的有关市场环境方面的资料。

知识链接 3-1

美国法律规定，本国商品的定义是"一件商品，美国制造的零件所含价值必须达到这件商品价值的50%以上。"日本一家公司通过查阅美国有关法律和规定获知了此条信息。这家公司根据这些信息，想出一条对策：进入美国公司的产品共有20种零件，在日本生产19种零件，从美国进口1种零件，这1种零件价值最高，其价值超过50%以上，在日本组装后再送到美国销售，就成了美国商品，就可直接与美国厂商竞争。

3.1.2 间接资料的收集

1. 间接资料的类别

文案调查法是对各类已经存在的市场信息进行收集的方法,市场信息主要有以下一些类别。

1) 按市场信息负载形式分类

(1) 文献性信息:文字、图像、符号、声频、视频;手工型、印刷型、微缩型、卫星型等。

(2) 物质性信息:商品展览、模型、样品等。

(3) 思维型信息:预测信息、对竞争对手的决策判断等。

2) 按市场信息的产生过程分类

(1) 原始信息:是市场活动中产生的各种文字和数据资料。

(2) 加工信息:根据需要,对原始信息进行加工、处理和分析等。

3) 按市场信息的范围分类

(1) 宏观市场信息:是关于企业外部经营环境的各种能够信息,如国民经济发展情况、居民购买力、股市行情等。

(2) 微观市场信息:是反映企业生产、经营状况的各种信息,如企业商品销售额、劳动效率、购销合同履行情况等。

4) 按市场信息的时间分类

(1) 动态市场信息:是反映市场现象在不同时期的发展变化的信息。

(2) 静态市场信息:是对某一时刻市场活动的说明,对各种动态及静态资料进行搜集、整理和分析,是科学预测和决策的前提。

2. 间接资料的来源

文案调查应围绕调查目的,收集一切可以利用的现有资料。间接资料的来源主要可以分为两大类:企业内部资料来源和企业外部资料来源。

1) 企业内部资料来源

企业内部资料主要是企业经济活动的各种记录,主要包括以下 3 种:

(1) 业务资料。包括与企业业务经济活动有关的各种资料,如订货单、进货单、发货单、合同文本、发票、销售记录、业务员访问报告等。

(2) 统计资料。主要包括各类统计报表,企业生产、销售、库存等各种数据资料,各类统计分析资料等。

(3) 财务资料。财务资料反映了企业活动和物化管理占用和消耗情况及所取得的经济效益,通过对这些资料的研究,可以确定企业的发展前景,考核企业经济时效。

(4) 企业积累的其他资料。例如,平时剪报、各种调研报告、经验总结、顾客意见和建议、同业卷宗及有关照片和录像等都属于企业积累的其他资料。根据顾客对企业经营、商品质量和售后服务的意见,可以研究如何加以改进。

2) 企业外部资料来源

对于企业外部资料,可从以下几个主要渠道加以收集:

(1) 统计部门与各级各类政府主管部门公布的有关资料。我国国家统计局和各地方统计局都定期发布统计公报等信息，并定期出版各类统计年鉴，内容包括全国人口总数、国民收入、居民购买力水平等，这些均是很有权威和价值的信息，具有综合性强、辐射面广的特点。

(2) 各种经济信息中心、专业信息咨询机构、各行业协会和联合会提供的市场信息和有关行业情报。这些机构的信息系统资料齐全，信息灵敏度高，为了满足各类用户的需要，它们通常还提供资料的代购、咨询、检索和定向服务，是获取资料的重要来源。

(3) 国内外有关的书籍、报刊、杂志所提供的文献资料。包括各种统计资料、广告资料、市场行情和各种预测资料等。

(4) 有关生产和经营机构提供的商品目录、广告说明书、专利资料及商品价目表等。

(5) 各地电台、电视台提供的有关市场信息。近年来全国各地的电台和电视台为适应市场经营形势发展的需要，都相继开设了"市场信息"、"经济博览"等以传播经济、市场信息为主导的专题节目及各类广告。

(6) 各种国际组织、外国使馆、商会所提供的国际市场信息。

(7) 国内外各种博览会、展销会、交易会、订货会等促销会议以及专业性、学术性经验交流会议所发放的文件和材料。

3.1.3 文案调查的方法

(1) 核算法。核算法主要用于收集企业内部的现成资料。

(2) 报告法。报告法主要用于收集特定系统内部(行业内、企业集团内)的统计数据、财务数据等。

(3) 汇编法。汇编法是企业定期整理和积累企业内部统计数据、财务数据和相关资料的一种方法。

(4) 筛选法。筛选法是指从各类文献资料中分析和筛选与市场调研问题有关的资料。

(5) 剪辑法。剪辑法是指调查者平时从各种报刊上剪辑与市场调研活动有关的文章、报告、报道、公报、述评、资讯等。

(6) 购买法。购买法是指向专业的信息提供商购买所需的辛迪加数据。

(7) 参考文献查找法。参考文献查找法是以有关著作、论文的末尾所开列的参考文献目录，或文中所提到的某些文献资料为线索追踪、查找有关文献资料的方法。采用这种方法，可以提高查找效率。

(8) 检索工具查找法。检索工具查找法是利用已有的检索工具，按照目录、索引、文献等信息查找文献资料的方法。

(9) 计算机网络检索法。计算机网络检索法即利用计算机网络检索、搜寻调研者所需要的有关资料，具有检索速度快、效率高、内容新、范围广、数量大等优点，而且还可打破获取信息资料的地理障碍和时间约束，能向各类用户提供完善、可靠的信息，是现在常用的方法。

(10) 情报联络网法。情报联络网法是指企业在一定范围内设立情报联络网，用以搜集市场情报、竞争情报、技术经济情报等。

3.1.4 文案调查法的注意事项

文案调查法是一种简单方便的调查方法，其优点主要在于资料收集过程比较简易，组织工作简便，二手资料比较容易得到，相对来说比较便宜，并能较快地获取。因此，能够节省人力、调查经费和时间。文案调查具有较强的机动性和灵活性，能够较快地获取所需的二手资料，以满足市场研究的需要。

但是二手资料是为原来的目的收集整理的，不一定能满足调研者研究特定市场问题的数据需求；且二手资料主要是历史性的数据和相关资料，往往缺乏当前的数据和情况，存在时效性缺陷；同时二手资料的准确性、相关性也可能存在一些问题。因此，在使用文案调查法的过程中，要注意一些问题。

1. 针对性

现阶段，由于网络资源的逐渐丰富和信息数据库的建设，调查人员能够收集到的市场信息也是相当丰富的，但是过多的信息量会影响决策时间，同时也会出现大量与调查无关的干扰信息，所以资料的收集应该有明确的指向和目标，避免无的放矢，而且应该为企业的决策要求提供实际的效用。

2. 时间性

二手资料大多是历史性资料，现代企业经营环境变化很快，过于陈旧的资料往往对企业没有太大价值。所有调查人员在收集二手资料的过程中，应该关注市场变化，分析市场变化的最新趋势，尽可能收集时间性较强的资料。

3. 全面性

收集的二手资料，要力求全面系统地反映市场变化，所以要全面地收集相关资料，同时要注意获取的同类资料在时间上应该是连续的，存在一定的序列性，能反映各个时间段的情况和发展趋势。

4. 经济性

很多二手资料需要调查人员支付一定的费用才能使用，因此，在选择、收集、处理二手资料的过程中，要注意资料的经济性，获取资料的方式应是效果好且费用低的。

5. 准确性

二手资料往往带有作者的思想倾向，因此，资料的真伪、准确性还需要进一步考证。对于二手资料，调查人员要进行认真的鉴别和筛选，实事求是，避免个人偏见和主观臆断。

3.1.5 文案调查的实施步骤

文案调查法的实施主要有3个阶段：分析和准备阶段、搜索阶段、加工阶段。其中分析和准备阶段主要有两个步骤：确定信息需求、确定收集内容；搜索阶段主要有4个步骤：评审内部资料、确定外部渠道、确定搜集方法、实施与评审；加工阶段则是指的信息的综合与汇集阶段。具体实施步骤如图3.1所示。

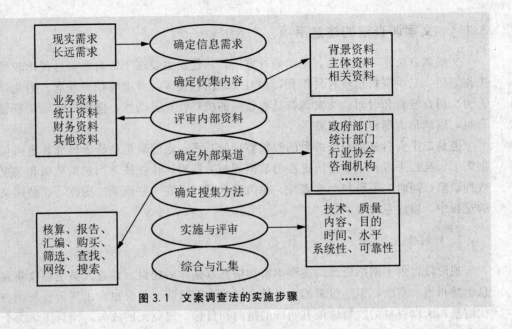

图 3.1　文案调查法的实施步骤

1. 分析和准备阶段

首先确定是否存在信息需求，需要搜集哪些方面的信息，并制订相应计划。

2. 搜索阶段

内部资料的评审，即对内部相应业务资料、统计资料、财务资料和其他相关资料的审查。确定外部渠道，即确定从哪些来源搜集外部信息。确定搜集方法，即确定采用哪一种方法获取这些内外部资料。实施与审核，即对资料收集的过程进行控制，保证收集的资料从技术、质量和内容各方面都符合调查目的和收集要求，并对资料进行鉴别。

3. 加工阶段

对收集到的信息进行评价和整理汇总，对有用的资料进行梳理、组织，分析研究并起草报告。

3.2　访问调查法

3.2.1　访问调查法的概念与种类

访问调查法简称访问法或询问法，是指调查者以访谈询问的形式，或通过电话、邮寄、留置问卷、小组座谈、个别访问等询问形式向被调查者搜集市场调查资料的一种方法。基本原理是以问和听的形式获取信息，挖掘信息。访问法是市场调查资料搜集最基本、最常用的调查方法，主要用于原始资料的搜集。

访问法按不同标志划分，可以分为许多类型，主要有以下几种：

(1) 按访问形式不同，可分为面谈访问、电话询问、留置问卷访问、邮寄访问等。

(2) 按访问方式不同，可分为有直接访问和间接访问。直接访问是调查者与被调查者直接面对面地进行访问交谈,如面谈访问。间接访问是调查者通过电话或书面形式间接地向被调查者进行访问,如电话询问、邮寄询问、留置问卷询问等。

(3) 按访问内容不同,可分为标准化访问和非标准化访问。标准化访问又称结构性访问,是指调查者事先拟好调查问卷或调查表,有条不紊地向被调查者进行访问,主要应用于数据收集和市场的定量研究。非标准化访问又称非结构性访问,是指调查者按粗略的提纲自由地向被调查者进行访问,主要应用于非数据信息收集和市场的定性研究。

3.2.2 标准化访问

标准化访问是利用从总体中抽取的一个样本,以及事先设计好的一份结构式问卷,向被抽中的被调查者询问问题,获取信息。它是最为常用的数据收集方法,又称抽样问卷调查法或市场定量调研法。

标准化访问的应用必须具备两个前提条件,一是必须事先从总体中按一定的抽样方式和方法随机抽取样本,确定被访问者的数目(样本量);二是必须事先设计好封闭式或半封闭式的结构型问卷,作为访问与记录的工具。

标准化访问的优点主要有:①易于操作;②所收集的数据比较可靠;③数据的编码、分析和解释都比较简单。

标准化访问的缺点主要是:①被调查者可能不愿意或不能够提供所需的信息;②封闭性的问题限制被调查者选择答案的范围,有可能使某些类型数据的有效性受损失;③问题的措辞也很关键,设计一份优秀的问卷难度较大。

标准化访问的具体方法有面谈访问、电话访问、邮寄访问3类。其中每一类又可分为不同的访问方式,如图3.2所示。

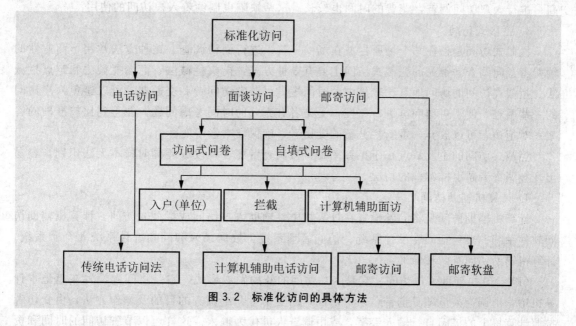

图3.2 标准化访问的具体方法

1. 面谈访问法

面谈访问法又称人员访问法,是由调查机构派出访问人员,直接与被调查者面对面交谈以获取信息的一种调查方法。调查者根据调查提纲直接访问被调查者,当面询问有关问题,既可以是个别面谈,主要通过口头询问;也可以是群体面谈,可通过座谈会等形式。面谈访问按照访问的对象不同,分为家庭访问和个人访问;按访问是否采用标准化问卷,分为标准式访谈和自由交谈;而标准式访谈按照问卷填写的形式,分为调查员填写问卷调查法和留置问卷调查法;按照访问的地点和形式不同,分为入户(或单位)访问、拦截访问和计算机辅助访问。

1)留置问卷访问

留置问卷访问是调查者将调查问卷当面交给被调查者,说明调查目的和要求,由被调查者自行填写,按约定的时间收回的一种方法。

留置问卷访问的主要优点:①被调查者独立作答,不受调查人员的影响;②留置问卷回收期长,被调查者可仔细思考,认真作答,避免由于时间仓促或误解产生误差。

留置问卷访问的主要缺点:①调查区域范围受到一定限制,一般难以开展大范围的留置问卷访问;②时间长,费用相对较高。

2)入户访问

入户访问指调查人员到被调查者的家中或工作单位进行访问,直接与被调查者接触,然后利用访问式问卷逐个问题进行询问,并记录对方的回答;或者将自填式问卷交给被调查者,讲明方法后,等待对方填写完毕或稍后再回来收取问卷的调查方式。

入户访问适用范围:调查项目比较复杂的产品测试,广告效果测试,消费者调查,顾客满意度研究,社情民意调查等。

入户访问调查通过调查者与被调查者之间的人际沟通来实现,所以具有调查内容深入细致、灵活性强、准确率高、拒答率低的优点。但是入户访问受调查人员素质影响较大,所以对调查人员的要求相对较高;同时涉及调查人员的培训费用、差旅费用等,导致调查费用较高;进行入户访问调查,花费的时间也较长。这些缺陷也制约着入户访问的使用。

3)拦截式访问

拦截式访问是指在某个场所拦截在场的一些人进行面访调查。这种方法常用于商业性的消费者意向调查。常见的拦截式访问主要有3种方式:街头拦截法、商场拦截法和定点拦截法。拦截式访问的访问地点比较集中,时间短,可节省访问费和交通费;可以避免入户访问的一些困难,便于对访问员进行监控;受访者有充分的时间考虑问题,能得到比较准确的答案;对拒访可以放弃,重新拦截新的受访者,确保样本量不变。

拦截式访问的主要缺点在于拒答率高,被调查者配合程度较差同时样本无法识别,容易出现被调查者超出样本框的情况。

4)计算机辅助访问

计算机辅助访问是将问卷设置在计算机中,辅助入户访问或拦截式访问。计算机辅助访问软件系统一般包括问卷设计系统、访问管理系统、数据录入和问卷统计系统4个子系统。计算机辅助访问有两种情形:

(1)计算机辅助入户访问。它是入户访问的新的发展形式,它是将问卷设置在笔记本计算机中,由调查人员随身携带,入户访问,向受访者介绍调查的目的及操作方法,由受访者按照计算机上的提问自行输入答案,或由调查人员代为输入。这样可以节省访问的时间和资料录入整理的时间,也可避免逻辑性错误,还可提高受访者的兴趣。

(2)计算机辅助拦截访问。它是拦截式访问的新的发展形式,它是由调查人员先拦截被调查者并征得其同意后,直接带到放有计算机的地方,说明调查目的,请求其配合支持,然后由被调查者按计算机上的提问自行输入答案,或由调查人员按计算机上的问题边询问边输入。它具有自动录入数据、编辑数据、逻辑检查、自动汇总统计等优势,因而速度快,效率高,节省调查时间和调查费用。

总体来说,面谈访问法是市场调查活动中最常用和最灵活的一种调查方法,具备很多优点:

(1) 灵活性。由于调查者和被调查者双方面对面交流,交谈主题可以突破时间的限制,对于一些较敏感的问题,调查者可以采取灵活委婉的方式,迂回提问,调查深入;同时在调查中可以发掘很多在调研设计过程中设计人员没有关注的新信息与新问题;一些被调查者误解或不理解时,调查人员可以当面进行解释,有利于资料收集的顺利进行。

(2) 拒答率较低。与其他方式相比,面访访问容易取得较高的回答率。在保证良好沟通环境的情况下,被调查者一般不会轻易做出拒绝的选择。这也是面访访问最突出的优点。

(3) 调查资料质量高。在访问的过程中,调查人员在场,对调查访问的环境,被调查者的表情、态度等身体语言进行观察,对于一些明显的错答、误答可以进行现场纠正,从而使得调查资料的准确性和真实性大大提高。

(4) 适用范围广。面访访问主要依赖调查人员的口头语言表达,对于被调查者的书面阅读、理解能力没有要求。所以既可以用于文化水平较高的调查对象,也可以用于文化水平较低的调查对象。

当然,面谈访问法也存在一些缺点:

(1) 调查费用高。这些费用主要表现为人员培训费、交通费、员工工资、礼品费、问卷设计印刷费用等。出于调查费用的考虑,很多企业不愿意使用面谈访问的调查方法。

(2) 对调查人员要求高。面谈访问的质量很大程度上取决于调查人员本人的访问技巧和应变能力。调查人员素质是制约面谈访问法效果的"瓶颈"。

(3) 匿名性差。面谈访问需要调查人员和被调查者直接碰面,因而对于一些敏感问题、威胁性问题,被调查者往往不愿意回答或者给出错误的回答。

(4) 访问周期长。时效性较差,一些对时间要求较强的调查,往往不会采用。

(5) 对调查者管理困难。有些调查者职业素质不高,急于完成任务随意破坏对样本随机性的要求,还有一些调查者在取得部分资料后就停止调查,对不完全的样本进行分析;甚至一些调查者自己编造调查结果。这些现象的存在,都加大了管理的难度,也使得面访访问的应用在一定程度上受到了限制。

2. 电话访问法

电话访问法是调查者通过电话向被调查者进行访问,搜集市场调查资料的一种方法。电话访问分为传统电话访问和计算机辅助电话访问两种形式。

1) 传统电话访问

传统电话访问就是选取一个被调查者的样本,然后拨通电话,询问一系列的问题。调查人员手中要有一份问卷和一张答案纸,在访问过程中随时记下答案。

传统电话访问的程序是:①根据调查目的划分不同的区域;②确定各个区域必要的调查样本单位数;③编制电话号码簿(抽样框);④确定各个区域被抽中的电话号码;⑤确定各个区域的电话访问员;⑥一般利用晚上或假日与被调查者通电话,获取有关资料。

传统电话访问的主要优点:

(1) 搜集资料速度快，费用低，可节省大量调查时间和调查经费。

(2) 搜集资料覆盖面广，随着通信的发展，这个优点愈加明显。

(3) 可以免去被调查者的心理压力，容易被人接受。特别是调查那些难于见面的名人，采用电话访问尤为重要。

传统电话访问的主要缺点：

(1) 拒答率高。这是传统电话访问存在的最大问题。由于电话访问采用不见面方式，对于被调查者当时的心态和状况无法判断，同时大多数人对于陌生者的电话访问本身存在着排斥心理，所以拒答率高。

(2) 母体不全。电话访问只限于有电话的地区、单位和个人，电话普及率高才能广泛采用。在通信条件落后地区，或者在较难获取被调查者电话号码的情况下，这种方法就会受到限制。同时，较高的拒答率也会影响样本的总体范围。

(3) 真实性较难判断。由于不能见到被调查者，采用电话访问无法观察到被调查者的表情和反应，也无法出示调查说明、图片等背景资料，只能凭听觉得到口头资料，所以电话访问不能使问题深入，也无法使用调查的辅助工具，对于回答问题的真实性难以做出准确的判断。

(4) 调查内容较简单。由于电话访问没有其他辅助手段，仅靠调查人员口述，所以一般采用两项选择法提问，即"是"或"不是"，对于一些复杂问题，如态度调查，两个极端选择项往往不能反映真实情况。

电话访问主要应用于民意测验和一些较为简单的市场调查项目。要提高电话访问的效果，就需要注意几个问题：①要求询问的项目要少，尽量采用二项选择法提问；②时间要短，一般控制在15～20分钟；③注意选择合适的调查人员，要求口齿清晰、语气亲切；④注意样本抽取方式和访问时间的选择。为了克服电话访问的缺点，调查前可寄一封信或卡片，告知被调查者将要进行电话访问的目的和要求以及奖励办法等。

2) 计算机辅助电话访问

在发达国家，特别是在美国，集中在某一中心地点进行计算机辅助电话访问比传统的电话访问更为普遍。计算机辅助电话访问具有速度快、效率高、自动控制、方便灵活等特点。目前在国内有少数调查公司采用。计算机辅助电话访问必须在一个中心地点安装计算机辅助电话访问设备，其软件系统包括4个部分：自动随机拨号系统、问卷设计系统、自动访问管理系统、自动数据录入和简单统计系统。

计算机辅助电话访问是使用一份按计算机设计方法设计的问卷，通过电话向被调查者进行访问。计算机问卷可以利用大型机、微型机或个人计算机设计生成，调查人员坐在CRT终端(与总控计算机相连的带屏幕和键盘的终端设备)对面，头戴小型耳机式电话。CRT显示器代替了问卷、答案纸和笔。通过计算机拨打所要的号码，电话接通之后，调查人员就读出CRT显示器屏幕上显示的问题并直接将被调查者的回答(用号码表示)通过键盘记入计算机的记忆库中。其优点在于数据的收集过程是自然、平稳的，而且访问时间大大缩减，数据质量得到了提到，数据的编码和录入等过程也不再需要。由于回答是直接输入计算机的，关于数据收集和结果的阶段性的和最新的报告几乎可以立刻得到。

3. 邮寄访问法

邮寄访问法是指调查者将印制好的调查问卷或调查表格，通过邮政系统寄给选定的被调查者,由被调查者按要求填写后,按约定的时间寄回的一种调查方法。有时,也可在报纸或杂志上利用广告版面将调查问卷登出,请读者填好后寄回。调查者通过对调查问卷或调查表格的审核和整理,即可得到有关数据和资料。

邮寄访问的主要优点:

(1) 邮寄访问可以给予被调查者相对宽裕的作答时间,问卷可以有一定的深度。

(2) 调查费用较低,只需花费印刷费和邮资费。

(3) 被调查者有充分的时间作答,还可查阅有关资料,因而取得的资料可靠程度较高。

(4) 被调查者不受调查者态度、情绪等因素的影响,回答更加客观,可消除由调查者产生的误差。

(5) 无需对调查人员进行选拔、培训和管理,可以节约大笔调研经费。

(6) 邮寄访问匿名性较强,所以搜集面谈访问时被调查者不愿意公开讨论,而对于企业又非常重要的决策信息,可以采用这种方式。

邮寄访问的主要缺点:

(1) 调查问卷回收率低,影响样本的代表性。其原因可能是被调查者对调查问题不感兴趣或问卷设计太复杂,也可能是被调查者不在家或事务太忙等。50%的回收率对邮寄访问来说已经很高了,有时邮寄访问的回收率甚至只有10%。同时,过低的回收率也会增加有效问卷的费用比例。

(2) 调查时间长。邮寄本身需要时间,同时问卷滞留在被调查者手中的时间也会比较长,致使调查时间拉长,影响调查资料的时效性。

(3) 问卷回答可靠性较差。由于无法交流,被调查者可能产生误解,也可能请人代答填写。

邮寄访问主要应用于时效性要求不高,受访者的名单、地址、邮编比较清楚,调查费用比较紧张的调查项目。如果企业有多次邮寄访问调查的先例,积累了邮寄访问对象的样本群体,并建立了良好的合作关系,邮寄访问就能够取得优良的效果。现阶段邮寄访问主要应用于书籍、报纸、杂志等的出版单位了解用户需求。

提高邮寄问卷的回收率可以采用以下几种方式:

(1) 电话或跟踪信提醒。邮寄访问不是说问卷发放出去后,就撒手不管,应采取各种方式联络被调查者,请他们尽快完成问卷回邮。研究表明,通过跟踪提醒能将问卷回收率提高20%。

(2) 提前通知或致谢。提前通知或致谢能使被调查者感受到参与调查的光荣,得到情感上的满足。激发被调查者的合作热情,可以提高问卷作答质量和问卷回收率。

(3) 设置一定的物质奖励。附加一定量的物质奖励能大大提高问卷回收率,如采用抽奖、赠送优惠券等方式。但要注意物质奖励的"度",防止被调查者仅仅为得到奖励而胡乱填写调查问卷,这样反而会影响调查作答的真实度和样本分布的合理性。

(4) 附上回信的信封并贴足邮资。调查表明,大部分人不愿意参与邮寄访问的原因在于手头上没有信封和邮票,或认为填写回邮信封很麻烦。解决了回邮工具的问题,邮寄访问的回收率会有大幅度的提高。

(5) 邀请权威机构主办。由权威机构主办的邮寄调查,回收率会较高。如果企业希望提高邮寄访问的回收率,可以邀请政府、知名大学等公信力较强的权威机构主办。

3.2.3 非标准化访问

非标准化访问又称非结构性访问，是指调查者按粗略的调查提纲自由地向被调查者进行访问，主要应用于非量化信息的搜集和市场的定性研究，因而又称定性调研法。在市场调查中，非标准化访问除了可以帮助调查者进行潜在的理由和动机的定性研究之外，还有两个重要的应用理由：

(1) 并不是在所有情况下都有可能采用完全结构式或正规的方法获取被调查者的信息的。一些涉及被调查者隐私或者会让回答者感觉尴尬的问题，往往得不到答案。

(2) 被调查者有时候可能对一些涉及下意识、动机的问题无法提供准确的答案。心理活动，特别是动机、欲望，往往是以合理性或自我防护等形式隐蔽起来的。

非标准化访问有直接法和间接法两种方法，直接法主要包括小组讨论法和深层访谈法，间接法主要是各种投影技法，如图3.3所示。

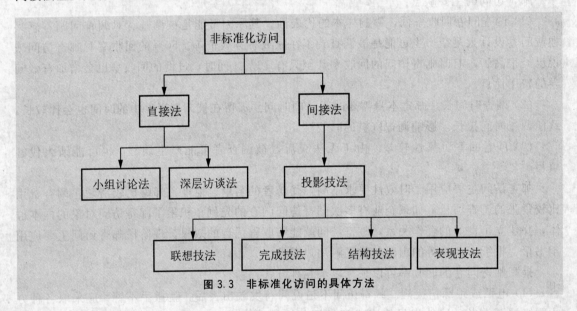

图 3.3　非标准化访问的具体方法

1. 小组讨论法

1) 小组讨论法的概念与特点

小组讨论在国外被称为焦点小组访谈，是由一位经过训练的主持人以一种无结构的、自然的形式与一个小组的被调查者交谈。被调查者一般由 8~12 名经过挑选的成员组成，主持人负责组织讨论。小组讨论是一种独特的资料收集方法，它不同于普通的一问一答形式，而是在主持人的引导下，进行深入讨论，是调查者与被调查者、被调查者之间的多方互动的过程。

2) 小组讨论法的操作过程

(1) 确定调查研究的目标，定义问题。

(2) 规定定性研究的目标。

(3) 界定小组成员要回答的问题。

(4) 筛选参加者，准备讨论材料。

(5) 编写主持人的提纲(规定调查方向)。

(6) 组织小组讨论(引导、控制、讨论、评论)。

(7) 重温录像并分析资料。

(8) 总结发现，计划随后的研究或行动。

3) 小组讨论法的操作要点

小组讨论收集的信息不是个体资料，而是一个群体的资料。要成功地进行小组讨论，必须注意以下操作要点：

(1) 选择合适的讨论主题。讨论主题一般依据调查目的确定，但要注意避免主题太过宽泛或太过狭窄。操作时应将主题演绎成若干问题，然后通过这些问题拟定一个供讨论的主题大纲，便于主持人进行现场控制。

(2) 控制小组成员。小组成员控制在8~12人。小组成员过多，个体参与程度就会减少，会导致出现"被忽略的资源"即沉默的成员；成员太少，获取的信息量会很少，达不到调查的目的。同时要注意小组成员的同质性，即小组的成员应大致处于同一层次。一般不把不同社会层次、不同生活经历以及不同世界观的人集中在同一组中，这样难以形成共同讨论的氛围。

(3) 选择合适的主持人。小组讨论法能否取得成功，很大程度上取决于主持者主持会议和组织讨论的能力和水平。主持人应具备一些基本素质。

① 坚定、中立、和善。在讨论过程中不要诱导与会成员，也不能当众表明自己的观点，以免影响参与者的讨论思路。同时注意自身态度。

② 包容。对待不同的意见或观念，应该持包容的态度，不应对不同意见进行批评或者反驳。

③ 介入。主持人应该掌控整场讨论，不能仅仅记录与会者的意见。当现场讨论偏离讨论主题时，主持人应该采取恰当的方法，在不影响参与者发言积极性的前提下，将讨论重新纳入正轨。

④ 鼓励。小组讨论过程中，主持人应该鼓励参与讨论的小组成员畅所欲言，积极地表达自己的看法。

⑤ 敏感。在讨论过程中，主持人应该时刻关注讨论氛围，一旦发现出现偏离讨论主题或影响讨论氛围的情况，要及时采取措施进行扭转。

(4) 注意讨论的轮次。一般一个主题应组织3~4次小组讨论，每次参与的人员应该有所区别，保证每次讨论能发掘新的内容、新的见地。多次循环有利于讨论问题的深入和多种思想、意见、看法的交汇和融通。

(5) 及时评价、分析讨论结果。对讨论结果进行系统性分析和总结性评价，既是对与会者的肯定，也便于下一轮次讨论的开展。

4) 小组讨论法的优缺点

小组讨论法的优点：

(1) 协同增效。参与讨论人员提出一点新的观点，经过他人的认同，使得意见趋于完善，并由此发散出更多新的观念。

(2) 匿名性。采取小组讨论法搜集信息的对象是整个小组而不是单个个体，在这种环境下，小组成员较少担心因提供信息而泄露自身信息，更容易提出自己的真实想法。

小组讨论法的缺点：

(1) 误用。小组讨论是探索性的，每次讨论产生的结果不一定符合调查实际情况。应防止误用、滥用或将结果当做结论对待。

（2）主持有难度。小组讨论由于参与者较多，容易出现意见不一致、众说纷纭的情况，在主持上有一定的难度。

（3）意见性资料凌乱。这是非标准化访问的一个常见问题，由于对讨论内容没有太大限制，所以容易出现意见性资料不集中的问题。

（4）代表性较差。因为参与小组讨论的成员都是经过挑选的，所以容易出现代表性差或者无法完全代表总体的情况。

5）小组讨论法的应用范围

小组讨论法可以应用于需要初步理解或深入了解的几乎所有的问题，如了解消费者对某类产品的认识、偏好及行为；获取对新产品的印象；产生关于老产品的新想法；研究广告创意；获取价格定位的印象等。

2. 深层访谈法

深层访谈法是一种无结构的、直接的、个人的访问，又称个别访问法。调查者按照拟定的调查提纲或腹稿，对受访者进行个别询问，以获取有关信息。深层访谈技术主要有3种：阶梯前进、隐蔽问题寻探以及象征性分析。

（1）阶梯前进。顺着一定的问题线索进行访问探索，如从产品的特点一直到使用者的特点，使调查人员有机会了解被访者思想的脉络。

（2）隐蔽问题寻探。将重点放在与个人的"痛点"而不是社会的共同价值观上；放在与个人深切相关的而不是一般的生活方式上。

（3）象征性分析。通过反面比较分析对象的含义。例如，在调查某产品时，其逻辑反面是产品的不适用方面、"非产品"形象的属性以及对立的产品类型。

深层访谈比小组讨论更能深入地探索被访者的思想与看法。而且深层访谈可将反应与被访者直接联系起来，不像在小组讨论中难以确定反应的具体来源。深层访谈可以更自由地交换看法，而在小组讨论中也许做不到，因为有时由于社会压力会不自觉地形成小组一致的意见。

但由于深度访谈法对调查者要求非常高，而且开展深度访谈时间会比较长，所以使用的不是很普遍。

3. 投影技法

投影技法是一种无结构的、非直接的询问形式，可以鼓励被调查者将其潜在动机、信仰、态度或感情投射出来。采用投影技法，并不要求被调查者描述自己的行为，而是要求其解释他人的行为。在解释他人的行为时，被调查者就间接地将自己的动机、信仰、态度或感情投影到了有关的情景之中。这种方法适用于被调查者不愿意表露自己的真实想法，或者对自己内心的真实想法感知不明确的情况。

（1）联想技法。又称联想法，它是利用人们的心理联想活动或在事物之间建立的某种联系，向被调查者提及某种事物或词语，询问被调查者联想到什么，以获取被调查者对所调查问题的看法、动机、态度和情感。联想法有多种形式，如自由联想法、控制联想法、词语联想法等。

（2）完成技法。采用完成技法，给出不完全的刺激情景，要求被调查者来完成。常用的方法有句子完成法和故事完成法。

（3）结构技法。结构技法要求被调查者以故事对话或绘图的形式构造一种反应。在结构技法中，调查者为被调查者提供的最初结构比完成技法提供的少。结构技法的两种主要方法是图画回答法和和卡通试验法。

（4）表现技法。采取表现技法，为被调查者提供一种文字的或形象化的情景，请其将其他人的感情和态度与该情景联系起来。两种主要的表现技法是角色表演和第三者技法。

投影技法的优点是可以提取被调查者在了解研究目的的情况下不愿意或不能提供的回答。在直接询问时，被调查者常常会有意或无意地错误理解、错误解释或错误引导调查者。在这些情况下，投影技法可以通过隐蔽研究目的增强回答的有效性，特别是在了解一些私人性或者敏感性问题时，作用就更明显。但是投影技法在使用过程中，对操作技巧要求较高，同时时间和费用都花费较多，因此日常调查较少使用。

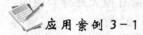

应用案例 3-1

速溶咖啡是20世纪40年代开始进入中国市场的。速溶咖啡物美价廉，配料又无需特别技术，而且特别节省时间，很适合现代人的生活节奏。然而，当厂商在广告中大力宣传该产品的上述特点时，并没有受到消费者的青睐，相反受到冷落。于是，生产厂家请来了消费心理学家，让他们找出问题的症结，以确定消费者拒绝这种省时省事产品的原因何在。

心理学家首先调查了人们对雀巢公司较早的一种速溶咖啡——内斯速溶咖啡的态度，使用传统的问卷调查方法对一个有代表性的消费群体（样本）进行了调查。这些接受调查的人首先被问及是否饮用速溶咖啡，有人回答"是"，也有人回答"否"。然后，再问及那些回答为"否"的人对这种产品有何看法，大部分人都回答说他们不喜欢这种咖啡的味道。令人不解的是，回答"否"的人并没有喝过速溶咖啡，怎么会形成"味道不好"的印象呢？于是又请这些人实际品尝速溶咖啡与新鲜咖啡，结果大部分人却又说不出它们在味道上的真正差别。因此，厂商深信：不喜欢这种咖啡的真正原因并不是它们的味道不好。他们进而怀疑在消费者不喜欢速溶咖啡的背后有一些更为深沉的原因。因此，又进行了另一项心理学的深入研究。

为了深入地了解消费者拒绝购买速溶咖啡的真实动机，心理学家梅森·海尔改用了一种称之为角色扮演法的投射技术，进行了深层的研究。海尔这次不再直接去问人们对这种咖啡的看法，而是编了两张购物清单，然后把这两张购物清单分别让两组妇女（调查对象）看并请她们描述一下这两张购物清单的"主妇"有什么特点。这两张清单上的内容几乎完全相同，只有一个条目不一样，那就是购物清单A包含了速溶咖啡，购物清单B则包含了新鲜咖啡。

结果，看了购物清单A的那组妇女，有48%的人称该购物者为懒惰的、生活没有计划的女人，很少人（4%）认为该购物者是俭朴的女人，显然大部分人认为该购物者是一个挥霍浪费的人，还有16%的人说她不是一位好主妇。在另一组看了购物清单B的妇女中，很少人认为该购物者是懒惰的、生活没有计划的女人，更没有人指责她不是好主妇。

（资料来源：公共关系网）

3.3 观察法

观察法是调查者到现场凭自己的观察或借助摄录像器材,直接或间接观察和记录正在发生的市场行为或状况,以获取有关信息的一种实地调查法。这种方法的特点是调查人员不与被调查者发生直接接触,而是在被调查者不知情的情形下从侧面记录被调查者的实际活动,从而提高调查结果的真实性和可靠性。在现代市场调查中,观察法常用于对消费者购买行为的调查。

(1) 观察顾客的行为。了解顾客行为,可促使企业有针对性地采取恰当的促销方式。所以,调查者要经常观察或者摄录顾客在商场、销售大厅内的活动情况,如顾客在购买商品之前主要观察商品价格、商品质量还是商品款式,顾客对商场的服务态度有何议论等。

(2) 观察顾客流量。观察顾客流量对商场改善经营、提高服务质量有很大好处。例如,观察一天内各个时间段进出商店的顾客数量,可以合理地安排营业员工作的时间,更好地为顾客服务。为新商店选择地址或研究市区商业网点的布局,也需要对客流量进行观察。

(3) 观察产品使用现场。调查人员到产品用户使用地观察调查,了解产品质量、性能及用户反映等情况,实地了解使用产品的条件和技术要求,从中发现产品更新换代的前景和趋势。

(4) 观察商店柜台及橱窗布置。为了提高服务质量,调查人员要观察商店内柜台布局是否合理,顾客选购、付款是否方便,柜台商品是否丰富,顾客到台率与成交率以及营业员的服务态度如何等。

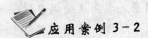
应用案例 3-2

帕科·昂得希尔是著名的商业密探,他所在的公司叫恩维罗塞尔市场调查公司。他通常的做法是坐在商店的对面,悄悄观察来往的行人。而此时,在商店里他的属下正在努力工作,跟踪在商品架前徘徊的顾客。他们的目的是要找出商店生意好坏的原因,了解顾客走进商店以后如何行动,以及为什么许多顾客在对商品进行长时间挑选后还是失望地离开。他们的工作为许多商店提出了实际的改进措施。例如,一家青少年经常光顾的音像商店,通过调查发现这家商店的磁带放置过高,孩子们往往拿不到。昂得希尔指出应将商品降低放置,结果销售量大大增加。再如,一家叫伍尔沃思的公司发现商店的后半部分的销售额远远低于其他部分,昂得希尔通过观察拍摄现场解开了这个谜:在销售高峰期,现金出纳机前顾客排着长长的队伍,一直延伸到商店的另一端,妨碍了顾客从商店的前面走到后面,针对这一情况,商店专门安排了结账区,结果使商店后半部分的销售额迅速增加。

(资料来源:龚曙明.市场调查与预测.北京:清华大学出版社,北京交通大学出版社,2005)

3.3.1 观察法的类型

1. 直接观察法

直接观察就是调查人员置身于被调查人群之中,直接到商店、家庭、街道等处进行实地观察。一般是只看不问，不使被调查者感觉到是在接受调查。这样的调查比较自然，容易得到真实情况。

1) 环境观察

"伪装购物法"和"神秘顾客法"都属于环境观察。"伪装购物法"是让接受过专门训练的调查人员伪装成普通消费者进入特定的调查环境（商场、超市），进行直接观察，通过观察购物环境以及倾听顾客对购物环境的评价言论，了解服务质量；或者观察消费者的购买行为，了解同类产品的市场情况。"伪装购物法"是一种有效的直接观察法，常用于竞争对手调查、消费者调查、产品市场研究等方面。

"神秘顾客法"是让受过训练的调查人员伪装成"神秘顾客"，进入调查的市场环境，可买也可不买商品。可以制造些突发事件，如退货，刁难售货员。通过这些"神秘顾客"的消费行为了解并记录其购物或接受服务时发生的一切情况。这种方法主要用于实施监督控制及贯彻服务标准等方面。

2) 非参与性观察

非参与性观察又称局外观察，是指调查者以局外人的身份深入调查现场，从侧面观察、记录所发生的市场行为或状况，用以获取所需的信息。

2. 间接观察法

间接观察法是指对调查者采用各种间接观察的手段（痕迹观察、仪器观察等）进行观察，运用电子仪器或机械工具进行记录和测量，用以获取有关的信息。

1) 痕迹观察

痕迹观察是通过对现场遗留下来的实物或痕迹进行观察，用以了解或推断过去的市场行为。例如，国外流行的食品橱观察法，就是通过调查者察看顾客的食品橱，记下顾客所购买的食品品牌。数量和品种来收集家庭食品的购买和消费资料。

2) 仪器观察

仪器观察是指在特定的场所安装录像机、录音机或计数仪器等器材，通过自动录音、录像、计数等获取有关信息。例如，有些商场常在进出口安装顾客流量观察仪器，用以测量顾客流量，并对顾客进行分类。

3.3.2 观察法的操作要点

观察法的运用是观察人员的主观活动过程。为使观察结果符合客观实际，要求观察人员必须遵循以下原则：

（1）客观性原则。即观察者必须持客观的态度对市场现象进行记录，切不可按其主观倾向或个人好恶，歪曲事实或编造情况。

（2）全面性原则。即必须从不同层次、不同角度进行全面观察，避免出现对市场片面或错误的认识。

（3）持久性原则。市场现象极为复杂，且随着时间、地点、条件的变化而不断地变化。市场现象的规律性在较长时间的观察中才能被发现。

另外，还要注意遵守社会公德，不得侵害公民的各种权利，不得强迫被调查者做不愿做的事，不得违背被调查者意愿观察其市场活动，并且还应为其保密。

观察法的一般程序，一是选择那些符合调查目的并便于观察的单位作为观察对象；二是根据观察对象的具体情况,确定最佳的观察时间和地点;三是正确、灵活地安排观察顺序;四是尽可能减少观察活动对被观察者的干扰;最后要认真做好观察记录。

3.3.3 观察法的优缺点

1. 观察法的优点

(1) 真实直观。观察人们实际在干什么而不是仅仅听他们所说的,更能真实地反映被调查者的真实情况。同时观察法在操作的过程中,不要求被调查者具有配合调查的语言表达能力或文字表达能力,因此调查人员不会受到与被调查者意愿和回答能力等有关问题的困扰。

(2) 简便快捷。观察法操作简单方便,通过观察能够更加快速地收集某些类型的数据。例如,超市采用扫描枪,在顾客消费的同时,将消费产品的种类、数量进行记录。这比要求顾客列举他们购买的商品要有效得多。

2. 观察法的缺点

(1) 时间长,成本高。使用观察法对调查对象进行观察,如果所观察的行为不是经常发生的,那么采用观察法会耗费大量时间和成本。例如,针对一些消费者退货服务进行观察,很可能一个星期都没有出现一起退货现象,但调查人员却为此白白耗费了一周的时间和费用。

(2) 只能观察表象,不能得出内在原因。通常只有行为能被观察到,而调查人员无法了解人们行为背后的动机、态度、想法和情感。同时,所观察的行为往往都是公开行为。例如,观察到彩电的购买者往往是男性,但是购买前的私下活动,如谁提议购买、谁给出品牌建议等活动,都超过了调查者的观察范围。同时,采用观察法是对于当前行为的观察,对于后续变化无法进行勘察,也就是说以观察法的结果进行市场预测,往往带有很强的风险性。

(3) 如果观察周期和产品自身规律一致,那么采用观察法得到的结果会存在很大误差。例如,对商场客流量进行观察,选择的时间都是节假日,那么得出的数据跟真实情况会存在较大误差;选择5~6月份对空调市场消费情况进行观察,这时正值空调销售旺季,得出的数据和全年平均数据也会有较大出入。

为减少观察者误差,在应用观察法时,应注意以下事项:

(1) 为了使观察结果具有代表性,能够反映某类事物的一般情况,应注意选择有代表性的典型对象,在最适当的时间进行观察。

(2) 在进行现场观察时,最好不要使被调查者有所察觉,尤其是使用仪器观察时更要注意隐蔽性,保证被调查者处于自然状态。

(3) 在实际观察和解释观察结果时,必须实事求是、客观公正,不得带有主观偏见,更不能歪曲事实真相。

(4) 观察者的观察项目和记录用纸最好有一定的格式,以便尽可能详细地记录观察内容的有关事项。

(5) 应注意挑选有经验的人员充当观察员,并进行必要的培训。

项目三 市场调查方法

3.4 实验调查法

实验调查法是指市场调研者有目的、有意识地改变一个或几个影响因素,观察市场现象在这些因素影响下的变动情况,认识市场现象的本质特征和发展规律。调查人员从影响调查问题的许多可变因素中,选出一个或两个因素,将它们置于同一条件下进行小规模实验,然后对实验观察的数据进行处理和分析,确定研究结果是否值得大规模推广。它是研究特定问题的各因素之间的因果关系的一种有效手段。

实验调查既是一种实践过程,又是一种认识过程,并将实践与认识统一为调查研究过程。应用实验法的一般步骤:根据市场调查的课题提出研究假设;进行实验设计,确定实验方法;选择实验对象;进行实验;分析整理实验资料并进行实验检测;得出实验结论。

需要注意的是,在进行实验调查的过程中,由于受控制的自变量不可能包括所有影响因变量的因素,所以其结果会存在一定的调查误差,这是不可避免的。

3.4.1 实验调查法的类型

在了解实验调查法之前,首先要明确两个概念:实验组和控制组。简单地说,实验组就是接受实验的被研究对象;控制组是非实验对象,设置控制组是为了与实验组进行对比参照,说明实验效果。

1. 无控制对比实验

无控制对比实验不考虑控制组,改变某一实验因素,观察实验组实验前后的变化,得出控制因素对结果的影响。这种实验设计相对比较简单,主要用于简单的探索性实验。例如,某企业认为降低价格能提高销量,遂在原价格基础上降价10%进行1个月的实验性销售,其销售量统计见表3-1。

表3-1 降价销售测验统计

单位:件

类　别	实验前销量	实验后销量	变　动　量
实验组	2 000(新)	3 000(新)	1 000

从表3-1中可以看到,实验后销量为3 000件,较实验前增加了1 000件,得出的结论是降价能提高销量,于是企业决定实施降价策略。无控制对比实验误差较大,原因在于无控制组的对比分析,直接将结果认定为单一实验因素变化导致,没有考虑其他随机性因素的影响或交互影响等。因此,无控制对比实验,只有在实验者能有效排除非实验变量的影响,或者是非实验变量的影响可忽略不计的情况下,实验得出的结论才能充分成立。

2. 控制组对比实验

控制组对比实验需设置控制组和实验组,控制组不改变实验因素,实验组则改变实验因素,实验期结束后,将两者的观察数据进行处理,得出实验结果。例如,某公司欲测定改进产品包装的市场效果，选定 A 商场作为实验组，经销新包装产品，B 商场为控制组，经销旧包装产品，实验期为 1 个月，实验前后 1 个月的销售量统计见表 3-2。

表 3-2　新包装销售测验统计

单位：件

组　别	实验后销量
实验组	3 000（新）
控制组	2 000（旧）

进行实验前后对比，新包装产品销量增加了 1 000 件，即采用新包装有利于扩大销售。采用控制组对比实验需要注意一个很关键的问题：实验组与控制组进行对比，二者必须具有可比性，即二者的规模、类型、地理位置、管理水平、营销渠道等各种条件应大致相同。只有这样，实验结果才具有较高的准确性。但是，这种方法对实验组和控制组都是进行实验后检测，无法反映实验前后非实验变量对实验对象的影响。为弥补这一点，可将上述两种实验进行综合设计。

3. 控制组前后对比实验

这种实验设计是对实验组和控制组都进行实验前后对比，再将实验组与控制组进行对比的一种双重对比实验法。它吸收了前两种方法的优点，也弥补了前两种方法的不足。在实际生活中，要找到完全相同条件的实验组和控制组是很困难的，而控制组与实验组的条件不相同，往往会影响实验结果。为了消除非实验因素的影响，可以采用控制组与实验组连续对比实验。控制组在实验前后均经销原产品，实验组在实验前经销原产品，实验期间经销新产品，然后通过数据处理得出实验结果。例如，某公司欲测定改进产品包装的市场效果，选定 A 商场作为实验组，经销新包装产品，B 商场为控制组，经销旧包装产品，实验期为 1 个月，实验前后 1 个月的销售量统计见表 3-3。

表 3-3　新包装销售测验统计

单位：件

组　别	实验前销量	实验后销量	变动量
实验组	2 000（新）	3 000（新）	1 000
控制组	1 800（旧）	2 400（旧）	600

表中结果可见，实验组的变动量为 1 000 件，包含实验变量即改变包装的影响结果，也包含其他非实验变量的影响结果；控制组的变动量 600 件，不包含实验变量的影响结果，只受非实验变量的影响，因为控制组的商品包装未改变。从实验变量和非实验变量共同影响的销售额变动量中，减去由非实验变量影响的销售额变动量，并扣除双方原有差额，所得的结果反映改变包装这种实验变量对销售额的影响。改变产品包装，销售额增加 200 件（1 000－600－200）。由此可见，实验组与对控制组前后对比实验，是一种更为先进的实验调查方法。

3.4.2　实验调查法的优缺点

实验调查法通过实验活动提供市场发展变化的资料，不是等市场现象发生了再调查，而

项目三 市场调查方法

是积极主动地改变某种条件,揭示或确立市场现象之间的相关关系。它不但可以说明是什么,而且可以说明为什么,还具有可重复性,所以其结论的说服力较强。采用实验调查法检验宏观管理的方针政策与微观管理措施的正确性是一种有效的方法。

运用实验调查法进行市场实验,由于不可控因素较多,很难选择有充分代表性的实验对象和实验环境,所以实验结论往往带有一定的特殊性,实验结果的推广会受到一定的影响。实验调查法还具有花费时间较长、费用较高、实验过程不易控制、实验过程不易保密、竞争对手可能会有意干扰等缺点。这些缺点使实验调查法的应用有一些局限,市场调查人员对此应给予充分注意。

3.4.3 实验调查法有效性检测

在实施实验法的过程中,每一项实验完成后,都要检测其有效性,既包括检测其内部有效性,又包括检测其外部有效性。只有当内部和外部同时验证有效时,实验结果才能推广到总体。

检验内部有效性主要是从实验内部考察实验结果是否有效。实验结果是否完全由实验因素引起,是否有其他外部因素参与影响,如果存在其他外部影响,其影响效果如何,诸如此类的问题都是对于内部有效性的评价。只有证明内部有效,才能证明实验是真实有效的。

有些实验从内部考察,有效性相当高,而真正进入市场,却发现效果远不如实验中明显,这就是要考虑外部有效性的原因。外部有效性主要是从现实的角度考查实验结果是否有效,如果一项实验结果从实验内部看是完美的,但是在现实生活中毫无用处,那么这样的实验就没有必要进行。例如,我国一家冰箱生产企业,生产出一款面向农村市场价格便宜的冰箱,在工厂测试时,质量和效果非常好,可是进入市场后,故障率却居高不下。原来,实验是在工厂稳定的电压条件下进行的,在农村很多地方电压不稳定,所以这些在实验中有效的数据结果,在现实市场上就没有任何意义了。

客观而言,内部有效性和外部有效性很难达到绝对一致,这就需要调查设计人员权衡两者之间的关系,同时检测其有效性程度,从而决定是否推广。

3.5 网络调查法

网络调查是一种借助互联网的特性实现一定营销目标和调查目的的手段。网络调查兼具多种调查方法的优点,随着网络技术的发展,越来越多的企业和市场调查公司都将网络调查作为调查的首选方式。

网络调查又称网上市场调研或联机市场调研,它是将问卷设计、样本抽取、数据处理等过程都通过计算机网络进行,通过网络进行有系统、有计划、有组织地收集、调查、记录、整理和分析与产品或服务有关的市场信息,客观地测定及评价现在市场及潜在市场,用以解决市场营销有关问题的调查方法。

3.5.1 网络调查的优点

1. 反馈及时

通过网络调查,将样本设计、数据处理等步骤通过计算机进行,能做到即时录入即时分

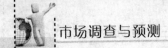

析，大大减少了数据录入、分析的时间，提高了调查的及时性。

2．费用低

相比其他调查方式，网络调查不需要大量的调查人员，不需要印刷纸质问卷，节约了大量员工培训费、工资、交通费用和问卷制作费，对于大规模调研而费用是非常低廉的。

3．具备良好的交互性

运用互联网技术，网络问卷形式多样，并且可以利用图像、声音、三维模拟等多种形式与受访者互动。

4．范围广

将问卷投放网络，在很短时间内就会辐射全球，获得极大的样本容量。

5．能开展深入调查

和传统调查法相比，网络调查匿名性强。对于一些人们不愿意在公开场合讨论的敏感性、威胁性问题，采用网络调查法能取得更好的效果。

3.5.2　网络调查的缺点

1．样本对象具有局限性

这是网络调查的最大问题，网络调查的样本总体仅限于网民。不会上网或者不经常上网的人，就会被排除在调查范围之外。例如，开展生活日用品的消费调查，日用品的购买者多是中年妇女，大多不会上网，如果采用网络调查的方法得到的信息就会非常局限。

2．所获信息真实性较难判断

网络的匿名性是一把双刃剑，由于没有对被调查者的直接控制手段，所以对于信息的真假不宜判定。

3．对网络技术要求较高

采用网络调查，需要对样本进行限制，防止有些"热心"的被调查者重复投票，影响调查结果。同时，因为网络故障引起数据故障、数据丢失的网络调查也屡见不鲜，所以在开展网络调查时，对网络技术要求较高。

网络调查与传统市场调查、其他调查方式比较分别见表3-4、表3-5。

表3-4　网络调查与传统市场调查比较

调查方式 衡量因素	网络调查	传统调查
调查费用	较低，主要是设计费和数据处理费。每份问卷所要支付的费用几乎是零	昂贵，要支付问卷设计、印刷、发放、回收、聘请和培训访问员、录入数据、统计分析等多方面费用

续表

调查方式 衡量因素	网络调查	传统调查
调查范围	全国乃至全世界,样本数量庞大	受成本限制,调查地区和样本均有限制
运作速度	很快,只需搭建平台,数据库可自动生成,几天就可能得出有意义的结论	慢,至少需要两个月才能得出结论
调查的时效性	全天候进行	不同的被访问者对其可进行访问的时候不同
被访问者的便利性	非常便利,被访问者可自行决定回答问卷的时间、地点	不方便,要跨越空间障碍到达访问地点
调查结果的可信性	相对真实可信	一般有督导对问卷进行审核,审核严格,可信性强
实用性	适合长期的大样本调查;适合要迅速得出结论的情况	适合面对面地深度访谈;需要对访问者进行感观测试

表3-5 网络调查与其他调查方式比较

调查方式 衡量因素	网络调查	面访访问	电话访问	邮寄访问
成本	很大	很高	中	小
回复速度	快	立即	立即	慢
可接近性	很弱	全部	较少	较多
到达范围	很大	很小	中	较大
达到准确度	低	不一定	中	很高
耗费时间	很短	长	中	长

3.5.3 网络调查的常用方法

1. 电脑网络访谈法

电脑网络访谈法又称联机访谈法或者网络访谈法,是指使用已经建立的网站,通过事先的邀请,使确定的若干名网友在指定的时间登陆特定的网站进行市场调查的方法。在网络已经成为信息传递必不可少的工具之时,利用网络进行调查已成为一种潮流。电脑网络访谈法在现在的网络调查过程中比较常见。

2. E-mail 问卷调查法

E-mail 问卷调查法是指利用网络对调查对象的电子信箱进行问卷收发和完成市场调查

的方法，也包括将一份简单的调查问卷以电子广告的形式放在网络上，进行公开调查。进行E-mail问卷调查时，调查主持者利用计算机制作电子版的调查问卷，按照已知的E-mail地址发出，或者将问卷上传网络，将网络地址发给E-mail用户，受访者在自己的信箱中或者网络上看到问卷或地址后，直接将答案回复到调查者的信箱，或者立即进行点击回答。调查主持者通过事先设计好的软件程序进行调查数据的统计。

3. 站点法

站点法一种是将问卷放置在站点上，等待访问者主动填写问卷的一种调查方法。此方法无需建立被访者E-mall地址信息库，在进行数据分析之前也无法选定调查目标，但所涉及的被调查者范围要比其他问卷调查法广阔得多，几乎每位网民都可能成为被调查者。当站点和一些著名的ISP（网络服务提供商）/ICP（网络内容提供商）设置调查问卷的链接，如新浪网、搜狐、网易等，进行适当的宣传以吸引大量的互联网浏览者进行问卷点击，感兴趣的人会自愿填写问卷并将问卷寄回。

4. 专业网站调查法

现在一些专业的网络调查公司，建立专业调查网站由用户填写真实信息进行注册，得到确认后，成为网站会员。当有调查任务时，公司根据委托方要求，采取付费或免费派发样品等方式，吸引有被调查意愿的会员主动参与调查，然后从注册的会员中选择合适的样本进行调查。这种方法既体现了网络调查范围广、用户多的特点，又对被调查者进行了筛选和限定，保证了信息的真实性，是一种非常有效的网络调查方法，也是网络调查发展的方向。

项 目 小 结

本项目主要介绍了市场调查的常用方法，包括文案调查法、实地调查法、网络调查法等。实际调查时，这些方法应该交替使用或者结合使用。

文案调查法主要是在实地调查前搜集企业外部和企业内部现有信息资料时使用，是收集二手资料常用的方法。

实地调查法主要包括访问法、观察法和实验法，这也是市场调查使用频率较高的几种方法，对于每种方法的优缺点、使用条件和范围应该重点掌握。

网络调查法是随着网络技术发展而产生的一种新的调查方法，具有很多明显的优点，也是市场调查发展的新方向。

思 考 与 练 习

一、填空题

1. 间接资料的来源主要可以分为两大类：_____ 和 _____ 。
2. 网络调查的最大问题在于 _____ 。
3. _____ ，是不考虑控制组，通过记录实验组因某一实验因素的改变，对比实验前后的变化，控制因素对结果的影响。

4. 给被调查者提供一种文字的或形象化的情景，请他将其他人的感情和态度与该情景联系起来，这种调研法称为_____。

二、选择题

1. 下列关于文案调查法的优点说法不正确的是（　　）。
A. 节省时间　　　B. 时效性强　　　C. 操作方便　　　D. 节省人力
2. 下列调查方式中，时效性最好的是那一种（　　）。
A. 面谈访问　　　B. 邮寄访问　　　C. 电话访问　　　D. 文案调查
3. 下列（　　）是电话访问法的优点。
A. 费用高　　　　B. 结果真实　　　C. 速度快　　　　D. 回答深入
4. 观察法的优点不包括（　　）。
A. 真实　　　　　B. 直观　　　　　C. 深入　　　　　D. 简便快捷

三、简答题

1. 什么是文案调查法？它的主要作用和局限性表现在哪些方面？
2. 访问调查法有几种形式？面谈询问法有何优缺点？
3. 什么是观察法？有何优缺点？有几种观察手段？
4. 实验调查法有何优缺点和适用范围？
5. 网络调查的常用方法有哪些？

四、案例分析题

成功的宝洁，失败的润妍

宝洁公司（简称宝洁）是世界最大的日用消费品公司之一。自从宝洁公司 1987 年登陆中国市场以来，在日用消费品市场可谓所向披靡，仅用了 10 余年时间，就成为中国日化市场的第一品牌。在中国，宝洁旗下共有六大洗发水品牌，20 多个系列，包括"飘柔"、"潘婷"、"海飞丝"、"沙宣"洗发护发系列，"润妍"、"伊卡璐"等洗发护发用品品牌。

在中国如鱼得水的宝洁也许也不曾料到，竟然在耗费了多种资源，花费了长达 3 年时间进行市场调研和概念测试的"润妍"上栽了一个大跟头。

"润妍"诞生于宝洁全球销量增长停滞的大背景之下。20 世纪 90 年代末期，宝洁在全球连续几年出现零增长。宝洁时任董事长推出了一系列大刀阔斧的改革措施，提倡挑战极限和创新。在此战略指导下，宝洁在全球市场上都推出了新产品。而在中国市场，宝洁在中国的销量自 1996—1997 财年达到顶峰后，连续 3 年出现零增长甚至负增长，一些合资的品牌"熊猫"、"浪奇"等逐渐退出市场；牙膏品牌"佳洁士"长期徘徊在 5% 左右的市场占有率，而眼睁睁地看着"高露洁"扶摇直上；洗衣粉如"汰渍"则不断被"雕牌"、"立白"等品牌越抛越远；而洗发水更是面临着丝宝、联合利华的强大挑战。此时，宝洁急需一个新的增长点来改变中国的市场局面。

1998—2000 年，中国洗发水市场刮起了黑色旋风：联合利华的"黑芝麻"系列产品从"夏士莲"衍生出来，成为挑战宝洁的杀手锏；重庆奥妮推出"新奥妮皂角细发浸膏"强调纯天然价值，深得何首乌、黑芝麻、皂角等传统中草药之精华；伊卡璐将其草本净化系列产品推向中国；河南民营企业鹤壁天元不失时机地推出"黛丝"黑发概念的产品。这些产品基本上采取定位区隔的方式,将植物与化学成分进行系统区分,将宝洁划分为化学成分阵营,有效击中了宝洁的要害。另外,在世界范围领域,天然、环保的潮流愈演愈烈,成为未来主导的流行趋势,而这很可能使得宝洁的洗发水走向穷途末路。面对这一局面,宝洁也不得不正视这一市场,中草药和植物概念必须被引入到宝洁的品牌当中。润妍认为新千年,美发产品的潮流将会转向,自然黑亮之美已卷土重来。同时伴随着重庆奥妮的衰落,这一市场有许多的既有消费者等待新品牌的出现,由此也更加坚定了宝洁推出该类产品的信心与决心。

1997年,宝洁开始确定新品战略,并从此开始长达3年的市场调研与概念测试。宝洁在新产品开发上采取其一贯的做法,从消费者到竞争对手,从品牌到包装等无不经过科学与严格的市场测试。

宝洁首先进行了产品概念测试。在研制产品之前,按照宝洁"成功—再推广"的惯例,首先要找准目标消费者的真正需求。为此,宝洁先后请了300名消费者进行了3次产品概念测试。1999年年底,包括时任润妍品牌经理在内的十几个人分头到北京、大连、杭州、上海、广州等地选择符合条件的目标消费者,和他们一起生活48小时,进行"蛔虫"式调查。从被访者早上穿着睡衣睡眼朦胧地走到洗手间,开始洗脸梳头,到晚上洗发卸装,女士们生活起居、饮食、化妆、洗护发习惯尽收眼底。在调查中,宝洁又进一步了解到,东方人向来以皮肤白皙为美,东方女性渴望有"一头乌黑的秀发,一双水汪汪的大眼睛",所以最具表现力的黑发美,是东方女人的选择。经过反复3次的概念测试,宝洁基本把握住了多数消费者的秀发概念——滋润而又具有生命力的黑发最美。

将一根头发放在显微镜之下,会发现头发是由很多细微的表皮组成的,这些称为毛小皮的物质直接影响头发的外观。健康头发的毛小皮排列整齐,而头发受损后,毛小皮则是翘起或断裂的,头发看上去又黄又暗。而润发露中的滋润成分能使毛小皮平整,并在头发上形成一层保护膜,有效防止水分的散失,补充头发的水分和养分,使头发平滑光亮,并且更加滋润。同时,润发露还能大大减少头发的断裂和摩擦,令秀发柔顺易梳。宝洁专门做过研究,发现使用不含润发露的洗发水,头发的断裂指数为1,含润发露的洗发水的指数为0.3,而在使用洗发水后再单独使用专门的润发露,断裂指数就降低到0.1。市场调查表明,在欧美、日本等发达市场,约80%的消费者都会在使用洗发水后单独使用专门的润发产品,而在中国(香港特别行政区除外),这个比例即使在北京、上海等大城市也只有14%左右,全国平均还不到10%,这说明国内大多数消费者还没有认识到专门润发步骤的必要性。因此,宝洁推出"润妍",一方面是借黑发概念打造属于自己的新品牌,另一方面就是将润发概念迅速普及。

1. 从消费者的需求出发进行技术创新

根据消费者的普遍需求,宝洁的日本技术中心随即研制出了冲洗型和免洗型两款"润妍"润发产品。产品研制出来后并没有马上投放市场,而是继续请消费者进行使用测试,并根据消费者的要求,进行产品改进。最终推向市场的"润妍"是加入了独创的水润中草药精华、特别适合东方人发质和发色的倍黑中草药润发露。

2. 设立模拟货架,检验包装的美观程度

宝洁专门设立了模拟货架,将自己的产品与不同品牌特别是竞争品牌的洗发水和润发露放在一起,反复请消费者观看,然后调查消费者究竟记住了什么,忘记了什么,并据此进行进一步的调整与改进。最终推向市场的"润妍"倍黑中草药润发露强调专门为东方人设计,在润发露中加入了独创的水润中草药精华(含首乌),融合了国际先进技术和中国传统中草药成分,适合东方人的发质和发色。

3. 请消费者选择他们最喜欢的广告

宝洁先请专业的广告公司拍摄了一组长达6分钟的系列广告，再组织消费者观看，请消费者选择他们认为最好的3组画面，最后概括绝大多数消费者的意见，将"神秘女性"、"头发芭蕾"等画面进行再组合，成为"润妍"的宣传广告。广告片的音乐组合也颇具匠心，现代的旋律配以中国传统的乐器古筝、琵琶等，进一步呼应"润妍"产品现代东方美的定位。

此外，宝洁还委托第三方专业调查公司进行市场占有率调查，通过问卷调查、消费者座谈会、消费者一对一访问或者经常到商店里观察消费者的购买习惯，全方位搜集顾客及经销商的反馈。

4. 网上推广

开设"润妍"网站，通过提供丰富的产品介绍、护发知识、品牌近期活动预告、跟踪报道等内容吸引消费者，同时也刺激其购买欲望。为了更好地在18～35岁的女性中推广，宝洁还专门聘请赛百威公司进行网上和网下推广营销活动，成立了润妍俱乐部。通过"润妍俱乐部 Friend's Recommendation"的在线活动，可以清晰地识别消费者，并能有效统计、管理消费者名录，锁定目标消费者；通过区别消费者的不同喜好，网站可以"一对一"传递消费者关心的信息；让消费者在与润妍产品相关"自然多FUN"的在线游戏中，了解产品。

"润妍"洗润发系列产品在由Media999代理的网络广告投放中也创造了惊人的点击率，其中www.zhaodaola.com网站投放的cascading logo的网络广告的点击率最高达到了35.97%。润妍产品因专为率真、年轻的便装少女和忙碌而心情平和的成熟女性设计，所以广告主题为：表现东方女性的自然之美。这次在线推广的主要目标是提高"润妍"产品的知名度；增加"润妍"品牌网站访客量与注册用户数；增加线下推广活动（润妍女性俱乐部、润妍女性电影专场）的参加人数。

5. 但宝洁的努力却取得了令人遗憾的结果

2001年5月，宝洁收购伊卡璐，表明宝洁在植物领域已经对"润妍"失去了信心，也由此宣告了"润妍"的消亡。2002年4月，"润妍"全面停产，一个经历3年酝酿、上市刚刚2年的产品就这样退出了市场。宝洁1988年登陆中国以来，针对中国消费者研发却又因为种种原因退出市场的品牌里，"润妍"是第一个，也是唯一的一个。

据业内资料显示，"润妍"产品在过去2年间的销售额大约在1亿，品牌的投入大约占到其中的10%。两年中，"润妍"虽获得不少消费者认可，但据有关资料，其最高市场占有率，不超过3%——这个数字，不过是飘柔市场份额的1/10。一份对北京、上海、广州和成都女性居民的调查也显示，在女性最喜爱的品牌和女性常用的品牌中，同样定位黑头发的"夏士莲"排在第六位，而"润妍"榜上无名；同样是宝洁麾下的"飘柔"等四大品牌分列第一、二、四、五位，时间是2001年3月，"润妍"上市的半年之后。一份来自白马广告的调查则表明，看过夏士莲黑亮去屑洗发水的消费者中接近24%愿意去买或者尝试；而看过"润妍"广告的消费者中，愿意尝试或购买的还不到2%。

（资料来源：选自百度文库）

分析：

（1）宝洁在针对"润妍"的推广过程中，采用了哪些调查方式？

（2）从市场调查的角度分析，为什么"润妍"无法成为宝洁在中国的第五大品牌？

项目实训

实训一：日常消费品市场调查（小组项目）

实训目的

通过实训，使学生掌握市场调查的各种方法，能根据具体调查环境选择使用调查方法，并能进行多种调查方法的配合使用。

实训内容与要求

选择一种熟悉的日常消费品，以小组为单位进行相关消费者对于此类产品的品牌认可程度的市场调查，注意选择多种调查方法进行配合。

学生以小组为单位，确定调查内容，由组长向教师进行汇报立项，针对选择项目品牌的知名度、美誉度、市场占有情况、消费者认可情况进行调查。学生需要针对调查品牌的特点合理选择调查方式，并制作一份简单的调查问卷。

要求学生独立自主、合理地完成实训内容；选择的调查方法必须合理、有效。

实训考核

（1）全班3~5人为一组，选定组长1人，负责调查的组织和汇报。

（2）组长进行调查分工，并对每1位组员的表现给出评价。

（3）组长负责将调查组织模式、选用的调查方式及原因和调查结果向教师汇报，由教师给出全组成绩。

（4）最终每位学生成绩由教师给定全组成绩与组长评定综合得出。

实训二：学校食堂满意度调查（小组项目）

实训目的

通过实训，使学生了解市场调查方法的区别和适用范围，能根据不同的调查要求选择合理的市场调查方法，并能进行多种调查方法的配合使用。

实训内容与要求

学生以小组为单位，采用不同调查方法，对学校各专业学生对学校食堂的满意度进行一次调查，了解学生对学校主要食堂的食品质量、价格、员工服务态度等的评价，并根据使用的调查方法，制作简单的问卷，并调查不少于20个样本。要求学生独立自主、合理地完成实训内容。

实训考核

（1）全班3~5人为一组，选定组长1人，负责调查的组织和汇报。由组长抽签决定所使用的调查方法。

（2）组长进行调查分工，并对每1位组员的表现给出评价。

（3）组长负责将根据调查方法设计的调查方案、调查问卷、调查结果等向教师汇报，由教师给出全组成绩。最终每位学生成绩由教师给定全组成绩与组长评定综合得出。

项目四 抽样调查

工作任务描述

　　抽样调查是现代市场调查中的重要组织形式,是目前国际公认和普遍采用的科学的调查手段。餐厅想要估计每位顾客的平均花费金额;家电销售企业想要了解居民购买某品牌家电的意愿;银行管理人员想要了解每位顾客在银行的月平均存款额等,都可以采用抽样调查的方法。那么,究竟什么是抽样调查,怎样科学地进行抽样调查,就是本项目要研究的问题。

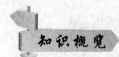
知识概览

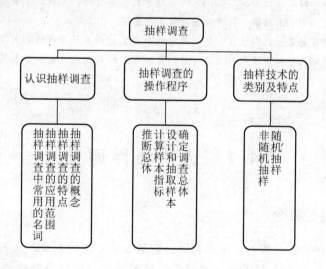

学习目标

知识目标	能力目标	学习重点和难点
(1) 了解抽样调查的概念、特点和应用范围 (2) 理解抽样调查中常用的名词 (3) 熟练掌握抽样调查的操作程序 (4) 掌握抽样调查的各种方法	(1) 能够按照抽样调查的操作程序完成市场调查中的抽样调查工作 (2) 能够灵活地运用所学知识认识和分析市场经济活动中的抽样调查 (3) 能够根据具体情况确定抽样数目以及进行点值估计与区间估计值的计算	(1) 抽样调查及常用名词 (2) 抽样调查的操作程序 (3) 随机抽样和非随机抽样

导入案例

辛辛那提电气公司的抽样调查

辛辛那提电气公司是一家公用事业型公司。它为辛辛那提地区的居民提供煤气和电力。为改进其服务质量,该公司不断努力满足顾客最新的需求。1991年,该公司进行了一次关于建筑物特征的抽样调查,以了解在其服务范围内的商业建筑物的能源需求量。

调查需要搜集诸如楼房面积、雇员数量、能源最终使用量、建筑物寿命、建筑材料类型及能源节约标准等有关商业建筑物的大量资料。在准备调查期间,该公司的分析家们发现,在该公司服务的范围内,有大约27 000个商业建筑物。根据调查可使用的经费和精度的要求,他们建议选择16个商业建筑物作为一个调查样本。

用分层简单随机抽样方法选择样本,从公司的记录可以得到在其服务范围内过去一年每个商业建筑物的总用电量。由于许多建筑物要研究的特征(如规模、雇员数量等)都与用电量有关,因此选择用电量这一标准将建筑物总体划分为6层。

第一层包含100个商业建筑物。这100个商业建筑物都是用电大户,在它们中选择两个样本,尽管这两个样本的数量仅占总数的0.2%,但是它们的用电量却占总用电量的14.4%,对于其他层,建筑物的数量是根据单位成本获得最大精度的基本条件来确定的。

仔细设计调查表,并且在正式调查之前做试验性调查,采用个人采访法搜集资料。最后,搜集到616个商业建筑物中的526个建筑物的资料,85.4%的答复率是很不错的。目前,辛辛那提电气公司正在用调查得到的结果,进行能源需求的预测和改善对商业顾客的服务。

抽样调查的设计与实施等问题,就像辛辛那提电气公司进行调查所要考虑的问题一样,都是我们要考虑的问题。很多企业常常用抽样调查来树立公司的形象,政府和其他机构也常常利用抽样调查了解总体各个部分的情况。

(资料来源:http://wenku.baidu.com)

4.1 认识抽样调查

4.1.1 抽样调查的概念

抽样调查是一种专门组织的非全面调查。它是按照一定的方式,从调查总体中抽取部分样本进行调查,用所得的结果说明总体情况的调查方法,可分为随机抽样和非随机抽样两类。随机抽样是按照随机原则抽取样本,非随机抽样不遵循随机原则,它是从方便出发或根据主观的选择来抽取样本。

4.1.2 抽样调查的特点

1. 抽样调查是一种非全面调查

抽样调查只抽取总体中一部分单位进行调查,是专门组织的非全面调查。但调查的目的在于对总体数量特征的认识,抽样调查资料如果不进行抽样推断,这种资料就不会有什么价值。抽样调查虽然是非全面调查,但它的目的却在于取得反映总体情况的信息资料,因此,也可起到全面调查的作用。

2. 主要按照随机原则抽取调查单位

抽取部分单位要遵循随机原则，使样本单位有均等被抽中的机会。这个特点是与其他非全面调查如重点调查、典型调查的主要区别之一。重点调查和典型调查的调查单位是由调查者有意识选取的，抽样调查的调查单位选取不受调查者主观意志的影响。

> **知识链接 4-1**
>
> 抽样调查为什么要遵守随机原则？因为遵守随机原则一方面可使抽取出来的部分单位的分布情况（如不同年龄、文化程度人员的比例等）有较大的可能接近总体的分布情况，从而使根据样本所做出的结论对总体研究具有充分的代表性；另一方面，遵循随机原则，有助于调查人员准确地计算抽样误差，并有效地加以控制，从而提高调查的精度。

3. 以样本指标的数值推断和估计总体指标的数值

抽样调查又称抽样推断。这个特点是抽样调查与其他非全面调查的又一区别。重点调查是通过对一部分重点单位进行调查，从而了解总体的基本情况。典型调查的主要任务是通过对典型单位的调查研究，达到对总体本质的认识。抽样调查和全面调查相比，虽然目的一致，都是为了达到对总体的认识，但是达到目的的手段和途径完全不同。抽样调查是通过科学地推断达到目的，全面调查是通过综合汇总达到目的。

4. 抽样调查的误差可以事先控制和计算

抽样调查会产生误差，但产生的误差可以计算并可采取措施将其控制在一定范围之内，从而使抽样调查具有一定的可靠性。典型调查也能用部分典型单位的指标数值估计总体指标数值，但是这种估计不能计算误差，也不能说明估计的准确程度和可靠程度。

4.1.3 抽样调查的应用范围

抽样调查适用的范围非常广泛，从原则上讲，为取得大量社会经济现象的数量方面的统计资料，在许多场合，都可以运用抽样调查方法取得；在某些特殊场合，不可能用全面调查时必须采用抽样调查的方法取得。其应用范围主要有4个方面。

1. 单位数特别多或无限多的总体

对于单位数特别多或无限多的总体可以采用抽样调查，如产品连续性生产过程中的废品率调查、江河中某些污染情况调查等。

2. 以破坏或损伤使用价值为手段的检验调查方法

对于一些以破坏或损伤使用价值为手段的检验调查方法，可采用抽样调查。例如，对电灯泡、茶叶、烟草、火柴的质量检验等，都是有破坏性的，不可能进行全面调查，只能使用抽样调查。

3. 时间紧迫、经费有限时可采用抽样调查

抽样调查的调查单位比全面调查要少得多,因而既能节约人力、费用和时间,又能比较快地得到调查结果,这对许多工作都是很有利的。例如,居民购买力调查、城乡个体和集体企业情况的调查、民意测验调查等,如果进行全面调查,要消耗很大的人力物力,结果得不偿失。又如在农作物基本成熟尚未收割之际,为了编制计划、检查计划、组织生产,需要事先掌握农产品产量数字,如果进行全面调查,耗时太长,不能满足急需,只能采用抽样调查。

4. 抽样调查方法可以应用于工业生产过程中的质量控制

抽样调查不但广泛应用于生产结果的核算和估计,而且也有效地应用于在生产过程中对成批或大量连续生产的工业品进行质量控制的、检查生产过程是否正常等,能及时提供有关信息,便于采取措施,预防废品生产。

4.1.4 抽样调查中常用的名词

1. 全及总体和抽样总体

全及总体简称总体,是指所要调查对象的全体,通常用字母 N 表示。抽样总体简称样本,是从全及总体中抽选出来所要直接观察的全部单位,通常用字母 n 表示。通常样本单位数达到或超过 30 个则称为大样本,而在 30 个以下称为小样本。例如,调查某学校学生的平均月生活费支出,可以按抽样调查理论从全校学生中抽取部分学生进行了解,那么全校学生就是全及总体,抽取的部分学生就是抽样总体。

2. 全及指标和抽样指标

1) 全及指标

全及指标是根据全及总体各个单位的标志值或标志特征计算、反映总体某种属性的综合指标。由于全及总体是唯一确定的,所以全及指标也是唯一确定的,全及指标也称为母体参数。常用的全及指标有全及总体平均数、全及总体成数、全及总体方差和标准差。

(1) 全及总体平均数。是全及总体所研究的平均值,根据所掌握资料的情况,可有简单式和加权式的计算方法,用 $\bar{X}$ 表示。

① 简单算术平均数。根据未分组的原始统计资料,将总体各单位的标志值简单加总形成总体标志总量,而后除以总体单位总数,这种方法称为简单算术平均法。其计算公式为

$$\bar{X} = \frac{X_1 + X_2 + \Lambda + X_n}{N} = \frac{\sum X}{N}$$

式中:$\bar{X}$——算术平均数;

X_1, X_2, Λ, X_n——总体各单位标志值;

N——总体单位数;

$\sum$——求和符号。

【例 4-1】某企业的某生产班组有 8 个工人,每人日产量分别为 26、24、25、23、25、

24、25、28件,试计算该班组工人的平均日产量。

解:平均每人日产量为

$$\bar{X}=\frac{26+24+25+23+25+24+25+28}{8}=25(件)$$

② 加权算术平均数。根据分组数据计算平均数,用加权式,其计算公式为

$$\bar{X}=\frac{X_1\times F_1+X_2\times F_2+\cdots+X_n\times F_n}{F_1+F_2+\cdots+F_n}=\frac{\sum XF}{\sum F}$$

式中:$\bar{X}$——算术平均数;

$X_1,X_2,\cdots,X_n$——总体各单位标志值;

$F_1,F_2,\cdots,F_n$——各组的次数;

【例4-2】某厂各组的工资标准和职工人数见表4-1,计算该厂职工的平均工资。

表4-1 某厂职工工资分布表

按工资标准分组 X/元	各组职工人数 F/人	各组工资额 XF/元
1 000	1	1 000
1 500	2	3 000
1 600	4	6 400
1 800	2	3 600
2 100	1	2 100
合 计	10	16 100

解:该厂职工平均工资为

$$\bar{X}=\frac{\sum XF}{\sum F}=\frac{16\ 100}{10}=1\ 610(元)$$

(2) 全及总体成数。由于某些单位的标志不能用数量表示,而只能用一定的术语加以描述,这时就应该计算比重结构指标,称为总体成数,用 P 表示。它可以说明总体中具有某种标志的单位数在所规定的某变量值以上或以下的比重。

设总体 N 个单位中,N_1 是具有某种属性的单位数,N_0 是不具有某种属性的单位数。$N_1+N_2=N$,P 为总体中具有某种属性的单位数所占的比重,Q 为不具有某种属性的单位数所占的比重,则总体成数为

$$P=\frac{N_1}{N},\quad Q=\frac{N_0}{N}=1-P$$

(3) 全及总体方差和标准差。全及总体方差和标准差是用来说明全及总体标志变异程度的指标,分别用字母 σ^2 和 σ 表示,是理解和应用抽样调查时很重要的基础指标。

① 平均数的方差和标准差的计算公式为

$$\sigma^2=\frac{\sum(X-\bar{X})^2}{N},\quad \sigma=\sqrt{\frac{\sum(X-\bar{X})^2}{N}}$$

$$\sigma=\sqrt{\frac{\sum(X-\bar{X})^2 F}{\sum F}}\quad(分组数据)$$

式中：X——总体各单位标志值；

$\bar{X}$——算术平均数；

N——总体单位数；

F——各组次数；

$\sum$——求和符号。

【例4-3】某企业的某生产班组有6个工人，每人日产量分别为40、60、70、90、100、120件，见表4-2。计算该班组工人日产量的方差和标准差。

表4-2 某企业某生产班组工人日产量

日产量 X/件	$X-\bar{X}$	$(X-\bar{X})^2$
40	-40	1 600
60	-20	400
70	-10	100
90	10	100
100	20	400
120	40	1 600
合 计	0	4 200

解：该班组工人日产量的方差和标准分别为

$$\sigma^2 = \frac{\sum(X-\bar{X})^2}{N} = \frac{4\ 200}{6} = 700(件), \sigma = \sqrt{700} = 26.46(件)$$

② 设总体 N 个单位中，1表示具有某种属性的标志值，0表示不具有某种属性的标志值，则成数的标准差的计算公式为

$$\sigma = \sqrt{\frac{\sum(X-\bar{X})^2 F}{\sum F}} = \sqrt{\frac{(1-P)^2 + (1+P)^2 Q}{P+Q}}$$

$$= \sqrt{\frac{Q^2 P + P^3 Q}{1}} = \sqrt{PQ(P+Q)}$$

$$= \sqrt{PQ} = \sqrt{P(1-P)}$$

【例4-4】某批产品有1 000件，其中合格品900件，则产品合格率为90%，将合格记为"1"，不合格记为"0"，计算该批产品质量状况的平均数、方差和标准差。

解：该批产品质量的平均数为 $\bar{X} = 90\%$

方差和标准差分别为

$$\sigma^2 = 90\% \times 10\% = 9\%$$

$$\sigma = \sqrt{9\%} = 30\%$$

2）抽样指标

由样本总体各个标志值计算的综合指标称为抽样指标。它是用来估计全及指标的，因此和全及指标相对应，有抽样平均数 $\bar{x}$，抽样成数 p，样本标准差 s，样本方差 s^2 等。

（1）样本平均数及样本方差（样本标准差）。设样本有 n 个变量：$x_1, x_2, \cdots, x_n$ 则抽取样本的

简单平均数为

$$\bar{x} = \frac{\sum x}{n}$$

加权平均数为

$$\bar{x} = \frac{\sum xf}{\sum f} \quad (f \text{ 为权数})$$

样本方差为

$$s^2 = \frac{\sum(x-\bar{x})^2}{n}$$

样本标准差为

$$s = \sqrt{\frac{\sum(x-\bar{x})^2}{n}}$$

（2）样本成数及样本成数标准差。设样本 n 个单位中有 n_1 个单位具有某种属性，n_0 个单位不具有某种属性，$n_1+n_2=n$，p 为样本中具有某种属性的单位数所占的比重，q 为不具有某种属性的单位数所占的比重，则抽样成数为

$$p = \frac{n_1}{n}, \quad p = \frac{n_0}{n}, \quad p = 1-q$$

同理，样本成数标准差为

$$s = \sqrt{p(1-p)}$$

3. 重复抽样和不重复抽样

重复抽样又称回置抽样，是一种在全及总体中允许多次重复抽取样本单位的抽选方法，即从总体中随机抽出一个样本，将它再放回去，使它仍有被抽到的可能性。在整个抽样过程中，总体单位数不变，被抽中的样本单位的概率也是完全相同的。

不重复抽样又称不回置抽样，即先被抽选的单位不再放回全及总体中去，一经抽出，就不会再有第二次的被抽中的机会了，在抽样过程中，样本总数逐渐减少。

4. 抽样误差

抽样误差是指样本指标和总体指标在数量上的差别，如抽样平均数与总体平均数之差 $(\bar{x}-X)$、抽样成数与总体成数之差 $(p-P)$ 等。

5. 抽样平均误差

抽样平均误差是抽样平均数（或抽样成数）的标准差，它反映抽样平均数（或抽样成数）与总体平均数（或总体成数）的平均差异程度。由于从一个总体中可能抽取多个样本，所以抽样指标（如平均数、成数等），就有多个不同的数值，因而对全及指标（如总体平均数、总体成数等）的离差也就有大有小，这就必须用一个指标来衡量抽样误差的一般水平。

在重复抽样条件下，简单随机抽样平均数的抽样平均误差计算公式为

$$\mu_{\bar{x}} = \frac{\sigma}{\sqrt{n}}$$

式中：$\mu_{\bar{x}}$——抽样平均数的抽样误差；

σ——总体标准差；

n——样本单位数。

抽样成数抽样平均误差的公式为

$$\mu_p = \sqrt{\frac{p(1-p)}{n}}$$

式中：μ_p——抽样成数的抽样平均误差；

p——总体成数；

n——样本单位数。

在大样本情况下，即 $n \geq 30$ 时，可以采用样本标准差代替总体标准差，用样本成数代替总体成数。

【例 4-5】 假设某小区共有 10 000 户居民，现要对某种商品的月需求量和需求倾向进行调查。用单纯随机抽样方法抽取 200 户居民进行调查，得到每户居民对该商品的月需求量为 500 克，标准差为 100 克，表示继续消费该产品的居民占被调整户数的 90%。试对抽样平均数和抽样成数的抽样误差进行计算。

解：抽样平均数的抽样误差为

$$\mu_{\bar{x}} = \frac{\sigma}{\sqrt{n}} \times \frac{100}{\sqrt{200}} = 7.1 (克)$$

抽样成数的抽样误差为：

$$\mu_p = \sqrt{\frac{p(1-p)}{n}} = \sqrt{\frac{0.9 \times (1-0.9)}{200}} = \sqrt{0.0005} = 0.02$$

6. 抽样极限误差

抽样极限误差是指抽样估计时，应根据研究对象的差异程度和任务的需要确定可允许的误差范围，这种允许的误差范围称为抽样极限误差。它小于或等于样本指标与总体指标之差的绝对值。设 Δx、Δp 分别表示抽样平均数极限误差和抽样成数极限误差。则其计算公式为

$$|\bar{x} - \bar{X}| \leq \Delta x, \quad |p - P| \leq \Delta p$$

由上式可得

$$\bar{x} - \Delta x \leq \bar{X} \leq \bar{x} + \Delta x$$

$$p - \Delta p \leq P \leq p + \Delta p$$

这两个不等式就是全及指标区间估计的公式。

4.2　抽样调查的操作程序

抽样调查有比较严格的程序，只有按一定程序进行，才能保证调查顺利完成，取得应有效果。抽样调查一般分为 4 个步骤。

4.2.1 确定调查总体

调查总体是指市场调查对象的全体。它可以是一群人、一个企业、一个组织、一种情形或一项活动等。它是根据市场抽样调查的目的要求，明确调查对象的内涵、外延及具体的总体单位数量，并对总体进行必要的分析。

4.2.2 设计和抽取样本

设计样本包括两项具体工作：一是确定样本数目的大小或样本容量的多少，即样本所包含的部分总体单位的个数；二是选择具体的抽样方式，它必须根据调查目的和调查总体的具体情况进行选择。

4.2.3 搜集样本资料，计算样本指标

搜集样本资料就是根据样本单位的实际情况，选择一种或一种以上的方法搜集资料，对样本单位进行实际调查；搜集到样本资料后，还要对资料进行整理和分析，最后计算出样本的指标。

4.2.4 推断总体

在市场抽样调查中推断总体，应用的是统计推断原理，统计推断即用样本指标推断总体指标的过程。而统计推断一般采用点估计和区间估计的方法，点估计就是直接根据样本观察值计算的结果推断总体。区间估计就是在一定的抽样误差范围内建立一个置信区间，并联系这个区间的置信度以样本指标推断总体指标。

1. 点估计

直接用抽样平均数 $\bar{x}$、抽样成数 p、样本标准差 s，样本方差 s^2 来代替总体平均数 $\bar{X}$、总体成数 P、总体标准差 σ 和总体方差 σ^2。例如，某项调查采用抽样调查的方法对某市职工收入状况进行研究，该市有职工 56 000 名，其中男职工 36 000 名，女职工 20 000 名，抽取 5 000 名职工进行调查，他们的年平均收入为 10 000 元，据此推断全市职工年收入为 10 000 元。

2. 区间估计

1) 抽样估计的置信度

在区间估计过程中，必须处理好抽样误差范围与置信度之间的关系。置信度就是继续推断时的可靠程度大小。抽样推断可靠程度是指总体所有可能样本的指标落在一定区间的概率度，通常用 t 表示。

对于置信度与抽样误差之间的关系，数理统计的理论可以用正态分布来描述，即在抽样误差前乘以 t，并使置信度成为 t 的分布函数 $F(t)$，将二者关系对应起来建立正态分布概率表，以便使用时查找。这样任何一个置信度都可以查到对应的 t 值。例如，几个常用的置信度 90%、95%、95.45%、99% 所对应的 t 值分别是 1.65、1.96、2、2.58。

2) 市场随机抽样的区间估计

区间估计是统计推断的常用方法，它是在考虑到抽样误差的情况下以样本指标推断总体指标的过程，同时必须联系到前面所讲的抽样误差和置信度的关系。

区间估计可以用于用样本平均数推断总体平均数，也可以用于用样本成数推断总体成数。

(1) 用样本平均数推断总体平均数的区间估计计算公式为

$$\bar{x} - \Delta x \leqslant \bar{X} \leqslant \bar{x} + \Delta x$$

$$\Delta x = t\mu_{\bar{x}}$$

式中：$\bar{X}$——总体平均数；

$\bar{x}$——样本平均数；

$t\mu_{\bar{x}}$——抽样平均数误差范围（即抽样极限误差 Δx）。

上式说明，总体平均数表现为样本平均数加减抽样误差范围的区间值，而不是一个固定点值。

(2) 用样本成数推断总体成数所谓区间估计计算公式为

$$p - t\mu_p \leqslant P \leqslant p + t\mu_p$$

式中：P——总体成数；

p——样本成数；

$t\mu_p$——抽样成数误差范围。

上式说明，总体成数表现为样本成数加减抽样误差范围的区间值，而不是一个固定点值。

【例 4-6】 以【例 4-5】问题为例，若置信度为 95%，试计算区间估计。

解：置信度为 95%，则其相应的 $t=1.96$，则有总体平均数的区间计算为

$$500 - 1.96 \times 7.1 \leqslant \bar{X} \leqslant 500 + 1.96 \times 7.1$$

$$486.1 \leqslant \bar{X} \leqslant 513.9$$

即居民对该商品的月平均需求量为 486.1～513.9 克。

总体成数的区间计算为

$$0.9 - 1.96 \times 0.02 \leqslant P \leqslant 0.9 + 1.96 \times 0.02$$

$$0.86 \leqslant P \leqslant 0.94$$

即居民中表示将继续消费该商品的居民户占 86%～94%。

若已知以上数据，要求计算 10 000 户居民对该商品的月需求量，以最低需求户计算，则需求量为

$$486.1 \times 10\ 000 \times 86\% = 4\ 180.5（千克）$$

$$513.9 \times 10\ 000 \times 86\% = 4\ 419.5（千克）$$

即以最低需求户计算的每月需求总量为 4 180.5～4 419.5 千克。

若以最高需求户计算，则需求量为

$$486.1 \times 10\ 000 \times 94\% = 4\ 569.3（千克）$$

$$513.9 \times 10\ 000 \times 94\% = 4\ 830.7（千克）$$

即以最高需求户计算的每月需求总量为 4 569.3～4 830.7 千克。

总的来说，这 10 000 户居民对该商品的月需求量将会在 4 181～4 831 千克，这种推断有 95% 的置信度。

4.3 抽样技术的类别及特点

抽样调查可分为随机抽样和非随机抽样两类，随机抽样是按照随机原则抽取样本，即在总体中抽取单位时，完全排除了人的主观因素的影响，使每一个单位都有同等的可能性被抽到。而非随机抽样不遵循随机原则，它是从方便出发或根据主观的选择来抽取样本。

4.3.1 随机抽样

1. 简单随机抽样

简单随机抽样又称单纯随机抽样，是从总体 N 个单位中任意抽取 n 个单位作为样本，使每个样本被抽中的概率相等的一种抽样方式。这是一种对总体单位不做任何分类排队，完全按照随机原则直接从总体中随机抽取一部分单位组成样本的抽样组织方式。

1）抽签法

先将调查总体的每个个体编上号码，然后将号码写在卡片上搅拌均匀，任意从中选取，抽到一个号码，就与一个个体对应，直到抽足预先规定的样本数目为止。此方法适用于调查总体中的个体数目较少的情况。

2）随机数表法

随机数表法又称乱数表法，是指含有一系列级别的随机数字的表格，一般利用特制的摇码设备摇出随机数字，也可以用电子设备自动产生随机数字。

简单随机抽样是其他抽样方法的基础，因为它在理论上最容易理解，而且当总体单位数 N 不太大时，实施起来并不困难。但在实际中，若 N 相当大时，简单随机抽样就不是很容易办到的。首先它要求有一个包含全部 N 个单位的抽样框；其次用这种抽样方法得到的样本单位较为分散，调查不容易实施。因此，在实际中直接采用简单随机抽样的并不多，仅适用于规模不大、内部各单位标志值差异较小的总体。

2. 分层抽样

分层抽样又称为分类抽样或类型抽样，它首先是将总体的 N 个单位分成互不交叉、互不重复的 k 个部分，称之为层；然后在每个层内分别抽选 n_1，n_2，…，n_k 个样本，构成一个容量为 n 的样本的一种抽样方式。

> **知识链接 4-2**
>
> 分层的目的主要有3个：一是为了工作的方便和研究目的的需要；二是为了提高抽样的精度；三是为了在一定精度的要求下，减少样本的单位数以节约调查费用。因此，分层抽样是应用最为普遍的抽样技术之一。

按照各层之间的抽样比是否相同，分层抽样可分为等比例分层抽样与非等比例分层抽样两种方式。

1) 等比例分层抽样

等比例分层抽样是按各层(或各类型)中的个体数量占总体数量的比例分配各层的样本数量。其计算公式为

$$\frac{n_i}{n} = \frac{N_i}{N} \quad \text{或} \quad n_i = \frac{N_i}{N} n$$

式中：n_i——第 i 层抽出的样本数；

N_i——第 i 层的总单位数；

N——总体单位数；

n——总体样本数。

【例 4-7】某市有各类型书店 500 家，其中大型 50 家，中型 250 家，小型 200 家。为了调查该市图书销售情况，先计划从中抽取 30 家书店进行调查，采用分层等比例抽样法应从各层中抽取多少家书店调查？

解：根据分层比例抽样公式，则

(1) 大型书店应抽取的样本数为

$$n_{大} = 50/500 \times 30 = 3 \text{(家)}$$

(2) 中型书店应抽取的样本数为

$$n_{中} = 250/500 \times 30 = 15 \text{(家)}$$

(3) 小型书店应抽取的样本数为：

$$n_{小} = 200/500 \times 30 = 12 \text{(家)}$$

2) 非等比例分层抽样

非等比例分层抽样是根据其他因素，如各层平均数或成数标准差的大小，抽取样本的工作量和费用大小。其计算公式为

$$n_i = \frac{N_i \sigma_i}{\sum N_i \sigma_i} \times n$$

式中：n_i——第 i 层抽出的样本数；

N_i——第 i 层的总单位数；

σ_i——第 i 层的标准差；

n——总体样本数。

【例 4-8】沿用【例 4-7】资料，假设各类型书店图书销售额的标准差估计值为：大型 10 000 元；中型 6 000 元；小型 5 000 元。按照最佳抽样法应从各层中抽取多少家书店进行调查？

解：各层书店抽取样本数分别为

$$n_{大} = \frac{50 \times 10\,000}{50 \times 10\,000 + 250 \times 6\,000 + 200 \times 5\,000} \times 30 = 5 \text{(家)}$$

$$n_{中} = \frac{250 \times 6\,000}{50 \times 10\,000 + 250 \times 6\,000 + 200 \times 5\,000} \times 30 = 15 \text{(家)}$$

$$n_{小} = \frac{200 \times 5\,000}{50 \times 10\,000 + 250 \times 6\,000 + 200 \times 5\,000} \times 30 = 10 \text{(家)}$$

实际上，分层抽样是科学分组与抽样原理的有机结合，前者是划分出性质比较接近的层，以减弱标志值之间的变异程度；后者是按照抽样原理抽选样本。因此，分层抽样一般比简单随机抽样更为精确，能够通过对较少的样本进行调查，得到比较准确的推断结果，特别是当总体数目较大、内部结构复杂时，分层抽样常能取得令人满意的效果。

3. 整群抽样

整群抽样是首先将总体中各单位归并成若干个互不交叉、互不重复的集合，称之为群；然后以群为抽样单位抽取样本的一种抽样方式。

整群抽样特别适用于缺乏总体单位的抽样框。应用整群抽样时，要求各群有较强的代表性，即群内各单位的差异要大，群间差异要小。其优点是实施方便、节省经费；缺点是由于不同群之间的差异较大，抽样误差往往大于简单随机抽样。整群抽样主要有以下几个特点：

(1) 总体和样本都是由"群"组成的。

(2) 引起的抽样误差的方差是群间方差，群内方差不影响抽样误差。

(3) 整群抽样均为不重复抽样，可提高样本的代表性。

4. 等距抽样

等距抽样又称系统抽样或机械抽样，它是首先将总体中各单位按一定顺序排列，根据样本容量要求确定抽选间隔，然后随机确定起点，每隔一定的间隔抽取一个单位的一种抽样方式。例如，从 600 名大学生中抽选 50 名进行调查，可以利用学校现有的名册顺序按编号排队，从 1 号编至 600 号。抽选距离 $=N/n=600/50=12$（人）如从第一个 12 人中用简单随机抽样方式，抽取第一个样本单位，如抽到的是 8 号，依次抽出的是 20 号、32 号、44 号……又如，对公路旁树木进行病虫害防治，确定每 30 棵树检查 1 棵，只要确定了起点的被检查树，每隔 30 棵检查 1 棵即可。

等距抽样的最主要优点是简便易行，容易确定样本单元。当对总体结构有一定了解时，充分利用已有信息对总体单位进行排列后再抽样，可提高抽样效率。缺点是若样本存在周期性变化，则代表性就会差一些。

5. 多阶段抽样

多阶段抽样又称多级抽样，是指在抽取样本时，分为两个及两个以上的阶段从总体中抽取样本的一种抽样方式。其具体操作过程是：第一阶段，将总体分为若干个一级抽样单位，从中抽选若干个一级抽样单位入样；第二阶段，将入样的每个一级单位分成若干个二级抽样单位，从入样的每个一级单位中各抽选若干个二级抽样单位入样……以此类推，直到获得最终样本。

多阶段抽样区别于分层抽样，也区别于整群抽样，其优点在于广泛，主要适用于没有一个包括所有总体单位的抽样框，或总体范围太大，无法直接抽取样本等情况，可以相对节省调查费用。其主要缺点是抽样时较为麻烦，而且通过样本对总体进行估计比较复杂。

4.3.2 非随机抽样

非随机抽样是指抽样时不遵循随机原则，而是按照调查人员主观设立的某个标准抽选样本。在市场调查中，采用非随机抽样通常是出于几种原因：客观条件的限制，无法进行随机抽样；为了快速获得调查结果，提高调查的时效性；在调查对象不确定，或无法确定的情况下采用，如对某一突发（偶然）事件进行现场调查等；总体各单位间离散程度不大，且调查人员具有丰富的调查经验。

1. 任意抽样

任意抽样又称便利抽样，是根据调查者的方便与否抽取样本的一种抽样方法。"街头拦人法"和"空间抽样法"是方便抽样最常见的两种方法。

"街头拦人法"是在街上或路口任意找某个行人，将其作为被调查者，进行调查。例如，在街头向行人询问其对市场物价的看法，请行人填写某种问卷等。

"空间抽样法"是对某一聚集的人群，从空间的不同方向和方位对他们进行抽样调查，如在商场内向顾客询问对商场服务质量的意见，在劳务市场调查外来劳工打工情况等。

任意抽样简便易行，能及时取得所需的信息资料，省时、省力、节约经费，但抽样偏差较大，一般用于非正式的探测性调查。只有在调查总体各单位之间的差异不大时，抽取的样本才具有较高的代表性。

2. 判断抽样

判断抽样又称目的抽样，它是凭调查人员的主观意愿、经验和知识，从总体中选择具有代表性的样本作为调查对象的一种抽样方法。判断抽样选取样本单位一般选择最能代表普遍情况的调查对象，常以"平均型"或"多数型"为标准，应尽量避免选择"极端型"。

判断抽样方法在样本规模小及样本不易分门别类挑选时有其较大的优越性。但由于其精确性依赖于调查者对调查对象的了解程度、判断水平和对结果的解释情况，所以判断抽样方法的结果的客观性受到人们的怀疑。

3. 配额抽样

配额抽样是非随机抽样中最流行的一种方法。配额抽样是首先将总体中的所有单位按一定的标志分为若干类(组)，然后在每一类(组)中用便利抽样或判断抽样方法选取样本单位。所不同的是，配额抽样不遵循随机原则，而是主观地确定对象分配比例。

配额抽样方法简单易行，可以保证总体的各个类别都能包括在所抽样本之中，因此，配额抽样的样本具有较高的代表性。但也应注意到这种方法具有一定的假设性，即假定具有某种相同特征的调查对象的行为、态度与反应都基本一致，因此，对同一层内的调查对象，是否采取随机抽样就无关紧要了。由于抽样误差不大，只要问卷设计合理、分析方法正确，所得的结果同样值得信赖。而这种假设性是否得以成立，在很大程度上取决于调查者的知识水平和经验程度。

项 目 小 结

抽样调查是一种专门组织的非全面调查。它是按照一定方式，从调查总体中抽取部分样本进行调查，用所得的结果说明总体情况的调查方法，是现代市场调查中重要的组织形式。本项目阐述了抽样调查的概念、特点、应用范围和必须理解的一些名词，分析了抽样调查的步骤和过程，主要讲述了如何通过样本指标认识和估计总体指标，最后从随机抽样和非随机抽样两个方面论述了抽样调查的方法。其中随机抽样主要包括简单随机抽样、分层抽样、整群抽样、等距抽样、多阶段抽样等方法；非随机抽样主要包括任意抽样、判断抽样和配额抽样3种方法。

思考与练习

一、填空题

1. 根据取样方式不同，抽样方法有_____和_____两种。
2. 抽样平均误差是指抽样平均数的_____，它反映抽样平均数与总体平均数据的_____。
3. 抽样估计的方法有_____和_____两种。
4. 常用的随机抽样方法有_____、_____、_____、_____等。
5. 常用的非随机抽样方法有_____、_____、_____ 3种。

二、选择题

1. 抽样调查的主要目的是（　　）。
   A. 用样本指标来推算总体指标
   B. 对调查单位进行深入研究
   C. 计算和控制抽样误差
   D. 广泛运用数学方法
2. 事先将全及总体各单位按某一标志排列，然后依固定顺序和间隔来抽选调查单位的抽样组织方式是（　　）。
   A. 分层抽样　　B. 简单随机抽样　　C. 整群抽样　　D. 等距抽样
3. 抽样误差是指（　　）。
   A. 调查中所产生的登记性误差
   B. 调查中所产生的系统性误差
   C. 随机抽样而产生的代表性误差
   D. 由于违反了随机抽样原则而产生的误差
4. 对某单位职工的文化程度进行抽样调查，得知其中80%的人是高中毕业，抽样平均误差为2%。当概率为95.45%时，该单位职工中具有高中文化程度的比重是（　　）。
   A. 等于78%　　　　　　　　B. 大于84%
   C. 在76%与84%之间　　　　D. 小于76%
5. 将总体按主要标志进行分组，然后再按随机原则从各组中抽选出样本单位，这种抽样方式叫（　　）。
   A. 等距抽样　　B. 整群抽样　　C. 简单随机抽样　　D. 分层抽样

三、简答题

1. 什么是抽样调查？抽样调查具有哪些特点？
2. 如何理解全及指标和抽样指标？

四、计算题

1. 一位电视节目主持人想了解观众对某个电视专题节目的喜欢情况，他选取了500名观众作样本，结果发现喜欢该节目的有200人。试以95.45%的概率估计观众喜欢这一专题节目的区间范围。

2. 某餐厅想要估计每位顾客午餐的平均花费金额,在为期4周的时间里选取了64名顾客组成了一个简单随机样本。

(1) 假定总体标准差为15元,求抽样平均误差。

(2) 在95%的置信水平下,求抽样极限误差。

(3) 如果样本均值为120元,求总体均值的置信区间。

五、案例分析题

家用电器潜在用户估计

某公司要估计某地某品牌家用电器的潜在用户。这种商品的消费同居民收入水平相关,因而以家庭年收入为分层基础。该地居民为1 000 000户,已确定样本数为1 000户,家庭年收入分10 000元以下、10 000~30 000元、30 000~60 000元、60 000元以上4层,其中收入在10 000元以下家庭为180 000户,收入在10 000~30 000元家庭为350 000户,收入在30 000~60 000元家庭为3000 000户,收入在60 000元以上家庭为170 000户。

分析:采取分层比例抽样法,如何抽样?

(资料来源:肖战峰.统计学原理.成都:西南财经大学出版社,2010)

项目实训

实训一:本校学生手机消费调查

实训目的

以小组为单位,根据所学知识对本校学生每月手机消费的费用进行抽样调查,从而推断本校学生每月手机消费的平均费用。

实训内容与要求

在全校随机抽取50名学生,可以采用简单随机抽样、分层抽样、整群抽样、等距抽样等方法,了解当前大学生每月手机消费的费用,从而推断本校学生每月手机消费的平均费用。

实训考核

以小组为单位,提交一篇实训报告,详细说明选取样本的方法和程序,最后评选出全班最优(最省时省力又具有代表性的方法)。

实训二:本校学生上网情况消费调查

实训目的

以小组为单位,根据所学知识对本校学生每月上网消费的费用进行抽样调查,从而推断本校学生每月上网消费的平均费用。

实训内容与要求

在全校随机抽取50名学生,可以采用简单随机抽样、分层抽样、整群抽样、等距抽样等方法,了解之前大学生每月上网消费的费用,从而推断本校学生每月上网消费的平均费用。

实训考核

以小组为单位,提交一篇实训报告,详细说明选取样本的方法,老师根据实训过程及报告质量打分并点评。

项目五 调查问卷设计

工作任务描述

日化市场目前已经处于供过于求的状态,近几年,市场竞争不知道让多少厂家、多少品牌折戟沉沙,"客情网络"、"炒作砸钱"、"广告轰动"、"空降神兵"等手段,延续卖方时代的暴富方式,已经不合时宜。未来的日化市场,必将属于经过问卷调查取得第一手资料、踏实稳重的企业,只有这样,才能适应市场的发展,满足消费者的需求。

如何才能制定一份有效的调查问卷是本项目的重要内容,其涉及的工作任务和要求如下:

(1) 用调查问卷的结构与内容突出企业调查目的:正确认识调查问卷的目的及意义,为企业做出决策提供科学依据;了解调查问卷的结构与内容,处理好各个要素之间的衔接。

(2) 通过问卷调查为企业发展指明方向:明确调查目的后,要了解问卷设计的方法与原则,做到信息的有效性;问卷的基本流程关系到被访问者的逻辑性思维,应循序渐进、由浅入深。

(3) 问卷的题型设计及答案量化:问卷的类型众多,题型设计应因时、因事制宜,从而选择制定不同的问卷;问卷的答案设计也应根据问题的不同选择不同的方式。

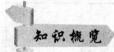
知识概览

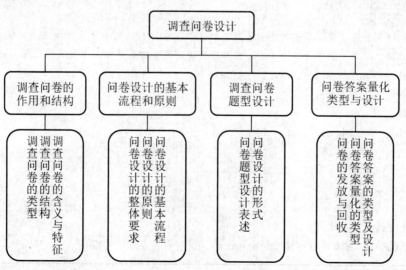

学习目标

知识目标	能力目标	学习重点和难点
(1) 了解调查问卷的作用 (2) 熟悉问卷的组成结构 (3) 明确问卷设计的基本流程及整体要求 (4) 掌握问卷问题设计的形式类型，把握语言表述的准确性 (5) 掌握问卷答案量化设计 (6) 了解问卷的发放与回收	(1) 能够根据问卷的类型明确调查的目的 (2) 能够确定调查问卷的设计结构并能严格按照设计问卷的基本流程来严格执行 (3) 掌握问卷问题的各种设计形式类型并能灵活运用 (4) 掌握问卷答案量化设计类型 (5) 具备一定的团队合作精神，以保证问卷的按时发放与回收	(1) 调查问卷的特点及类型 (2) 问卷设计的组成结构 (3) 问卷设计的基本流程及整体要求 (4) 问卷问题的设计形式及准确地表述 (5) 问卷答案量化的类型

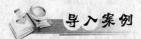

问卷设计案例

1. 调查背景

据统计，2009年有610万应届高校毕业生，2007年和2008年毕业的大学生，分别还有100万人和150万人没有找到工作，加在一起是860万。根据以往大学毕业生的就业比例，估计有约36％的人能找到工作，还有约500万人面临就业的困难。目前，大学生就业问题成为一个严峻的社会问题。某大学为了探究大学生在就业方面的态度，设计了《本科生就业意向调查问卷》，调查对象为在校大学生。

2. 问卷示例

某学院专科生就业意向调查表

亲爱的同学：

你好！为了更好地了解大学生就业创业意向，我们正在进行一项有关大学生就业创业意向的调查。请你认真、坦率、真实地回答每一个问题，回答无所谓正确与错误之分。你所填写的任何资料，我们将为你保密，请你不必有任何顾虑。谢谢！

第一部分　你的个人信息

(1) 性别 a. 男 b. 女

(2) 年级 a. 大一 b. 大二 c. 大三

(3) 来自 a. 城镇 b. 农村

第二部分　就业观念

(4) 你本科毕业后的打算是

a. 求职应聘 b. 自主创业 c. 考公务员 d. 考研 e. 出国 f. 尚未考虑

(5) 你打算就业的区域是

a. 东北地区 b. 东南沿海地区 c. 中部地区 d. 西南地区

(6) 你选择该地区的理由是
a. 经济发达 b. 离家近 c. 就业机会多，发展空间大 d. 响应国家号召 e. 家里已有安排 f. 其他_____（请注明）

(7) 当你选择工作时，最想进入的行业是
a. IT与通信业 b. 金融、证券、保险业 c. 商贸业 d. 电力业 e. 新闻传媒业 f. 房地产业 g. 医药食品业 h. 旅游交通民航业 i. 制造业 j. 政府机关 k. 石化等能源业 l. 其他_____（请注明）

第三部分 就业指导的基本情况

(8) 你对当前就业形势和国家就业政策的了解么？
a. 很了解 b. 比较了解 c. 不了解 d. 不关心

(9) 你对个人的就业前景如何看待？
a. 充满信心 b. 较有信心 c. 没有信心 d. 不清楚

(10) 下列那些可能成为你求职中的困扰(可多选)
a. 对企业的用人标准不太了解 b. 对企业岗位专业知识缺乏了解 c. 学校就业指导力度不够 d. 能力不足 e. 求职方法技巧欠缺 f. 对社会缺乏了解 g. 对企业基本情况和招聘流程缺乏了解 h. 其他_____（请注明）

占用了你的宝贵时间，感谢你的支持与合作！

（资料来源：百度文库）

5.1 调查问卷的作用和结构

没有调查就没有发言权，问卷调查作为最常用的市场调查方法，被广泛地应用于各个学科领域。问卷调查是企业与市场沟通交流、获取第一手资料的重要途径，也是促进工作良好开展的重要开端。尽管问卷调查的应用越来越普及，但是规范的问卷设计和调查操作，却十分缺乏。

5.1.1 调查问卷的含义与优缺点

1. 调查问卷的含义

调查问卷又称调查表或询问表，它是调查者根据一定的调查目标而精心设计的调查表格，以问题的形式向被访者了解情况或征询意见，从而记录被访问者的回答和意见，通过对问题答案的回收、整理、分析，获取有关信息。

问卷调查是以书面提出问题的方式搜集资料的一种研究方法，以邮寄、当面作答或者追踪访问的方式填答，让被调查者做出回答，从而了解被调查者对某一现象或问题的看法和意见，所以又称问题表格法。问卷可以是表格式、卡片式或簿记式，而调查问卷的运用，关键在于编制问卷、选择被试和结果分析。因此，一份设计周全且准确的调查问卷是企业在市场调查中获取真实有效地第一手资料的重要途径和手段。

完美的问卷必须具备两个功能，即能将问题准确地传达给被访问者和使被访问者乐于回答。要具备这两个功能，问卷设计时应当遵循一定的原则和程序，并且还要运用一定的技巧。

2. 调查问卷的优点

1) 高效性

问卷调查被广泛应用，其最大的优点是简便易行，经济节省。问卷调查可以节省人力、物力、经费和时间，无需调查人员逐人或逐户地收集资料，可采用团体方式进行，也可通过邮寄方式发出问卷，有的还直接在报刊上登出问卷，这对调查双方来说都省时省力，可以在很短时间内同时调查很多人。因此，问卷调查具有很高的效率，问卷资料适于计算机处理，也节省了分析的时间与费用。

2) 客观性

问卷调查一般不要求调查对象在问卷上署名。采用报刊和邮寄方式进行问卷调查，更增加了其匿名性，它有利于调查对象无所顾忌地表达自己的真实情况和想法。特别是当问卷内容涉及一些较为敏感的问题和个人隐私问题时，在非匿名状态下，调查对象往往不愿意表达自己的真实情况和想法。

3) 统一性

问卷调查对所有的被调查者都以同一种提问、回答的形式和就同一内容进行询问，这样，有利于对某种社会同质性被调查者的平均趋势与一般情况进行比较分析，又可以对某种社会异质性的被调查者的情况进行比较分析。

4) 广泛性

问卷调查不受人数限制，调查的人数可以较多，因而问卷调查涉及的范围较大。为了便于调查对象对调查内容方便容易地做出回答，往往在设计方面给出回答的可能范围，供调查对象进行选择。这种对"回答"的预先分类有利于从量的方面把握所研究的现象的特征。同时，问卷调查有利于对调查资料进行定量分析和研究。由于问卷调查大多是使用封闭型回答方式进行调查，所以在资料的搜集整理过程中，可以对答案进行编码，并输入计算机，以进行定量处理和分析。

3. 调查问卷的缺点

1) 缺乏弹性

问卷中大部分问题的答案由问卷设计者预先划定了有限的范围，缺乏弹性，这使得调查对象的作答受到限制，从而可能遗漏一些更为深层、细致的信息。特别是一些较为复杂的问题，靠简单的填答难以获得研究所需要的丰富材料。问卷对设计要求比较高，如果在设计上出现问题，调查一旦进行便无法补救。

2) 容易误解

问卷发放后由调查对象自由作答，调查者为了避免引起调查对象的顾虑，不当场检查被调查者的填答方式是否正确或是否有遗漏，这就不可避免地出现一些被调查者漏答、错答或回避回答的现象。

3) 回收率低

问卷的回收率和有效率比较低。在问卷调查中，问卷的回收率和有效率必须保证一定的比率；否则，会影响调查资料的代表性和价值。邮寄发出问卷的寄还，靠调查对象的自觉和自愿，没有任何约束，所以往往回收率不高，这就会对样本所要求的数量造成一定的影响。

5.1.2 调查问卷的结构

调查问卷的基本结构一般由标题、说明、主体、编码、被访者项目、调查者项目和结束语 7 个部分组成。

1. 问卷标题

问卷的标题是对此次研究调查主题的概括说明,使被调查者对要回答哪些方面的问题有一个大致的了解。标题应简明扼要,并能准确表达,同时引起被调查者的兴趣。如"大学生消费状况调查"、"中国互联网发展状况及趋势调查"等。

问卷不要简单采用"问卷调查"这样的标题,它容易引起回答者因不必要的怀疑而拒答。

2. 问卷说明

在问卷的开头应有文字说明对调查项目目的、意义及有关事项进行解释或请求被调查者予以合作。其主要作用是引起被调查者的重视和兴趣,争取他们的积极支持和合作。具体内容可以包括:调查人自我介绍,包括对调查人员所代表的研究机构或调查公司的介绍及本人的职务和姓名;本项调查的目的、意义;酬谢方式。文字应该简洁、准确,语气要谦虚、诚恳。说明调查研究单位后要署名,这本身也是尊重群众、相信群众的表现,不可小视。问卷说明案例如图 5.1 所示。

××市手机市场需求状况调查问卷

××女士/先生:

您好!

我是××××(单位名称)的市场调查员,目前我们正在进行一项有关××市手机市场需求状况的问卷调查,希望从您这里得到有关消费者对手机需求方面的市场信息,恳请您协助我们做好这次调查。该问卷不记名,回答无对错之分,务请您照实回答,我们准备了小礼品以表达对您配合我们工作的谢意。下面我们列出一些问题,请在符合您情况的项目旁"□"内打"√"。

谢谢!

××××(单位名称)

××年×月×日

图 5.1 问卷说明的模板举例

问卷卷首语的语气应该是亲切、诚恳而礼貌的,简明扼要,切忌啰嗦。问卷的开头十分重要,有时可能需要对测试的保密程度或者奖品等相关信息进行简单说明。大量的实践表明,几乎所有拒绝合作的人都是在开始接触的前几秒钟内就表示不愿参与的。如果潜在的调查对象在听取介绍调查来意的一开始就愿意参与的话,那么绝大部分都会合作,而且一旦开始回答,就几乎都会继续并完成,除非在非常特殊的情况下才会中止。

市场调查与预测

知识链接 5-1

问卷的卷首语或开场白是致被调查者的信或问候语。其内容一般包括下列几个方面：
(1) 称呼、问候，如"××先生、女士：您好"。
(2) 调查人员自我说明调查的主办单位和个人的身份。
(3) 简要地说明调查的内容、目的、填写方法。
(4) 说明作答的意义或重要性。
(5) 说明所需时间。
(6) 保证作答对被调查者无负面作用，并替其保守秘密。
(7) 表示真诚的感谢，或说明将赠送小礼品。

3. 问卷主体

该部分是调查问卷的核心部分，它包括所要调查的全部问题，主要由各种形式的问题和答案及其指导语组成，是调研主题所涉及的具体内容。在拟定主体部分问答题时，问题的多少应根据调查目的而定，在能够达到调查目的的前提下越少越好；与调研无关的问题不要问；能通过二手资料调查到的项目不要设计在问卷中；答案的选项不宜太多。问卷主体一般可以分为3个部分，并分别有不同的侧重点。

第一部分包括向被调查者了解最一般的问题。这些问题应该是适用于所有的被调查者，并能很快很容易回答的问题。在这一部分不应有任何难答的或敏感的问题，以免吓坏被调查者，如姓名、性别、年龄、民族、联系方式等。

第二部分是最主要的内容，包括涉及调查主题的实质和细节的大量的题目。这一部分的结构组织安排要符合逻辑性并对被调查者来说应是有意义的。这一部分对企业来说，是需要了解的最核心内容。

第三部分一般包括两个方面的内容，一是敏感性或复杂的问题，以及测量被调查者的态度或特性的问题；二是人口基本状况、经济状况等。

4. 编码

编码是将调查问卷中的每一个问题以及备选答案给予统一设计的代码，是将问卷中的调查项目变成代码数字的工作过程。大多数市场调查问卷均需加以编码，以便分类整理。在大规模问卷调查中，调查资料的统计汇总工作十分繁重，借助于编码技术和计算机可大大简化这一工作。编码既可以在问卷设计的同时就设计好，也可以等调查工作完成以后再进行。前者称为预编码，后者称为后编码。在实际调查中，研究者一般采用预编码。

5. 被访者项目

被访者项目是有关被调查者的一些背景资料。例如，在消费者调查中，消费者的性别、年龄、民族、家庭人口、婚姻状况、文化程度、职业、单位、收入、所在地区、家庭住址、联系电话等；在对企业的调查中，企业名称、地址、所有制性质、主管部门、职工人数、商品销售额（或产品销售量）等情况都属于被访者项目。

上述项目中，从目的来看可以分为两种。一种是为将来进行统计分析使用的项目，通过这些项目,研究者可以根据背景资料对被调查者进行分类比较和交叉分析,以了解不同性质、不同属性的人在行为或态度上是否有明显的差异。例如,对于性别,可以从男、女对某一问题的看法进行比较,分析是否有差异,为将来的市场细分、广告等市场营销策略的制定提供依据。另一种是进行调查管理用的项目。调研组织者需要对调查人员进行监督,避免其弄虚作假,有时还需要进行抽查。例如,家庭住址、联系电话、姓名等项目都是为调查管理用的,调查人员应向被访者做恰当的说明以消除其疑虑。对于家庭住址,进行入户调查时由调查人员仔细填写,采用其他方式调查时标明大致区域即可,以免被访者产生误会。

被访者项目通常放在问卷的后面。在实际调查中,需要列入哪些具体项目、列入多少项目,应根据调查目的、调查要求而定,并非多多益善。但在实际调查中,由于被调查者的个性不同,他们的教育水准、理解能力、道德标准、宗教信仰、生活习惯、职业和家庭背景等都具有较大差异,加上调查者本身的专业知识与技能高低不同,将会给调查者带来困难,并影响调查的结果。

6. 调查者项目

调查者项目主要包括调查人员姓名、调查地点、调查日期等与调查人员相关的信息,其作用在于明确责任和便于查询、核实。

7. 结束语

结束语又称致谢语,一般放在问卷的最后,用来简短地对被调查者的合作表示感谢,也可以征询一下被调查者对问卷设计和问卷调查本身的看法和感受。当然,不同问卷的结束语略有不同。例如,邮寄问卷的结束语可能是"再次感谢您参与访问,麻烦您检查一下是否有尚未回答的问题后,将问卷放入回邮信封并投入信箱"。而一份拦截访问的问卷的结束语可能会是"访问到此结束,谢谢您,这里有一份小礼物送给您,请签收。谢谢您,再见!"

知识链接 5-2

问卷的结尾一般可以加上一两道开放式题目,给被调查者一个自由发表意见的机会。然后,对被调查者的合作表示感谢。在问卷发最后,一般应附"调查情况记录"。这个记录一般包括:

(1) 调查人员(访问员)姓名、编号。
(2) 受访者的姓名、地址、电话号码等。
(3) 问卷编号。
(4) 访问时间。
(5) 其他,如设计分组等。

5.1.3 调查问卷的类型

1. 按问卷的内容进行分类

问卷的提问内容大致可分为被调查者的行为、关于被调查者的态度和被调查者基本分类资料3类。

1）被调查者的行为

研究者可以通过被调查者过去及现在的行为状况预测其未来行为的可能性，尤其是通过对消费行为的调查，可以从各种消费行为的调查结果推断未来消费市场的潜力。一般消费行为的调查项目包括：购买品牌、购买数量、购买频率、购买动机、金额、续购性及人际推荐意愿等。

2）被调查者的态度

这类问题是要研究被调查者对特定问题的感受、认识和观点，如对某项产品或服务的满意度。在实际工作中，处理态度性的问题比较麻烦，因为被调查者可能从未面临或思考过调查者所询问的问题，而且一个人的态度也很容易受到本身情绪及外在环境因素的影响。

3）被调查者基本分类资料

这类资料通常在访问最后才收集，但有时则因需要先确定被调查者是否符合抽样调查所要求的条件，而必须在访问一开始就收集。这部分通常包括被调查者的性别、年龄、教育程度、职业、婚姻状况、收入、居住地区、宗教信仰等。

小思考 5-1

什么是网络调查？上网时你遇到过网络调查吗？是否接受并完成了网络调查？

2. 按问卷的调查目的进行分类

从问卷调查的目的来看，调查问卷的类型可以分为消费者市场调查、目标市场调查、产品调查、价格调查、分销渠道调查、促销调查、市场竞争调查、客户满意度调查等。

1）消费者市场调查

企业问卷调查中最重要的内容就是消费者市场调查与研究，主要包括消费者数量调查、消费者结构调查、消费者购买力调查、消费者支出结构调查、消费者行为调查以及消费者满意度调查等。消费者市场调查的目的主要是支持消费品的营销管理决策，最大限度地满足消费者需求，从而获得最丰厚的利润。

2）目标市场调查

目标市场调查主要包括宏观环境因素调查、微观环境因素调查、市场机会与威胁调查、市场细分分析、市场现有规模和潜在规模调查与预测、市场定位调查与预测等。目标市场调查的目的主要是通过对总体市场需求和变化趋势的调查，最终使企业寻找到理想的目标市场并成功地进行市场定位。

3）产品调查

产品调查主要包括产品生命周期调查、新产品创意或构思调查、消费者对产品概念的理解调查、新产品市场检验调查、新产品发展前景调查、产品品牌价值和品牌忠诚度调查以及产品包装、产品名称和产品支持性服务的研究。产品调查的主要目的是支持企业的产品发展战略决策。

4）价格调查

价格调查主要包括消费者对产品价值的认知调查；消费者对价格变化的理解或反应调查等。其主要目的是支持企业的价格决策和价格战略。

5) 分销渠道调查

分销渠道调查内容主要包括分销渠道的结构调查、分销渠道覆盖范围调查、批发商和零售商调查、分销渠道关系研究、分销效果调查以及运输和仓储调查等。其目的主要是支持企业的分销战略决策，使分销渠道达到最佳组合。

6) 促销调查

促销调查的内容主要包括各种促销手段的组合结构研究；广告主题调查和广告文案测试；广告媒体调查；电视收视率、广播收听率及报纸或杂志阅读率等的调查；为评价广告效果而做的广告前消费者态度和行为调查、广告中接触效果和接受效果调查、广告后消费者态度和行为跟踪调查；广告媒介监测等。其目的主要是支持企业的促销战略与战术决策，使促销组合达到最佳，以最少的促销费用达到最大的促销效果。

7) 市场竞争调查

市场竞争调查主要是侧重于本企业与竞争对手的比较研究，其内容主要有两个方面：一方面是对竞争形势的一般性研究，包括不同企业或企业群体的市场占有率、其经营特征和竞争方式、行业的竞争结构和变化趋势等；另一方面是针对某个竞争对手的调查，包括对比分析产品质量、价格、销售渠道、产品结构和广告等，识别企业的优势和劣势。市场竞争调查的目的主要是支持企业营销的总体发展战略，做到知己知彼，发挥企业竞争优势。

8) 客户满意度调查

客户满意度调查的内容主要包括产品满意度调查；购买过程满意度调查；安装调试过程满意度调查；售后服务满意度调查。其目的主要是使客户对自己的企业文化有一定的认识，最重要的是提高客户的忠诚度，吸引更多的客户便于企业长远的发展。

总而言之，问卷调查的意义是收集足够的、真实的和有效的信息，为企事业单位等的活动和策略所服务，为管理部门提供参考依据；利用相关的市场调查部门为企业、公司、团体以及任何一切企事业单位的管理决策层或个人提供第一手资料信息。通过对市场环境的调查，达到快速适应环境、快速、顺利地开拓新市场的目的；通过对竞争对手的调查，达到了解对手情况，制定出措施、办法、制度胜过竞争对手的目的；通过对现有客户和潜在客户的调查，达到了解在客户心目中的形象，制定出相应对策，刺激客户对产品需求的目的。因此，市场调查可以为企业制定长远性的战略规划，或制定某阶段或针对某问题的具体政策或策略，提供一定的参考依据。

3. 按问卷的调查方式进行分类

调查问卷按调查方式分类，可分为自填问卷和访问问卷。

1) 自填问卷

自填问卷是由被访者自己填答的问卷。自填式问卷由于发送的方式不同又分为发送问卷和邮寄问卷两类。发送问卷是由调查员直接将问卷送到被访问者手中，并由调查员直接回收的调查形式。而邮寄问卷是由调查单位直接邮寄给被访者，被访者自己填答后，再邮寄回调查单位的调查形式。

2) 访问问卷

访问问卷是访问员采访被采访者，由访问员填答的问卷。这种调查形式的特点是访问问卷的回收率最高，填答的结果也最可靠，但是成本高，费时长，这种问卷的回收率一般要求在90％以上；寄问卷往往回收率低，调查过程不能进行控制，因而可信性与有效性都较低。

而且由于回收率低，会导致样本出现偏差，影响样本对总体的判断。一般来讲，邮寄问卷的回收率在50%左右就可以了；发送式自填问卷的优缺点介于上述两者之间，回收率要求在67%以上。

4. 按问卷的用途进行分类

问卷按用途分一般可分为3类，即甄别问卷、调查问卷和回访问卷。

1）甄别问卷

甄别问卷是为了保证调查的被访者确实是调查产品的目标消费者而设计的一组问题。它一般包括对个体自然状态变量的排除、对产品适用性的排除、对产品使用频率的排除、对产品评价有特殊影响状态的排除和对调查拒绝的排除5个方面。

(1) 对个体自然状态的排除。对个体自然状态的排除主要是为了甄别被访问的自然状态是否符合产品的目标市场。主要的自然状态变量包括年龄、性别、文化程度、收入等。以一次高档化妆品市场调查的甄别问卷为例来说明对个体自然状态不适用的排除。

① 对年龄的甄别。中国人使用化妆品具有明显的年龄倾向，要排除年少的人和年老的人，所以年龄的甄别问题设计如下。

您的年龄：a. 18岁以下（中止访问）　　b. 18～45岁（继续）　　c. 45岁以上（中止访问）

② 对性别甄别。假设此产品为女性专用，甄别问题的设计如下。

您的性别：a. 男（中止访问）　　b. 女（继续）

③ 对收入的甄别。收入影响女性购买化妆品的因素有两个，即个人收入和家庭总收入，因此，对收入的甄别问题的设计就包括这两个方面。

您的个人月收入（包括工资、奖金、第二职业收入等）为：

a. 1 500元及以上（继续）　　b. 1 500元以下（中止访问）

您家庭月总收入为：

a. 3 000元及以上（继续）　　b. 3 000元以下（中止访问）

(2) 对产品适用性的排除。假设这种化妆品只适用于油性和混合性皮肤，那么其对产品适用性的甄别问题可设计如下。

您的皮肤是：a. 油性（继续）　　b. 混合性（继续）　　c. 中性（中止访问）

(3) 对产品使用频率的排除。很明显，使用频率过低，就不可能成为调查产品的目标消费者，对甄别问题可设计如下。

您平时多长时间使用一次化妆品：

a. 几乎不用（中止访问）　　b. 每月1次以下（中止访问）　　c. 每月1次或以上（继续）

(4) 对产品评价有特殊影响状态的排除。这种排除主要是为了将职业习惯可能对调查结果的影响排除掉。它一般有固定的设计格式，人们对产品评价有特殊影响状态，其问题可设计如下。

① 您和您的家人是否有在以下单位工作的：

a. 市场调查公司或广告公司（中止访问）

b. 民意调查机构、咨询公司（中止访问）

c. 电台、电视台、报社、杂志社（中止访问）

d. 化妆品生产或经销单位（中止访问）

e. 以上都没有（继续）

② 在过去 6 个月里，您是否接受过市场调查公司的访问：
　　a. 是（中止访问）　　b. 否（继续）
（5）对调查拒绝的排除。对拒绝调查的甄别问题的设计如下。
您是否愿意帮助我完成这次访问：
　　a. 是（继续）　　　　b. 否（中止访问）

2) 调查问卷

调查问卷是问卷调查最基本的方面，也是研究的主体形式。任何调查可以没有甄别问卷，也可以没有复核问卷，但是必须有调查问卷，它是分析的基础。

3) 回访问卷

回访问卷又称复核问卷，是指为了检查调查员是否按照访问要求进行调查而设计的一种监督形式问卷。它由卷首语、甄别问卷的所有问题和调查问卷中一些关键性问题组成。

5.2　问卷设计的基本流程与原则

5.2.1　问卷设计的基本流程

问卷设计是由一系列相关的工作过程所构成的。为使问卷具有科学性、规范性和可行性，问卷设计工作一般按照一定程序进行，如图 5.2 所示。

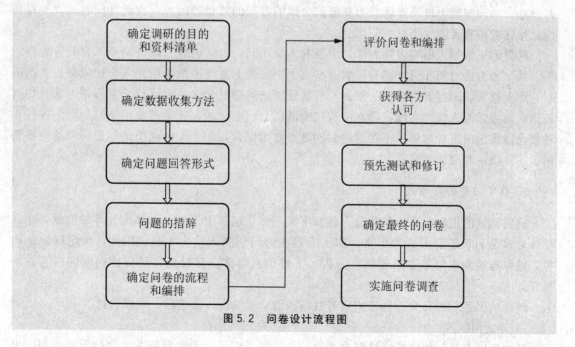

图 5.2　问卷设计流程图

1. 确定调研目的和资料清单

调查目的是问卷调查的出发点和中心，因为它决定着调查的一切，如调查对象的选择、调查范围的确定、调查内容的设计、调查结果的分析等，它们无不与调查的目的紧密相关，因此，在进行问卷调查开始阶段，首先应该明确调查目的。

在开始设计问卷之前必须确定调研项目所需信息，并初步决定对这些信息可能使用的分析方法，如频率分布、统计检验等，并按这些分析方法所要求的形式收集资料，掌握信息。

调查过程经常是在市场部经理、品牌经理或新产品开发专家做决策时感到所需信息不足时发起的。在一些企业，评价全部二手资料以确认所需信息是否收集齐全是经理的责任。还有一些企业，经理将所有的市场调研活动，包括一手资料和二手资料的收集都交由市场研究部门去做。

尽管可能是品牌经理发起了市场研究，但受这个项目影响的每个人，如品牌经理助理、产品经理，甚至生产营销经理都应当一起讨论究竟需要哪些数据。询问的目标应当尽可能精确、清楚，如果这一步做得好，下面的步骤会更顺利、更有效。

2. 确定数据收集方法

估计可能的阻碍因素。制约问卷选择的因素很多，而且由于研究对象不同或调查项目不同，主导制约因素也不一样。在确定问卷类型时，必须综合考虑这些制约因素：调研费用、时效性、被调查对象、调查内容等。阻碍被调查者合作的因素，归纳起来主要有两个方面：

（1）主观上的障碍，也就是被调查者心理上和思想上对问卷产生的各种不良反应所形成的障碍。例如，问卷篇幅太长，题目太多，难度太大，被调查者就会产生畏难情绪；有些题目涉及个人隐私或敏感内容，被调查者就会产生种种顾虑；被调查者对调查的目的、意义不清楚时，也会对问卷调查采取敷衍的态度。

（2）客观上的障碍，也就是被调查者自身能力和条件等方面的原因所形成的障碍。例如，阅读能力和理解能力以及答题能力高低都会影响答题的质量。因此，在设计问卷时，要尽可能地站在被调查者的立场思考问题。

获得询问数据可以有多种方法，主要有人员访问、电话调查、邮寄调查与自我管理访问等。每一种方法对问卷设计都有影响。事实上，在街上进行拦截访问比入户访问有更多的限制，街上拦截访问有着时间上的限制；自我管理访问则要求问卷设计得非常清楚，而且相对较短，因为访问人员不在场，没有澄清问题的机会；电话调查经常需要用丰富的词汇描述一种概念以肯定应答者理解了正在讨论的问题。对比而言，在个人访谈中访问员可以给应答者出示图片以解释或证明概念。

3. 确定问题回答形式

确定问题的内容似乎比较容易。然而事实不然，这其中还涉及个体的差异性问题，也许你认为容易的问题别人认为困难；你认为熟悉的问题别人认为生疏。因此，确定问题的内容，最好与被调查对象联系起来。分析一下被访者群体，有时比盲目分析问题的内容效果要好。

问题的回答一般分为4种形式：开放型回答、单选题、复选题、顺序选择。

1）开放型回答

开放型回答是一种应答者可以自由地用自己的语言回答和解释有关想法的问题类型。也就是说，调研人员没有对应答者的选择进行任何限制。只提问题，不给具体答案，要求被访者根据自身实际情况作答。一般限于探索性调查。自由问答题的主要优点是被访者的观点不受限制，便于深入了解被访者的建设性意见、态度、需求问题等；主要缺点是难于编码和统计。一般比较适合深度访谈和小组座谈会类调研方法。

2) 单选题

单选题的特点及最大的优点是简单明了；缺点是所获信息量太小。开放型回答和单选题两种极端的回答类型有时往往难以了解和分析被访者群体中客观存在的不同态度层次。

3) 复选题

复选题即多项选择题，它是从多个备选答案中选择多种或一种答案，这是各种调查问卷中采用最多的一种问题类型。其优点是便于回答，便于编码和统计；缺点主要是问题提供答案的排列次序可能引起偏见。

4) 顺序选择

顺序选择是一种量表应答式问题，它在多项选择的基础上，要求被访者对询问的问题答案，按自己认为的重要程度和喜欢程度顺序排列。

在现实的调查问卷中，往往是几种类型的问题同时存在，单纯采用一种类型问题的问卷并不多见。

4. 问题的措辞

很多人在设计问卷时可能不太重视问题的措辞，而把主要精力集中在问卷设计的其他方面，这样做有可能降低问卷的质量。问题的措辞应该注意几点：用词必须清楚；避免诱导性的用语；考虑到应答者回答问题的能力；考虑到应答者回答问题的意愿。

知识链接 5-3

设计问卷中问题措辞重要法则：
(1) 问题的陈述应尽量简洁。
(2) 避免提带有双重或多重含义的问题。
(3) 最好不用反义疑问句，避免否定句。
(4) 注意避免问题的从众效应和权威效应。

5. 确定问卷的流程和编排

问卷中的问题应遵循一定的排列次序，而不能任意编排。有经验的市场研究人员很清楚问卷制作是获得访谈双方联系的关键。联系越紧密，访问者越可能得到完整彻底的访谈信息。同时，应答者可能思考得越仔细，回答得也就越真实。

一般而言，问卷的开头部分应安排比较容易的问题，这样可以给被访者一种轻松、愉快的感觉，便于其继续答下去。中间部分最好安排一些核心问题，即调查者需要掌握的资料，这一部分是问卷的核心部分，应该妥善安排。结尾部分可以安排一些背景资料，如职业、年龄、收入等。个人背景资料虽然也属事实性问题，也十分容易回答，但有些问题，如收入、年龄等同样属于敏感性问题，因此，一般安排在末尾部分。当然在不涉及敏感性问题的情况下也可将背景资料安排在开头部分。

问卷每一部分的位置安排都具有一定的逻辑性，有逻辑顺序的问题一定要按逻辑顺序排列，即使打破上述规则。这实际上就是一个灵活机动的原则。问题的排列次序会影响被访者的兴趣、情绪，进而影响其合作的积极性。所以一份好的问卷应对问题的排列进行精心的设计。

6. 评价问卷和编排

问卷的设计工作基本完成之后，便要着手问卷的排版和布局。问卷排版的布局总的要求是整齐、美观，便于阅读、作答和统计。

问卷草稿设计好后，问卷设计人员应再回过来做一些批评性评估。如果每一个问题都是深思熟虑的结果，这一阶段似乎是多余的。但是，考虑到问卷所起的关键作用，这一步还是必不可少的。

知识链接 5-4

在问卷评估过程中，下面一些原则应当考虑：
(1) 问题是否必要。
(2) 问卷是否太长。
(3) 问卷是否涵盖了调研目标所需的信息。
(4) 邮寄及自填问卷的外观设计。
(5) 开放试题是否留足空间。
(6) 问卷说明是否用了明显字体等。

7. 获得各方认可

问卷设计进行到这一步，问卷的草稿已经完成。草稿的复印件应当分发到直接有权管理这一项目的各部门。实际上，营销经理在设计过程中可能会多次加进新的信息、要求或关注。不管上级什么时候提出新要求，经常的修改是必需的。即使上级在问卷设计过程中已经多次加入，草稿获得各方面的认可仍然是重要的。

领导的认可表明了其是想通过具体的问卷获得更准确的市场信息。如果应该设计的问题没有问，数据则将收集不到。因此，问卷的认可再次确认了决策所需要的信息以及它将如何获得。例如，假设新产品的问卷询问了形状、材料以及最终用途和包装，一旦得到认可，意味着新产品开发经理已经知道"什么颜色用在产品上"或"这次决定用什么颜色"并不重要。

专家评价一般侧重于技术性方面，如对问卷设计的整体结构、问题的表述、问卷的版式风格等方面进行评价。

上级评价则侧重于政治性方面，如在政治方向方面、舆论导向方面、可能对群众造成的影响等方面进行评价。

8. 预先测试和修订

问卷的初稿设计工作完毕，问卷已经获得管理层的最终认可后，还必须进行预先的初步测试。在没有进行预先测试前，不应当进行正式的询问调查。通过预先测试寻找问卷中存在的错误解释、不连贯的地方、不正确的跳跃模型，为封闭式问题寻找额外的选项以及观察应答者的一般反应。预先测试也应当以最终访问的相同形式进行。如果访问是入户调查，预先测试应当采取入户的方式。

在进行实地调研前应当再一次获得各方的认同。测试通常选择30～50份样本，在预先测试完成后,如果预先测试导致问卷产生较大的改动,任何需要改变的地方应当切实及时地修改;如果第一次测试后有很大的改动,可以考虑是否有必要组织第二次测试。

9. 确定最终的问卷

当问卷的测试工作完成,确定没有必要再进一步修改后,可以考虑定稿。问卷定稿后就可以交付打印,监督并校对。问卷可能进行特殊的折叠和装订,以便顺利正式投入使用。

10. 实施问卷调查

问卷填写完成,为从市场获得所需决策信息提供了基础。问卷调查可以根据采用的不同的数据收集方法,配合一系列的形式和过程,以确保数据可正确地、高效地、以合理的费用收集。这些过程包括管理者说明、访问员说明、过滤性问题、记录纸和可视辅助材料。

5.2.2 问卷设计的原则

调查问卷设计的根本目的是设计出符合调查与预测需要及能获取足够适用和准确信息资料的调查问卷,而问卷设计的好坏很大程度上与问卷设计原则密切相关。首先,要求调查指标是能够累加和便于累加的;其次,指标的累计与相对数的计算是有意义的;再次,能够通过数据清楚明了地说明所要调查的问题。只有这样,调查工作才能收到预期的效果。

1. 合理性

合理性指的是问卷必须与调查主题紧密相关,选择性问题的答案应尽量简单、明了,确保信息的完整性。违背了这样一点,再漂亮或精美的问卷都是无益的。而所谓问卷体现调查主题,其实质是在问卷设计之初要找出与"调查主题相关的要素"。一般来说,对于封闭性问题应当尽量做到答案与调研目的的需求相一致,确保所搜集信息符合调研方的目的;答案中所包含的信息一定要完整,确保能充分满足调研需求。

2. 一般性

一般性,即问题的设置是否具有普遍意义,避免敏感性的问题,以免引发被访者的情绪过度波动而造成不利影响。问卷的问题设计应尽量避免敏感性的问题,如"零售商有多少次没有调价补差"、"损失有多大之类"的问题,因为敏感性的问题极易使调查者情绪大幅波动,不仅会影响调查的顺利进行,严重的还会大大影响零售商的口碑。

合理性是问卷设计的一个基本要求。如果在正式问卷中发现常识性错误,这一错误不仅不利于调查成果的整理分析,而且会使调查委托方轻视调查者。

3. 逻辑性

问卷的设计要有整体感,即问题与问题之间要具有逻辑性,独立的问题本身也不能出现逻辑上的谬误。尽量消除被访者的警戒心理,拉近与被访者距离,使问题设置紧密相关,才能够获得比较完整的信息。调查对象也会感到问题集中,提问有章法。防范心是人性最自然的一面,在被访者接触到问卷调查时,第一个反应就是考虑填写问卷对自己有什么坏处或者好处;接受调查的销售商,更是担心由于填写问卷造成自己相关信息的泄漏,直接影响到后期的生意发展,因此如果不能消除被访者的警戒心理,拉近与被访者的距离是很难得到真实、可靠的信息反馈的。

相反，假如问题是发散的、带有意识流痕迹的，问卷就会给人以随意性而不是严谨性的感觉。那么，将市场调查作为经营决策的一个科学过程的企业就会对调查失去信心。因此，逻辑性的要求是与问卷的条理性、程序性分不开的。在一张综合性的问卷中，调查者可以将差异较大的问题分块设置，从而保证每个"分块"的问题都密切相关。

4. 明确性

所谓明确性，事实上是问题设置的规范性，问卷内容的设计应遵循通俗易懂的原则。这一原则具体包括：命题是否准确；提问是否清晰明确、便于回答；被访者是否能够对问题做出明确的回答等。

由于被访者的范围相当广泛，不仅包括文化背景层次较高的人，而且包括文化水平较低的群体，所以问卷的内容设计应尽量通俗易懂，以便于调查对象能够快速、正确理解问卷的内容和目的。

5. 非诱导性

非诱导性指的是问题要设置在中性位置，不参与提示或主观臆断，完全将被访问者的独立性与客观性摆在问卷操作的限制条件的位置上。如果问题设置具有诱导性和提示性，就会在不自觉中掩盖了事物的真实性。

例如，不成功的记者经常会在采访中使用诱导性的问题。采取这种提问方式，如果不是要刻意地得出某种结论而甘愿放弃客观性的原则，那么就是职业素质缺乏的表现。在问卷调查中，因为有充分的时间进行提前准备，这种错误大大地减少了。但这一原则之所以成为必要，在于高度竞争的市场对调查业的发展提出了更高的要求。

问卷的内容要尽量做到精简，避免重复和过分烦琐。从被访者填写问卷的心理变化分析看，被访者刚开始填写问卷应该是以好奇和仔细为主，随着填写时间的延长，好奇心逐步衰减，而烦躁的心情却逐渐滋生，所以为了保持问卷填写的高质量，问卷的内容应精简而有力。

6. 便于整理和分析

调研内容应该保持简洁性。在设计问卷的过程中，尽量剔除与本次调研目的无关的内容，或者属于相对比较重要但在本次调研中很难解决的问题，保证问卷结构严谨，降低调查难度。成功的问卷设计除了要考虑紧密结合调查主题与方便信息收集外，还要考虑到调查结果是否容易得出和调查结果的说服力。这就需要考虑问卷在调查后的整理与分析工作。

5.2.3 问卷设计的整体要求

市场调查是市场运作中必不可少的一个环节，而问卷调查是市场调查中最有效也是经常使用的一种方法。在问卷调查中，问卷设计是非常重要的一个环节，甚至决定着市场调研的成功与否。市场调查的形式和方法有很多种，而且根据不同的市场环境和企业本身特点，在操作过程中往往会有所变化，但是作为一个最重要也是最有效的办法——问卷调查法始终被业内人士看做制胜的法宝。根据调查行业和调查方向的不同，问卷的设计在形式和内容上也有所不同，而一份完善的问卷调查表应该能从形式和内容两个方面同时取胜。但是无论对于

项目五 调查问卷设计

哪种类型的问卷来说，在设计过程中都必须要注意一些要点。

（1）从形式看，要求版面整齐、美观、便于被调查者阅读和作答，这是总体的要求。具体的版式设计、版面风格与版面要求就企业要求而论，也涉及艺术设计方面的内容。

（2）从内容看，一份好的问卷调查表至少应该满足以下几个方面的要求：

① 问题具体，表述清楚，重点突出，整体结构好。一份完整且有效的问卷应首先明确调查目的和内容，在问卷设计中，应该以此为基础，这也是最重要的一点。根据调查主题，从实际出发拟题，问题目的明确，重点突出，没有可有可无的问题。

这不仅是问卷设计的前提，也是它的基础，为什么要做调查，调查需要了解什么，这些都是问卷设计之前应该明确的问题。市场调查的总体目的是为决策部门提供参考依据，具体目的可能是为了制定长远的战略规划，也可能是为了制定某阶段或针对某问题的具体政策或策略，无论是哪种情况，在进行问卷设计的时候都必须对调查目的有一个清楚的认知，并且在调查计划书中进行具体的细化和文本化，以作为问卷设计的指导。调查的内容可以是涉及民众的意见、观念、习惯、行为和态度的任何问题，可以是抽象的观念，如理想、信念、价值观和人生观等；也可以是具体的习惯或行为，如人们接触媒介的习惯、对商品品牌的喜好、购物的习惯和行为等，但是应该避免在调查内容上使被调查人难以回答，或者是需要长久回忆而导致模糊不清的问题。具体来说，调查内容需要包括被调查人的分群、消费需求（主要有产品、价格、促销）、分销商与竞争对手的情况等。

② 确保能完成调查任务与目的。问题的排列应结构合理、逻辑性强，要有一定的逻辑顺序，符合应答者的思维程序。一般是先易后难、先简后繁、先具体后抽象。

问卷题目设计必须有针对性，一方面要明确针对人群，对于不同层次的人群，应该在题目的选择上有的放矢，必须充分考虑受调人群的文化水平、年龄层次和协调合作的可能性，除了在题目的难度和题目性质的选择上应该合理安排、逻辑连贯及针对性强。另一方面，问卷的语言措辞选择得当。在语言措辞上同样需要注意这点，因为在面对不同的受调人群时，由于他们各方面的综合素质和水平存在差异，措辞也应该进行相应的调整。例如，针对家庭主妇做的调查，问卷在语言上就必须尽量通俗，而针对文化水平较高的城市白领的问卷，在题目和语言的选择上就可以提高一定的层次。只有在这样的细节上综合考虑，调查才能够顺利进行。

③ 认真考虑数据统计和分析是否易于操作。目前做市场调查的人员在设计问卷时，一般都能考虑到市场调查的目的和内容，在题目选择和言语措辞上也能够综合考虑各种因素。但是往往容易忽视一个问题，就是数据的统计和分析，因为这两个环节的工作基本上是人员分离的，所以在整合和衔接上就容易出现偏差，为了更好地进行调查工作，除了在正确清楚的目的指导下进行严格规范的操作，还必须在问卷设计的时候就充分考虑后续的数据统计和分析工作。具体来说，题目必须是容易录入的，并且可以进行具体的数据分析，即使是主观性的题目在进行文本规范的时候也要具有很强的总结性，这样才能使所有环节更好地衔接起来。

④ 明确正确的政治方向，把握正确的舆论导向。卷首最好要有说明（称呼、目的、填写者受益情况、主办单位），如涉及个人资料，应该有隐私保护说明。问卷调查是一项面对广大受调群体的活动，注意对群众可能造成的影响。由于调查的目的和调查内容不同，针对的群体也不尽相同，最好通俗易懂，使问卷应答者一目了然，并愿意如实回答。由于受到受调人群配合的积极性的影响，市场调查在操作上往往会比较困难，这也是很多市场调查进行一

些赠送等返利的原因。但是作为操作市场调查的策划人员,就应该从这点充分地尊重受调人员,问卷中语气要亲切,符合应答者的理解能力和认识能力,避免使用专业术语。对敏感性问题采取一定的技巧调查,使问卷具有合理性和可答性,避免主观性和暗示性,以免答案失真。

因此,在问卷的设计上也应该尽量规范,同时必须要有受调人员有权利知道的内容,对调查的目的、内容进行说明。具体来说,要有一个尊敬的称呼、写者的受益情况、主办单位和感谢语,同时,如果问卷中涉及个人资料,应该要有隐私保护说明。只有尊重受调人群,才有可能调动他们的配合积极性。

⑤ 问题逻辑化、规范化,数量合理化,以便于统计整理。问题的形式和内容固然重要,但是问题的数量同样是保证一份调查问卷是否成功的很关键的因素,问卷的篇幅要进行准确控制。回答问卷的时间最好能够控制在 20 分钟左右,问卷中既不浪费一个问句,也不遗漏一个问句。由于时间和配合度的关系,人们往往不愿意接受一份繁杂冗长的问卷,即使风度地接受,也不可能认真地完成,这样就不能保证问卷答案的真实性。同时在问题设计的时候也要注意逻辑性的问题,不能产生矛盾的现象,并且应该尽量避免假设性问题,保证调查的真实性。为了使受调人员能够更容易地回答问题,可以对相关类别的题目进行列框,受调人员一目了然,在填写的时候自然就会比较愉快地进行配合。另外,主观性的题目应该尽量避免,或者换成客观题目的形式,如果确实有必要的话,应该放在最后面,让有时间和能配合的受调人员进行一定的文字说明。这样也便于回收问卷资料的校验、整理和统计。

(3) 即使是一份很成功的问卷,也不是一设计完成就是成功的,必须要经历实践的检验,所以在问卷初步设计完成时,应该设置相似环境,小范围试填写,并对结果进行反馈,及时进行修改,只有这样,才能够达到市场调查的终极目的,就是以准确的数据和分析来为策略做有价值的参考。

总体来说,问卷设计时应该注意以下问题:
① 以调查目的为中心进行总体构思。
② 从调查内容出发,考虑要向被调查者调查的问卷难易度、熟悉度和兴趣度,应该设法降低难度、增加熟悉度和兴趣度,指导语应当详尽和周密,措辞应当慎重。
③ 注意调查样本的构成情况,也就是考虑被调查者的情况。考虑被调查者的身份、职业、文化程度、年龄、性别等因素。
(4) 设计问卷时还应该考虑资料处理分析方法和问卷的使用方法等因素。因为不同的资料处理和分析的方法,对问卷的设计有不同的要求。

5.3 调查问卷题型设计

5.3.1 问题的设计形式

设计一项问卷、写一篇文章、做一个演讲、设计一种功能……总免不了从"受众"的角度进行审视,所以问卷问题的设计就显得尤为重要。总的来说,问卷中问题的设计形式最常见的有 4 种。

1. 开放式问题

开放式问题又称为自由式或开口式问句。这种问句不设置固定的答案,被调查者不受任何限制,没有给予固定答案,答卷者可以根据自身的实际条件自由发挥,如实填写答案。要想让谈话继续下去,并且有一定的深度和趣味,就要多提开放式问题。开放式问题就像问答题一样,不是只用一两个词就可以回答的。这种问题需要解释和说明,同时向对方表示自己对他们说的话很感兴趣,还想了解更多的内容。例如,

您喜欢看哪一类电视节目?

你现在使用的洗发水是什么品牌?

你心目中理想的教师的形象如何?

1)优点

开放式问题可用于不知道答案有几种的情况,开放式问题可让回答者自由发挥,能收集到生动的资料,回答者之间的一些较细微的差异也可能反映出来,甚至得到意外发现。当一个问题有10种以上的答案时,若采用封闭式问题,回答人可能记不住那么多答案,从而难以做出选择,同时,问题和答案太长,容易使人感到厌倦,此时采用开放式问题为好。

2)缺点

开放式问题要求回答者具有较高的知识水平和语言表达能力,能够正确理解题意,思考答案,并表达出来,因而适用范围有限。自填式问卷通常不采用开放式问题。回答者回答此类问题,需花费较多的时间和精力,加之许多人不习惯或不乐意用文字表达自己的看法,导致回答率低。对开放式问题的统计处理常常比较困难,有时甚至无法归类编码和统计,调查结果中还往往混有一些与研究无关的信息。

2. 封闭式问题

这种问句与开放式问题相反,它通常又称闭口式问句,是指对问卷上的每一个问题都给出可供选择的答案,要求被调查者从中做出选择。这种问卷的答案是研究者在问卷上早已确定的,由回答者认真选择一个答案划上圈或打上钩就可以了。封闭式问题的优点是易于回答,答案规范,易于进行数量化的统计和分析;缺点是问题设计起来比较难,需要调查者预先做大量的资料准备工作。封闭式问题在具体设计上,又可分为5种。

1)填空式

填空式是在问题后面的横线或括号里填写正确答案用以回答。例如,

您的文化程度是(　　);您家里有(　　)个兄弟姊妹。

这种问题的回答方式往往比较简单,只需要被访者如实填写自己的情况即可。

2)肯定否定式

对问题只给出肯定或否定两种答案,需从被试从中选择一种。例如,

您的性别?(请在括号里打"√")

男(　　)　　女(　　)

你喜欢学习英语吗?(请在方格内打"√")

A. 是的□　B. 不是的□

3)多项选择式

多项选择式是在每个问题后列出多项答案,让被调查者选择,选择的数量可以限制,也

可以不限制，即可以自由地选择一项或多项回答的方式。例如，

您认为政府应该加大哪些措施来推进保障性住房建设？

□A. 健全廉租住房制度，加快廉租住房建设

□B. 加大城乡居民危旧房改造力度

□C. 加强经济适用住房的建设

□D. 多渠道筹集建设资金，增加保障性住房供给

□E. 开展住房公积金闲置资金用于经济适用住房建设试点工作

□F. 加强监管，完善保障性住房建设机制

这种回答方式，适用于有几种互不排斥答案的问题。如果选项个数只能多于1个，即为狭义的多选题，可能为1个或以上时为广义的多选题。特别地，当正确选项数目可以在1到最后选项数目之间取任意值时，称为不定项选择题。

4) 排列顺序式

排列顺序式是在每个问题后列出多项答案，让被试按某种标准将其排列成顺序。例如，

下列因素可能对你选择未来职业有影响，请你按各项因素的重要性程度排列顺序，并将排列序号填在各选项前的括号中（最重要的为1，最弱的为6）。

□职业理想　　□职业能力　　□兴趣、气质与性格　　□社会需求

□家庭教育　　□社会经济发展

这种回答方式，适用于需要表示一定先后顺序或轻重缓急的定序问题。

5) 等级评分式

等级评分式是提出问题，并列出不同等级的答案，由被试者回答其程度，程度可以用文字、数字、线段单独或综合排列成连续的等级。例如，

您对电信公司网上营业厅的总体评价如何？

非常好　　5

很好　　　4

好　　　　3

一般　　　2

差　　　　1

您对所住小区的物业工作是否满意？请在下面适当的空格里打"√"。

A. 很满意□　　B. 比较满意□　　C. 无所谓□

D. 不满意□　　E. 很不满意□　　F. 不知道□

经常用于表示等级的词语还有：非常喜欢、比较喜欢、不喜欢、讨厌等；完全同意、同意、中立、不同意、无可奉告等；经常、偶尔、没有、不适用等。

3. 混合式问题

混合式问题介于开放式问题和封闭式问题两者之间，其问题的答案既有固定的、标准的，也有让回答者自由发挥的，吸取了两者的长处。混合式问题实质上是半开放半封闭的问题类型，这类问卷在实际调查运用中具有较为广泛的用途。混合式问题综合了开放式和封闭式问题的优点，也同时避免了两者的不足。例如，

请问贵企业进驻本物流园区的原因是（请在适合的空格里打"√"）

A. 园区品牌好□　　B. 优惠条件□　　C. 交通方便□

项目五 调查问卷设计

D. 交易条件好□　　　E. 租金便宜□　　　F. 配套设施齐全，服务质量高□

您对本物流园还有什么宝贵意见（请注明）＿＿＿＿＿＿＿＿＿＿＿＿＿＿＿

4. 态度测量式问题

1) 顺序式问句

顺序式问句是问句中列举若干答案，被调查者根据自己的看法列出先后的顺序。例如，你通常喜欢看哪种节目？请分别列出你第一喜欢、第二喜欢、第三喜欢的电视节目。

① 新闻资讯节目　　② 访谈节目　　③ 文艺节目　　④ 娱乐节目

⑤ 纪录片　　⑥ 电视或电影　　⑦ 特别节目　　⑧ 体育赛事

一、＿＿＿＿＿，二、＿＿＿＿＿，三＿＿＿＿＿。

2) 语意差别式问句

这是通过文字的含义不同来区分态度强度的问句。语意差别法用于测度消费者对于品牌及企业整体的印象，在市场调查中常被使用。语意差别法就是使用两个意义相反的形容词，中间分成若干个间隔作为衡量的尺度，然后再由若干衡量尺度构成一个语意空间，以衡量印象的方法。例如，

你最近一个月想网购商品吗？

A. 很想买　B. 想买　C. 不一定　D. 不想买　E. 很不想买

在您的想象中，拥有洗衣机的家庭是什么样子的？请按下列形容词所表示的意义，依照您认为适当的程度，在相当的位置上打"√"。教育水准高的家庭则在(+2)栏打"√"，教育水准不高也不低，则在 0 栏打"√"。

3) 比较式问句

比较式问句是通过对比的问句方式，来测定被访者对备选答案的认知，从而推断消费者对某种事物的认识变化状况。例如，

比较下列每一组列出的各种品牌的空调，请问你会选择哪种（每一组只能选择一个）？

A. 格力　　美的　　　　B. LG　　三菱　　　C. 海信　　格兰仕

D. 长虹　　科龙　　　　E. 松下海尔　　　　F. 志高　　TCL

这种方法采用了一一对比的方式，使被调查者更易于表达自己的态度。但设计问题时要注意，不能列出过多的比较项目，否则会影响答题者的客观性，且不利于统计分析。

4) 尺度式问句

(1) 衡量尺度法。由于利用直接访问征询意见，无法获知个人在态度上的反应，有时被访者也无法表达其态度，所以衡量尺度法是一种较为合理的方法。衡量尺度法，又称次序尺度法，在市场调查中应用最广，方式最为简单，就是利用次序的先后来显示回答者对于问题的偏好程度。例如，

您最喜欢哪几种牌子的洗发水（请按喜欢次序填列）？

A. ＿＿＿＿＿　B. ＿＿＿＿＿　C. ＿＿＿＿＿　D. ＿＿＿＿＿

(2) 等级尺度法。为了测知一个人对于一件事情所持有的态度，可以采用等级尺度法。等级尺度法利用不同的等级表示人的态度。例如，

假如在您家附近开了一家超市，您也可能在这个超市购买商品。请您按照目前可能购买的情况在适当栏内划出"√"。

购买程度商品名称　　　　　1

曾经常购买	1
偶尔购买	3
曾购买	4
可能不购买	5

另外还有以商品的各种品牌为测定的方式。例如，

例：请您按照您选购的先后顺序将以下4大类商品标上序号（1、2、3、4）。

洗碗精：白猫　立白　脱洁王

香皂：六神　舒肤佳　力士

洗发水：花王　夏士莲　沙宣

鲜果汁：哇哈哈　统一　汇源

1代表最常购买，4代表少购买，如您从未曾买过，请按您最可能购买的顺序标出序号码。

这种方法是测定产品类别中的品牌购买状况或品牌偏好状况，均采用等级尺度测定。

（3）间接尺度法。为了搜集有关某个主题一般人所持的态度，利用间接法，先收集对于该事项的可能态度，然后予以合并归类，成为陈述句，再以这些陈述句按照其态度之两极端（赞成及反对）顺序来排列，成为11句陈述句，第6句为中立句，让被访者挑选其中最适合他的态度和意见的一句话，这种方法又称赛斯通尺度表。例如，

某卫生纸品牌以"新闻号外"形式播出卫生纸电视广告一则，请问您看后的感觉如何？

A. 应该取缔

B. 看后非常生气而讨厌

C. 觉得好像受骗

D. 不喜欢这种广告方式

E. 广告新闻化太夸张

F. 一笑置之无所谓

G. 没有什么好说的

H. 广告本来就是无奇不有

I. 觉得这种广告形式不错

J. 很注意这则广告

K. 看后很想购买

小思考 5-2

根据以上所讲问卷题型设计的内容，选取其中某几种题型类型举例说明。

5.3.2　问卷题型设计表述

1. 设计问题的原则

要提高问卷回复率、有效率和回答质量，设计问题应遵循以下原则：

（1）客观性原则，即设计的问题必须符合客观实际情况。

(2) 必要性原则，即必须围绕调查课题和研究假设设计最必要的问题。

(3) 可能性原则，即必须符合被调查者回答问题的能力。凡是超越被调查者理解能力、记忆能力、计算能力、回答能力的问题，都不应该提出。

(4) 自愿性原则，即必须考虑被调查者是否自愿真实地回答问题。凡被调查者不可能自愿真实回答的问题，都不应该正面提出。

2. 表述问题的原则

(1) 具体性原则，即问题的内容要具体，不要提抽象、笼统的问题。

(2) 单一性原则，即问题的内容要单一，不要把两个或两个以上的问题合在一起提出。

(3) 通俗性原则，即表述问题的语言要通俗，不要使用被调查者可能感到陌生的语言，特别是不要使用过于专业化的术语。

(4) 准确性原则，即表述问题的语言要准确，不要使用模棱两可、含混不清或容易产生歧义的语言或概念。

(5) 简明性原则，即表述问题的语言应该尽可能简单明确，不要冗长和啰嗦。

(6) 客观性原则，即表述问题的态度要客观，不要有诱导性或倾向性语言。

(7) 非否定性原则，即要避免使用否定句形式表述问题。

3. 设计问题表述时的注意事项

设计问卷各类题型及问法，也是一门学问，不能随意设计，否则便会影响调查的效果。因此，在设计调查问卷时应注意以下问题：

(1) 避免肯定性语句。在设计问卷时，不能事先肯定被调查者拥有某种商品。例如，

您用的自动刮胡刀架是什么品牌？

您家里的电脑是兼容机还是品牌机？

您爱喝什么品牌的汽水？

正确的设计方法，应该在肯定性问题之前增加"过滤"问题。例如，

您是否已买了自动刮胡刀架？

您的家庭是否已购买了电脑？

您爱喝汽水吗？

(2) 避免使用引导性语句。所谓引导性语句，即所提问题中所使用的词不是"中性"的，而是向被调查者提示答案方向，或暗示调查者自身观点的。例如，

××牌酒，是过去皇帝才能享受的，您打算购买吗？

××西服，是男人潇洒的标志，您准备购买吗？

××牌助动自行车也能使老人、女士脚下生风，您打算购买吗？

由这样的问句产生的结论，将缺乏客观性和真实性。

(3) 避免使用模糊语句。以下问法就属于模糊的语句。例如，

您经常穿T恤衫吗？

您爱穿羽绒服吗？

您经常喝可乐吗？

以上这种模糊问法，被调查者不好回答。正确的问法应是如下：

您夏天经常穿T恤衫吗？

您冬天爱穿羽绒服吗？

您夏天（或春天、秋天）爱喝可乐吗？

这么一改，被调查者就好回答了，调查的结论也会更具准确性。

（4）避免使用双重语言，题干要明确且要易于操作。题干的概念要明确，不要有太多的假设性问题，在几个假设性问题之后要设计一个真实问题；减少涉及回忆的问题，需要时进行引导和提供线索。

任务的易操作性主要表现在试着从被调查者角度考虑、回答问题，将事实和态度的问题区分开，因为事实比较明确，而态度通常模糊。应避免出现以下问句：

你认为 A 和 B 还有 C 是否……（双重对象）

难道你认为 A 不是不会……（双重否定）

非常同意，比较同意，同意，不是很同意，不同意，非常不同意……（列举项太多）

（5）防止虚假意见。虚假意见使调查者获得一些错误的信息，影响调查结果并产生错误的分析，所以过滤虚假意见非常重要。

虚假意见的来源大概有两种：一是不认真或者恶意答卷。恶意答卷的情况可能会较少，但不认真答卷的情况有可能比较普遍。答卷者可能一开始饶有兴致，后来变得不耐烦，结果连问题都没看清楚就选了答案，在提供奖品的情况下更可能出现这样的情况。所以在设计问卷时可以考虑加一些陷阱，如果答卷者进入这个陷阱那么就知道答卷者不认真，此答卷作废，不计入统计结果。二是心理学意义上的虚假意见。人们回答问题的方式很大程度上受到语境和顺序的影响，但答案的可塑性（可延展性）还是有限的。如果人们对一个问题所知甚少，那么他们就会更容易受到语境和顺序的影响。另外，如果人们对一个问题一无所知，一部分会表现出完全可塑性；在某些特别的询问方式下，一部分人会对这一问题发表意见，但实际上他们对此并不真正了解。例如，

以下哪种说法与你对《Metallic Metals 法令》的看法最为一致？

A. 对全美国来说，这是一项很好的措施

B. 这是一项不错的措施，但应该留待各州独立解决

C. 对其他国家来说或许不错，但不应该在这里实行

D. 没有任何意义

实际上并不存在这一法令，但有 70% 的人表达了他们对该法令的意见。选 A 的占 15%，选 B 的占 41%，选 C 的占 11%，选 D 的占 3%

个体的态度、意见和选择往往具有惊人的可塑性。在许多情况下，问题的措辞对人们的回答有非常重大的影响。因此，对问题的结构和情境设计要特别小心。

5.4　问卷答案量化的类型与设计

5.4.1　问卷答案的类型及设计原则

1. 问卷答案的类型

1）开放型回答

所谓开放型回答，是指对问题的回答不提供任何具体答案，由被调查者自由填写。

开放型回答的最大优点是灵活性、适应性强,特别适合于回答那些答案类型很多、答案比较复杂或事先无法确定各种可能答案的问题。同时,它有利于发挥被调查者的主动性和创造性,使他们能够自由发表意见。一般来说,开放型回答比封闭型回答能够提供更多的信息,有时还会发现一些超出预料、具有启发性的回答。开放型回答的缺点是回答的标准化程度低,整理和分析比较困难,会出现许多一般化的、不准确的、无价值的信息。同时,它要求被调查者有较强的文字表达能力,而且要花费较多填写时间。这样,就有可能降低问卷的回复率和有效率。

2) 封闭型回答

所谓封闭型回答,是指将问题的几种主要答案,甚至一切可能的答案全部列出,然后由被调查者从中选取一种或几种答案作为自己的回答,而不能选择这些答案之外的回答。封闭性回答,一般都要对回答方式作某些指导或说明,这些指导或说明大都用括号括起来附在有关问题的后面。

封闭型回答的具体方式多种多样,其中常用的有以下几种:

(1) 填空式,即在问题后面的横线上或括号内填写答案的回答方式。

(2) 两项式,即只有两种答案可供选择的回答方式。

(3) 列举式,即在问题后面设计若干条填写答案的横线,由被调查者自己列举答案的回答方式。

(4) 选择式,即列出多种答案,由被调查者自由选择一项或多项的回答方式。

(5) 顺序式,即列出若干种答案,由被调查者为各种答案排列先后顺序的回答方式。

(6) 等级式,即列出不同等级的答案,由被调查者根据自己的意见或感受选择答案的回答方式。

(7) 矩阵式,即将同类的几个问题和答案排列成一个矩阵,由被调查者对比,并进行回答的方式。

(8) 表格式,即将同类的几个问题和答案列成一个表格,由被调查者回答的方式。

封闭型回答有许多优点,它的答案是预先设计的、标准化的,不仅有利于被调查者正确理解和回答问题,节约回答时间,提高问卷的回复率和有效率,而且有利于对回答进行统计和定量研究。封闭型回答还有利于询问一些敏感问题,被调查者对这类问题往往不愿写出自己的看法,但对已有的答案却有可能进行真实的选择。封闭型回答的缺点也很多,如设计比较困难,特别是对一些比较复杂、答案很多或不太清楚的问题,很难设计得完整、周全,一旦设计有缺陷,被调查者就无法正确回答问题;它的回答方式比较机械,没有弹性,难以适应复杂的情况,难以发挥被调查者的主观能动性;它的填写比较容易,被调查者可能对自己不懂,甚至根本不了解的问题任意填写,从而降低了回答的真实性和可靠性。

3) 混合型回答

所谓混合型回答,是封闭型回答与开放型回答的结合,它实质上是半封闭、半开放的回答类型。这种回答方式综合了开放型回答和封闭型回答的优点,同时避免了两者的缺点,具有非常广泛的用途。

2. 设计答案的原则

(1) 相关性原则,即设计的答案必须与询问问题具有相关关系。

(2) 同层性原则,即设计的答案必须具有相同层次的关系。

(3) 完整性原则,即设计的答案应该穷尽一切可能,起码包括所有主要的答案。

(4) 互斥性原则,即设计的答案必须是互相排斥的。

(5) 可能性原则，即设计的答案必须是被调查者能够回答，也愿意回答的。

5.4.2 问卷答案量化的类型

填写问卷的被访者的回答，即问卷的数据答案可以分为 4 类，分别为类别数据答案、等序数据答案、等距数据答案、比率数据答案。

这 4 种类型又称"答案量化尺度"。一般情况下，调查问卷活动不需要同时使用这 4 种数据答案，但作为问卷的设计人员，就必须对问题与数据资料、数据资料与统计分析之间的对应关系十分了解。

1. 类别数据答案

类别数据答案就是将获取的数据根据不同的类型进行归类，如按性别、地点、民族进行分类，每一个类别设置不同的数字代码，这些数字符号没有任何的意义，仅起到分辨的作用。

类别数据答案在 4 种量化数据(类别数据、等序数据、等距数据、比率数据)中是计量层次最低、最粗略的一种。它只能对事物进行平行的分类和分组，其数据表现为"类别"，但各类之间无法进行比较。例如，我国少数民族有回族、苗族、蒙古族、维吾尔族、哈萨克族、朝鲜族等，可以按所属民族对人口进行分组，但每组之间的关系是平等的或并列的，没有等级之分。

但从另一层面上说，就因为类别数据之间的关系是平等或并列的，所以各组或各类之间是可以改变顺序的，哪一类放在前面都是一样的，如可以将苗族这一组作为数列的第一组，也可以将哈尼族这一组作为数列的第一组。但需要注意的是，在类别数据中，各组或各类必须符合类别穷尽和互斥的要求，即组别或类别是可以通过列举的方式全部显示出来的，而且每一个数据只能归于其中一类，如我国有 56 个民族，每个民族都是唯一的。在统计中，为了利用计算机技术进行集成化数据处理，减少工作量，往往将各类别用指定数字代码表示，如数字"1"代表回族，数字"2"代表苗族，数字"3"代表蒙古族等，但这些数字只是符号，不能进行运算。例如，

您认为以下哪个少数民族的人口最多？

回族	1
苗族	2
蒙古族	3
维吾尔族	4
哈萨克族	5
朝鲜族	6

所以，需要注意以上这些数字符号或代码都是随意编码，主要是为了方便数据的记录和录入。

2. 等序数据答案

等序数据又称定序尺度或顺序尺度，在问卷中表现为类别，并可以进行排序，即不但可以用数表示量的不同类(组)别，而且也反映量的大小顺序关系，从而可以列出各单位、各(类)组的次序。被访者要根据要求，用数字符号排列回答问题。

等序数据与类别数据相比，更加精确。它在对事物分类的同时还给出各类的顺序，其数据仍表现为"类别"，但各类之间是有序的，可以比较优劣。例如，皮蛋可按每千只的重量分为套级、排级、特级、顶级和大级 5 级，每一级重量相差 5 千克。显然套级的皮蛋品质是

最好的，大级的皮蛋品质是最差的。不过，需要注意的是，等序数据并不能测量出类别之间的准确差值，所以属于这类尺度的数据只能大致比较而已。例如，

请根据个人喜好，对以下茶饮料进行排序。

绿茶

红茶

黑茶

花茶

奶茶

药茶

等序数据的排序，可以从多个角度进行，以便更真实、方便地获取资料。问卷中常用的有以下几种排序方式：

（1）按产品特点——甜度、浓度、优点。

（2）按使用频率——最常用、较常用、很少用、不用。

（3）按使用时间的远近——近一年、近半年、近三个月、近一个月。

（4）按理解难易度——从简单到复杂。

3. 等距数据答案

等距数据是指每一个项目都有一个评价定值，每一个定值都标有数字符号，每两个数值之间的区间值是相同的，等距数据可以反映项目之间的数量差值。

等距数据与类别数据和等序数据比较而言，等距数据能够对事物进行准确测度，是由定距尺度计量形成的，表现的数值，可进行加、减运算。等距尺度不仅能比较各类事物的优劣，还能计算出事物之间差异的大小，所以其数据表现为"数值"。例如，每一度的温差都是相同的，为1℃；百分制考试成绩，分值之间的间隔一般为10分，即60～70分为一档，70～80分为一档，80～90分为一档。

在进行收入调查时，也可以将调查者按一定收入差异分为不同的组，如收入为1 000～2 000元的为较低收入者，收入为3 000～5 000元的为中等收入者。显然，定距尺度可以较方便地转换为定序尺度。例如，若考查课的成绩要以五级制成绩表示，则需要将百分制分数转换为五级制分数，一般百分制中的"60～70"对应五级制中的"及格"，其他分数以此类推。但需要注意的是，通常定序尺度数据不能转换为定距尺度数据，如五级制分制不能转换为百分制。

例如，有两位客户接受问卷调查，为6种口味的茶饮料进行打分，10分为最高，1分为最低。两人打分情况见表5-1。

表5-1 等距数据打分方式

请您根据个人喜好，给下列6种口味的茶打分，10分最高，1分最低				
	第一位用户		第二位用户	
	分数	排序	分数	排序
绿茶	9	1	9	1
红茶	8	2	5	4
黑茶	7	3	2	5
花茶	9	1	8	2
奶茶	8	2	6	3
药茶	7	3	1	6

从表 5-1 中，可以看出两位接受调查的用户打分的结果。第一位用户给 6 种茶饮料的分数值都很高，由此可以推断出他非常喜欢这几种口味，但因分值太相似，而无法看出他的整体喜好程度。第二位用户给 6 种茶饮料的分值都不相同，可以看出这位受访者对绿茶和花茶的喜好程度远远超过红茶和黑茶，并且最不喜欢的是药茶。

通过等距数据，可以测算出每个项目的平均值和标准差，但在较大规模的调查活动中，两个项目的平均值完全一样的情形很少出现，否则，就应给予高度地重视。

4. 比率数据答案

比率数据是由定比尺度计量形成的，表现为数值，可以进行加、减、乘、除运算，并且没有负数。定比尺度又称比例尺度，它是一种特殊的等距尺度，与等距尺度属于同一层次，它与等距尺度的区别在于是否有绝对零点。在等距尺度中，"0"表示某一个数值，而比率尺度中，"0"表示"没有"或"无"。

例如，温度是典型的等距尺度，因为在摄氏温度中，0℃表示在海平面高度上水结冰的温度；但对于销售人员来说，"0"表示没有成交量，所以销量属于定比尺度。在实际生活中，"0"在大多数情况下均表示事物不存在，如长度、高度、利润、薪酬、产值等，所以在实际统计中，使用的多为比例尺度，即定比尺度。由于在等距尺度中，"0"表示特定含义，所以有些书本上把等距尺度看做是定比尺度的特殊形式。

受访者可以自己拟定答案，也可以在提供的选项中进行选择。例如，

您家庭消费中的食物的支出所占的比率是多少？
10%～20% ☐
21%～30% ☐
31%～40% ☐
41%～50% ☐
51%～60% ☐
61%～80% ☐
80%以上   ☐

您最近购买的 5 瓶酸奶中，有几瓶是"蒙牛"的？
没有 ☐
1   ☐
2   ☐
3   ☐
4   ☐
5   ☐

您还记得上一次买空调是在什么时候？
上个月 ☐
1 个月前 ☐
3 个月前 ☐
6 个月前 ☐
1 年前   ☐
2 年前   ☐

3 年前　　　　□
5 年前　　　　□
10 年前　　　□

从以上几个问题中可以看出，比率数据选择范围不一定要相等，可多可少，可长可短，问卷设计人员应根据活动的目的及内容确定。例如，在回答"您家庭消费中的食物的支出所占的比率是多少"这样的问题，被访者不可能当场就计算出准确的百分比，但可以估算，然后在统计分析时再对回答数据进行归类。因此，可让被访者自由回答，否则他们就有可能用"不清楚"搪塞，甚至不回答。在调查"您还记得上一次买空调是在什么时候？"时，问卷设计者可以用年、月、天、周设置问题选项，一般只有最近买了空调的人才可能记住准确日期，大多数人早就忘记了，但如果是访问最近才买空调的用户，则应当将日期设定地更近一些。

比率数据答案的归类非常明确，调查者各类不同数据的潜在关联性都会注意，任何一个不寻常的数据都不会逃过调查者的眼睛。调查者在设计方案时所确定的选择项目的分类规模就显得非常重要，这直接决定了统计分析的精确度。

问卷设计人员合理地分布各个数值，并对每个间距范围配置适当的价值含义，这样就能够进行标准测试了。

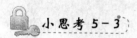

你还知道哪些问卷答案量化类型？试举例说明。

5.4.3　问卷调查法的适用范围

问卷调查的适用范围很广泛，既适用于对社会现象进行专项调查，也适用于对具体市场问题进行专项调查，还适用于对其他关系问题进行专项调查。具体来说，问卷调查一般用于收集静态行为或态度的信息，适用于需要、满意度、价值观等的调查，调查人的思想状态，探索其心理世界，从不同的角度对问题进行印证。

由于问卷调查使用的是书面问卷，问卷的回答有赖于调查对象的阅读理解水平，它要求被调查者首先要能看懂调查问卷，理解问题的含义，懂得填答问卷的方法，所以它只适用于有一定文化水平的调查对象。

从调查的内容看，问卷调查法适用于对现实问题和被调查者不愿当面回答的问题的调查；从调查的样本看，其适用于对较大样本的调查，即适于进行大规模、大范围调查；从调查的过程看，其适用于较短时期的调查，适于调查一般性的、没有深度要求的问题。从调查对象所在的地域看，问卷调查法在城市比在农村适用，在大城市比在小城市适用；从调查对象的文化程度看，适于调查有一定文化水平的职业群体，适用于初中以上文化程度的对象；从调查方法看，其适宜于进行定量调查，调查总体构成比较单一的调查对象。

5.4.4　问卷的发放与回收

问卷的问题及答案设计完成后，就可以发放出去，请被调查者填答。填答完成后，还需要及时回收，以便统计数据并进行分析。

1. 问卷发放与回收的方式

（1）报刊问卷方式。这是将问卷刊载在报刊上，然后随报刊的发行传递到读者的手中，被调查者收到后将其剪下、填写再寄回报刊编辑部的发放方式。

（2）邮寄问卷方式。邮寄问卷方式通常是将打印好的问卷通过邮局寄给选定的被访者，请他们按一定的要求自行填答问卷，并在规定的时间内将填答完的问卷寄回调查机构或研究者。

（3）发送问卷方式。发送问卷是指由调查人员或其他人员将问卷送到被调查者手中，被调查者填完后，再由调查员逐一收回。发送问卷方式又有两种形式：个别分送方式和集中填答方式。

（4）访问问卷方式。访问问卷方式是指调查者按照统一设计的问卷上的问题向被调查者当面提出问题，然后根据被调查者的口头回答填写问卷。访问问卷方式实际上是一种结构式访问，问卷是访谈调查的一种工具。

2. 提高问卷回收率的方法

一般来说，回收率达到75％以上，问卷方可作为研究结论的依据。因此，问卷的回收率一般不应少于70％。

要提高问卷回收率，需要了解影响问卷回收率的因素。其主要因素有：发送和回收问卷的方式；调查组织工作的严密程度；调查人员的工作态度；调查课题的吸引力；问卷填写的难易程度；问卷回收的可控制程度。

根据上述影响问卷回收率的主要因素可以看出，提高问卷回收率，必须做到：调查组织工作要十分严密；调查人员要有科学的精神和认真负责的工作态度；要根据不同时期、不同地域、不同对象的实际情况，选择具有吸引力的调查课题；要提高问卷的设计质量，增强问卷的适应性、针对性和简明性。另外，要尽量采用回收率较高的问卷发送和回收方式。据统计，报刊问卷的回收率为10％～20％，邮寄问卷的回收率为30％～60％，而当面发送问卷的回收率可达到80％～90％，访问问卷的回收率甚至可高达100％，且当面发送并回收，可以检查问卷是否有空填、漏填和明显的错误，以便及时更正，保证问卷较高的有效性。

项 目 小 结

本项目讲述了问卷调查的含义、基本构成和类型，重点阐述了问卷设计的基本流程和题型设计的技巧及类型。在解释问卷过程中，进一步说明了设计问卷的注意事项和原则，以及提高问卷回收率的方法。特别在设计问卷问题时，其类型主要有：开放式、封闭式、混合式及态度测量式，其中着重介绍了封闭式问句的题型；而在设计问卷答案时，主要是从量化的角度进行了介绍，主要包括类别数据答案、等序数据答案、等距数据答案及比率数据答案4种形式。问卷问题的设计和答案量化的设计是问卷投入使用的重点也是难点，也是学生需要掌握的一种技能，这是制作并编排一份优秀问卷的起点。

项目五 调查问卷设计

思考与练习

一、填空题

1. 调查问卷的基本结构可以分为_____、_____、_____、_____、_____、_____和_____7个组成部分。
2. 一般情况下，问卷的开头部分应安排_____的问题，而中间部分安排一些_____的问题。
3. 设计调查问卷的问题时，其排列应结构合理、逻辑性强，要有一定的逻辑顺序，一般是按照_____、_____、_____的顺序设计。
4. 调查问卷问题的回答一般分为_____、_____、_____和_____4种形式。
5. 调查问卷的答案设计可分为_____、_____和_____3种类型。
6. 问卷的回收率一般不应少于发放总数的_____，方可作为研究结论的依据。

二、选择题

1. 调查问卷的组成核心部分是（　　）。
   A. 标题及说明   B. 主体   C. 被访者项目   D. 调查者项目
2. 按照问卷的用途来分，可将市场调查问卷分为（　　）3类。
   A. 甄别问卷   B. 调查问卷   C. 回访问卷
   D. 自查问卷   E. 访问问卷
3. （　　）是问卷调查的出发点和中心。
   A. 收集数据的方法   B. 问卷的设计
   C. 调查目的   D. 问卷的评价
4. 调查问卷的优点主要表现在（　　）方面。
   A. 高效性   B. 客观性   C. 有弹性
   D. 统一性   E. 广泛性   F. 回收率高
5. 问卷中问题的设计形式最常见的有（　　）5种。
   A. 开放式   B. 封闭式   C. 混合式
   D. 态度测量式   E. 等级比较式
6. 填空式和列举式都属于（　　）回答。
   A. 开放式   B. 封闭式   C. 混合式
7. 填写问卷的数据答案有（　　）4类。
   A. 自填答案   B. 比率数据答案   C. 等距数据答案
   D. 等序数据答案   E. 类别数据答案
8. "非常喜欢、同意、中立、偶尔、不适用"等词语一般用于（　　）问句中。
   A. 排序式   B. 多选式   C. 顺序式   D. 等级。

三、简答题

1. 什么是调查问卷？其由哪几个方面构成？

2. 如何理解调查问卷在市场调查中的作用?
3. 简述问卷设计的基本流程。
4. 在实践中,哪些因素会影响问卷类型的定位?
5. 讨论开放式问题和封闭式问题的优点及缺点。
6. 问卷答案量化有哪几种类型?试举例说明。

四、案例分析题

案例一 某公司市场营销部的调查

1. 市场部目前的管理模式( )。
   A. 非常合理　　　　B. 合理　　　　　　C. 一般
   D. 不合理　　　　　E. 很不合理

2. 市场部所工作目标是否明确?( )
   A. 是　　　　　　　B. 否

3. 市场部制订的工作计划周密( )可行。
   A. 总是　　　　　　B. 经常　　　　　　C. 有时
   D. 很少　　　　　　E. 从不

4. 您是否赞同正在使用的评价工作绩效的方法?( )
   A. 非常赞同　　　　B. 基本同意　　　　C. 中立
   D. 不同意　　　　　E. 强烈反对

5. 市场部的工作效率如何?( )
   A. 非常高　　　　　B. 较高　　　　　　C. 一般
   D. 较低　　　　　　E. 非常低

6. 市场部工作人员的工作态度如何?( )
   A. 非常好　　　　　B. 较好　　　　　　C. 一般
   D. 较差　　　　　　E. 非常差

7. 您认为市场部对分支机构的授权( )。
   A. 过多　　　　　　B. 适中　　　　　　C. 不足

8. 市场部的执行力度( )。
   A. 非常大　　　　　B. 较大　　　　　　C. 一般
   D. 较小　　　　　　E. 非常小

9. 市场二部所制定的市场策略适应市场需求?( )
   A. 总是　　　　　　B. 经常　　　　　　C. 有时
   D. 很少　　　　　　E. 从不

10. 对于公司制定的规章制度,您的态度和做法是( )。
    A. 严格遵守　　　　B. 基本遵守　　　　C. 偶尔犯点小错
    D. 时常不遵守　　　E. 根本无所谓

11. 过去的工作时间中,您获得的培训的机会( )。
    A. 非常多　　　　　B. 较多　　　　　　C. 较少　　　　　　D. 完全没有

12. 您是否有某种途径畅谈您的感受和意见?( )
    A. 总是　　　　　　B. 经常　　　　　　C. 有时

D. 极少　　　　　　　E. 几乎没有

13. 您认为部门的管理工作是否具有成效？（　　）
A. 管理到位有效　　B. 基本尽到职责　　C. 不关心
D. 马马虎虎　　　　E. 非常糟糕

14. 您对部门管理人员的管理水平的看法是（　　）。
A. 他们很有才能　　B. 他们很努力　　C. 一般
D. 比较差　　　　　E. 令人失望

15. 您认为与部门的工作沟通情况如何？（　　）(单选)
A. 沟通顺畅　　　　B. 基本顺畅　　　C. 不顺畅很　　D. 不顺畅
——填写"不顺畅"或"很不顺畅"的原因是（　　）。（可多选）
☐ 缺乏沟通的意识　　　　　☐ 缺乏沟通的技巧
☐ 缺乏沟通的动机　　　　　☐ 工作流程不顺畅
☐ 缺乏对沟通不利的处罚措施
☐ 其他（请注明）

16. 您对部门决策或未来发展发表过意见吗？（　　）
A. 没有，因为不关心
B. 没有，部门没有鼓励员工发表意见的平台
C. 不愿提，好的建议常常不被当回事
D. 经常参与，但意见被采纳的很少
E. 很愿意参与，部门很重视
其他（请写明）

（资料来源：洗闲愁．天涯社区．管理前线，2007）

分析：
（1）以上问卷若由你来填写，你认为其中有哪些不足？
（2）问卷中的一些问题措辞及答案有无不当的地方？怎样改正？

案例二　旅游者利用互联网进行旅游活动的调查问卷

亲爱的朋友，祝您旅程愉快！

如果您是网民(平均每周使用互联网至少1小时)，请接受我们的调查。本项调查主要想了解游客"是否在利用互联网进行旅游相关活动"，包括上网浏览查询旅游信息，预定客房、车票、机票等，以便于我们更好地为您服务。

问题全部是选择题，请在对应的选项上划"√"，谢谢您的合作！

1. 您的性别：A. 男　　B. 女
2. 您的年龄：请在对应的栏目下划"√"
   A. 18岁以下　　　B. 18～28岁　　　C. 25～30岁
   D. 31～35岁　　　E. 36～40岁　　　F. 41～50岁
   G. 51～60岁　　　H. 60岁以上
3. 您的婚姻状况：A. 未婚　B. 已婚
4. 您的家庭状况：A. 还未成立小家庭，跟父母住　B. 还未成立小家庭，也没跟父母住
C. 小两口　D. 老两口　E. 两代同堂　F. 三代（或以上）同堂

5. 您的文化程度：A. 高中(中专)以下　B. 高中(中专)　C. 大专　D. 本科　E. 硕士　F. 博士

6. 您的职业：A. 国家机关、党群组织工作人员　B. 企事业单位管理人员　C. 专业技术人员

D. 农、林、牧、渔工作人员　E. 办事员等协助人员　F. 旅游行业或专业人员　G. 其他商业、服务业人员　H. 生产、运输设备操作人员及有关人员　I. 教师　J. 军人　K. 学生　L. 无业　M. 其他

7. 您的月收入状况：请在对应的栏目下划"√"

A. 500元以下

B. 501～1 000元

C. 1 001～1 500元

D. 1 501～2 000元

E. 2 001～2 500元

F. 2 501～3 000元

G. 3 001～4 000元

H. 4 001～5 000元

I. 5 001～6 000元

J. 6 001～10 000元

K. 10 000元以上

L. 无收入

第一部分

1. 您利用互联网查询旅游信息和服务的最主要的目的是(　　)。(单选或多选)

A. 浏览旅游信息的过程本身就是一种消遣或乐趣

B. 可以增长知识

C. 有助于自己制定更好的旅游计划，玩得更好

D. 其他_____(请写明)

2. 您觉得利用互联网查询旅游信息和服务的好处是(　　)。(单选或多选)

A. 节省时间　B. 节约费用　C. 操作方便　D. 较少受时间空间的限制

E. 网上信息丰富　F. 想知道什么就找什么，完全自己做主(如不用听他人推销)

G. 其他_____(请写明)

3. 经常查询哪方面的旅游信息和服务？(　　)(单选或多选)

A. 旅游景点　B. 饭店　C. 旅行社　D. 旅游交通　E. 旅游购物　F. 休闲娱乐活动

G. 当地的风俗民情　H. 当地的社会、经济、自然环境方面的信息　I. 旅游价格

J. 旅游服务质量(如网友的评论)　K. 旅游注意事项和旅游提示　L. 当地天气状况

M. 旅游图片　N. 旅游游记类文章　O. 其他_____(请写明)

4. 您觉得上网查询旅游信息和服务时，哪些方面不能令人满意？(　　)(单选或多选)

A. 网站方面(如网站内容更新太慢；都是文字信息，缺少多媒体内容；网站设计较差)

B. 网络方面(如网速太慢，上网费用高)

C. 信息方面(如难以找到自己所需的信息；难以判别信息的真假)

D. 个人方面(如自己缺乏技术和技巧；上网不方便)

E. 其他＿＿＿＿＿＿＿＿＿＿＿＿＿＿（请写明）

5. 您一般会选择在什么时候上网查询旅游信息和服务？（　　）（单选或多选）
   A. 在决定要外出旅游时　B. 在旅途中　C. 在旅游结束之后　D. 平常也会
6. 您觉得最需要获取旅游信息的时间是（　　）。（单选或多选）
   A. 在决定要外出旅游时　B. 在旅途中　C. 在旅游结束之后　D. 平常也会
7. 在您制订旅游计划时，主要依据哪几种旅游信息？（　　）（单选或多选）
   A. 朋友、同事和亲戚　B. 报纸杂志　C. 旅游手册和导游类书籍　D. 旅行社
   E. 旅游广告、宣传材料 F. 广播电视　G. 互联网　H. 自己的经验和知识
   I. 其他＿＿＿＿＿＿＿＿＿＿＿＿＿＿（请写明）
8. 您一般选择去哪些网站查询旅游信息和服务？（　　）（单选或多选）
   A. 综合网站的旅游栏目(如新浪、雅虎)
   B. 旅游专业网站(如携程旅行网)
   C. 政府旅游网站(如中国旅游网、安徽旅游网)
   D. 旅游景点、饭店、旅行社自己的网站
   E. 通过搜索(如新浪、百度、等搜索引擎)，寻找自己需要的信息
   F. 其他＿＿＿＿＿＿＿＿＿＿＿＿＿＿（请写明）
9. 您希望网站的旅游信息以哪种方式来组织？（　　）（单选或多选）
   A. 按旅游路线(如杭州—苏州—黄山七日游)　B. 按类别(如饭店、旅行社、景点)
   C. 按地区(如安徽—黄山、浙江—西湖)　D. 按价位(如客房分成低于100元/夜、100～200元/每夜、大于200元/夜) E. 能记住您的个性特征，然后按照您的喜好自动组织信息
   F. 其他＿＿＿＿＿＿＿＿＿＿＿＿＿＿（请写明）
10. 您得知旅游网站的主要途径是（　　）。（单选或多选）
    A. 搜索引擎　B. 其他网站上的链接　C. 电子邮件　D. 朋友、同学、同事的介绍
    E. 网友介绍网址大全之类的书籍　F. 报纸杂志　G. 广播电视　H. 黄页　I. 户外广告
11. 您有通过网络预定或购买旅游产品(如客房、机票、车票)的经历吗？
    A. 有　B. 没有
12. 您会在未来某个时候通过网络预定或购买旅游产品吗？（　　）
    A. 会，3个月内　B. 会，6个月内　C. 会，一年内　D. 会，2～3年内
    E. 会，3年以后　F. 会，但时间说不定　G. 可能会　H. 不会

第二部分

1. 您还不曾利用互联网进行过与旅游相关的活动，原因是（　　）。（单选或多选）
   A. 不知道网上提供旅游信息和服务
   B. 知道网上可能有这种旅游信息和服务，但不知到哪个网站查找
   C. 上网不方便或上网费用偏高
   D. 无需上网就能获得所需的旅游信息和服务，或去旅游的地方自己比较熟悉
   E. 外出旅游一般是听家人或他人安排，自己不用操心
   F. 自己旅游次数较少
   G. 其他＿＿＿＿＿＿＿＿＿＿＿＿＿＿（请写明）
2. 您会在未来某个时候利用互联网进行与旅游相关的活动吗？（　　）
   A. 会，3个月内　B. 会，6个月内　C. 会，一年内　D. 会，2～3年内

E. 会，3 年以后　F. 会，但时间说不定　G. 可能会　H. 不会

(资料来源：http：//glxy.hfut.edu.cn/glxx/alysy/al/dcwj.htm)

分析：
(1) 请你概括这份问卷的调查目标。
(2) 这是一份自填式问卷还是访问式问卷？
(3) 问卷中还有什么不足的地方？

项目实训

实训一：为淘宝网设计一份调查问题

实训目的

淘宝网为了解网民对因特网及淘宝网的看法，欲在网上开展一次市场问卷调查，现在需要设计一份关于淘宝网的市场调查问卷。

实训内容和要求

问卷应包含的内容如下：
(1) 对淘宝网的熟悉程度。
(2) 学习淘宝网知识的主要途径。
(3) 上网频率。
(4) 每次上网花费时间。
(5) 淘宝网的优势。
(6) 对淘宝网的认知程度。
(7) 对淘宝网的评价。
(8) 目前上网所面临的问题。
(9) 对上网资费的关注程度。
(10) 对资费方式的评价。
(11) 网民所能接受的上网资费的价位。
(12) 个人电脑的拥有率。
(13) 对淘宝网服务方面、宣传方面的看法。
(14) 背景材料(年龄、工作单位)。

问卷设计要求如下：
(1) 根据以上材料所提供的场景设计一份关于淘宝网的市场调查问卷。
(2) 市场调查问卷中的题型要多样，富有变化性。

实训考核

学生通过亲自设计一份问卷，可以对本项目的内容有更深的体会。教师布置此次任务后，可以根据学生的问卷设计，进行打分并评价。

实训二：问卷设计与分析

实训目的

教师制作统一的问卷，打印后分给学生(每名学生至少 20 份)。由学生在街头随机进行问卷访问，发挥每名学生自身特长，培养学生与人交流的能力，更好地获取第一手资料，也

可从中培养学生独立思考、自主安排时间和完成任务的能力。

实训内容和要求

根据教师师制作问卷的主题进行实地访问后，学生需要对相关的信息数据进行系统地设计、收集和分析，并写出一份简单的调查统计报告。随机调查街头的行人，对问卷主体发表自己的意见；对收回的有效问卷，进行进一步的统计分析；根据对不同调查对象回答统计，形成自己的市场调研报告。

要求学生独立自主、合理地选择调研对象；调查对象所填写的信息必须真实、有效。根据调查问卷的数据，做出统计分析；通过实事求是地数据分析，做出一份规范的书面调查报告。

实训考核

学生将原始的调查问卷和报告一同上交，作为调查成果。

（1）实训成绩单独记分。根据问卷收回的情况，对有效问卷的分析过程及调研报告打分。

（2）实训成绩以百分制计。问卷的分析过程占50%，调研报告占50%。

（3）实训成绩评定的方法和标准。针对问卷的收回率及分析过程的完整性、调研报告的系统性进行评比打分。

项目六　市场调查资料整理

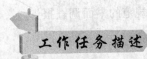

工作任务描述

实地调查结束后，即进入调查资料的整理和分析阶段。收集好已填写的调查表后，由调查人员对调查表进行逐份检查，剔除不合格的调查表，然后将合格调查表统一编号，便于调查数据的统计。对问卷进行统一的编码和数据录入工作，是对市场调查资料进行整理的两个步骤。本项目主要介绍如何通过 SPSS 软件的运用对收回的资料进行整理，工作任务和要求如下：

(1) 对回收的问卷进行审核与编码。
(2) 建立数据表中的相应变量。
(3) 录入数据并进行整理。

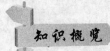

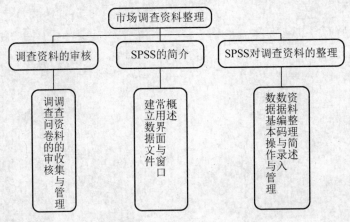

知识目标	能力目标	学习重点和难点
(1) 了解如何进行调查资料的收集与管理	(1) 能够完成对问卷的审核工作	(1) 获取 Excel 文件数据
(2) 熟悉问卷审核中可能遇到的几种错误情况	(2) 掌握问卷编码的规范	(2) 问卷编码
(3) 使用 SPSS 输入、修改数据	(3) 熟悉 SPSS 的录入和导入	(3) 替换缺失值
(4) 使用 SPSS 对调查资料进行简单的管理	(4) 能够使用 SPSS 对数据进行基本的分组、排序等操作	(4) 数据分组
		(5) 排序个案

项目六 市场调查资料整理

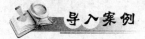

某市消费者空调购买行为调查分析

某家电经销商为了了解消费者空调购买行为，从某市城镇居民家庭中抽取了1 000户进行了问卷调查，并从市统计局收集了有关的数据。

（1）近10年城镇居民可支配收入、空调拥有量等数据资料如表6-1所示。

表6-1 居民消费数据资料

可支配收入(元/人)	1 592	1 783	2 168	2 817	3 886	4 705	5 052	5 209	5 435	5 818
消费性支出	1 294	1 446	1 732	2 194	3 138	3 886	4 098	4 137	4 482	4 800
耐用品支出	88	105	128	168	245	269	332	352	394	486
空调拥有量(台/百户)	108.1	110.8	114.2	117.1	119.5	121	122.8	125.1	128.1	132.32

（2）去年年末不同收入家庭空调拥有量如表6-2所示。

表6-2 不同收入家庭空调拥有量

单位：台/百户

收入等级	最低收入	低收入	中等偏下	中等偏上	中等偏上	高收入	最高收入
拥有量	88.46	116.35	119.32	123.32	140.12	145.32	151.32

（3）调查的1 000户居民家庭中，计划3年内购买空调的户数分别53户、89户、58户（1 000户中有868户拥有空调1 316台，132户没有空调）。

（4）计划购买空调的200户家庭中，关注空调服务、质量、促销、价格、其他要素等因素的分别为28户、144户、4户、20户和4户。

（5）计划购买空调的200户家庭中，准备购买单冷机的有23户，准备购买冷暖机的有170户，购买时再决定购买种类的有7户；准备购买窗式机的39户。准备购买柜机的有43户，准备购买壁挂机的有118户。

（6）计划购买空调的200户家庭中，空调信息来源的渠道为报纸刊物的有90户，渠道为电视的有87户，渠道为销售现场的有8户，朋友同事告知的有6户，销售人员促销的有3户，通过户外广告获知的有4户，通过网络广告获知的有2户。

（7）计划购买空调的200户家庭中，考虑购买空调的地点和户数分别为专卖店77户；大型电器商场94户、综合性商场82户，家电连锁店56户，厂家直销店48户（包括同时选择多个地点的情形）。

（8）计划购买空调的200户家庭中，考虑购买时间和户数分别为夏季86户，冬季60户，厂家促销期42户，春季和秋季12户。

（9）计划购买空调的200户家庭中，空调功率选择情况为1匹以下7户，1匹41户，1.5匹48户，2匹35户，2.5匹12户，3匹以上的23户，到时视情况而定34户。

（10）计划购买空调的200户家庭中，空调价位选择情况为2 000元以下的12户，2 000～3 000元56户，3 000～4 000元的45户，4 000～5 000元的36户，5 000元以上30户，到购买时再定的21户。

（11）居民家庭对空调降价的态度分布为非常欢迎482户，无所谓106户，不欢迎5户。

（12）居民家庭对绿色环保空调的看法：认为符合空调发展方向的252户，认为符合消费需求的312户，认为绿色环保是空调的必须要求的127户，认为是厂家炒作112户，不知道的197户。

（13）居民家庭对变频空调的看法：认为符合空调发展方向的169户，认为符合消费者需求的294户，认为是空调的必须要求的 140 户，认为是厂家炒作的 99 户，不知道的 298 户。

（14）居民家庭对静音空调的看法：认为符合空调发展方向的 239 户，认为符合消费者需求 391 户，认为是空调的必须要求 210 户，认为是厂家炒作的 52 户，不知道的 108 户。

（15）居民家庭认为厂家宣传推广对购买决策很有影响的有 170 户，有影响的 280 户，一般的 235 户，无影响的 15 户。

（资料来源：百度文库）

6.1 调查资料的审核

6.1.1 调查资料的收集与管理

1. 调查资料的收集

现场数据资料的收集是调查过程中很关键然而且也是最脆弱的阶段。如果不加强对这一阶级的管理，调查现场工作混乱，所有设计问卷的努力都将付之东流。

1) 现场访问人员

现场资料收集工作要求现场访问人员具有良好的素质，了解现场访问的要求。当现场访问人员不具备应有素质时，必须先对其进行培训，以保证现场资料收集的有效性和准确性。

（1）现场访问要求。现场访问是一门艺术，只有具备一定能力的人才能胜任这项工作。访问人员在访问中采取正确的方式及在记录时采取正确的技巧是十分重要的，市场决策所需的信息直接依赖于每位访问者的收集工作。访问人想要很好地完成任务，必须了解调查的目的。

访问人员在完成其职责的过程中，要鼓励调查对象做出全面、精确的回答，并在调查开始前通常向调查对象保证他们所提供的信息将被严格保密。访问人员不能向调查对象透露调查委托人的信息（调查委托人的身份如在问题中出现，则有可能使调查对象感到调查委托人是其竞争对手）。访问人员在调查前应说明调查的目的并出示身份证；要对问卷非常熟悉，并对调查工具处理自如。访问人员要和调查对象谈话而不是单纯地提问，使访问生动不呆板。同时，调查人员还要时时表现出对调查对象的答案感兴趣，保持调查对象在整个访问过程中的积极性。此外，访问人员必须系统地计划其工作，并严格按程序进行。一般情况下，访问人员是在无人监督的情况下工作的。

（2）现场访问人员的素质。优秀的访问人员应具备如下素质：

① 自信。自信的访问人员能获得调查对象的信任与合作。只有对自己的行为保持自信，并相信别人会同自己谈话，才能使访问顺利进行。

② 放松。访问人员的表情放松是自信的标志，能帮助调查对象放松。但不能过分放松，调查中保持适当的严肃性还是必要的。

③ 中立。访问人员必须保持完全中立，将个人感情放在一边，依他人观点获取信息。必须避免有意改变其语气或面部表情的做法，以免影响受访者的回答。

④ 具有观察细节的自觉性。访问人员必须随时集中精力，有意识地注意对象的反应，并由此了解其性格。了解调查对象的性格将十分有助于信息的收集。

⑤ 绝对诚实正直。由于现场工作范围广，比较分散，难于监督，访问人员不正直就可能

作假,并对未进行的问卷随意填写来敷衍。保证访问人员的诚实性是很必要的。

⑥ 能忍受困难的工作条件。访问工作有时比较困难,如长途跋涉、夜晚工作及遭到调查对象的拒绝等,这就需要访问人员能吃苦,不怕挫折。

⑦ 能按指令工作。现场工作虽无人监督,但必须根据收集信息的指定程序进行,不能自以为是地改变安排。访问人员必须按照问卷上印出的题目提问,严格遵守问卷上题目的顺序。

⑧ 书写清晰。访问人员字体潦草会使统计人员难以读懂,可能造成资料处理工作中的误差。

⑨ 外表端庄得体。访问人员具有端庄得体的外表,自然容易被陌生人接受,为深入访谈创造条件。

(3) 访问人员培训。要保证访问质量,访问人员在开始现场工作前必须接受培训以充分理解调查项目的要求。未受培训的访问人员容易记错答案,不能深入追问,且满足于"不知道"的回答。对访问人员培训有两种方式:基本培训和项目简介。

基本培训以课堂讲座为主,辅以视觉展示、公开讨论等,用来帮助访问人员掌握一般访问技术,如记录答案、启发回答、进行追问等。在培训中应强调以下几点:

① 市场调查中现场访问人员的重要性。

② 如何向调查对象介绍自己的方法以及如何与他们建立和谐的关系。

③ 可能被回绝时的处理技术。

④ 调查的抽样过程。

⑤ 遵守操作程序的必要性。

基本培训是帮助访问人员熟悉访问的一般性问题,而项目简介则与具体调查中的具体问题有关。它涉及更具体的问题,如选择对象的方法、具体问卷的填写方式等,以保证所有调查人员以统一的方式收集数据。基本培训对于有经验的访问人员可以略去,而项目简介则对每名访问人员必须进行。

项目简介主要问题有:调查目标;所采用的数据收集方法;调查对象的范围;样本设计;问卷管理。项目简介讨论会的指导老师应在市场调查方面有较丰富的阅历,最好由调查项目负责人担任。

模拟访问是培训的一种重要方法,因为它向访问人员提供了有关现场工作生动、清晰的印象。调查公司通常规定访问者要进行模拟访问以熟悉问卷,还能在开始现场工作前树立信心。

2) 现场工作问题

调查者在现场工作方面常遇到两个问题:访问人员问题和调查对象问题。

(1) 访问人员问题。虽然称职的访问人员和全面培训可以减少现场工作中的问题,提高新收集数据的可靠性,但不能完全避免访问人员的问题。几个与访问者有关的问题必须加以注意:

① 提问时的误差。在访问中,只要访问人员做出了下意识的手势或表情,都会影响具体的回答,从而造成误差。当访问人员没有按正确的秩序或用词提问时,也会产生误差。

② 记录中的误差。有的问题需要较长时间回答,如无固定答案问题、态度问题等,容易发生记录错误。

③ 访问人员作弊。访问人员的作弊行为,指访问人员并没有访问调查对象而随意填写回

答的行为。当调查对象住在偏远地区时这种情况容易发生。防止作弊行为的最有效方法是采用现场检查系统，现场检查可由现场监督员通过对调查对象电话访问或面谈进行。对访问人员做出要进行现场检查的事先警告能有效地防止访问人员的作弊行为。

④ 访问人员的变化性。访问人员不可能在所有方面都一样，他们在处理访问、与调查对象交流的方式等方面都会有差别。由这方面的差别所造成的问题称为访问人员的变化性，与访问人员变化性相关的问题是很难估计其影响方式和影响程度的。

⑤ 调查对象选择错误。

（2）调查对象问题。与访问人员问题不同，调查对象问题是与误差相关的。它们可被分为两大类：回答错误和不回答错误。

① 回答错误。包括语义错误和虚假回答。语义错误指调查对象对问题的理解错误，因而无意中做出了错误回答。问题的用词不当可能造成语义错误，因此，问卷中的问题必须用词正确。这类问题可通过广泛的程序培训，或问卷测试解决。与此相反，虚假回答指调查对象故意做出不正确的或假的回答，这常发生在涉及个人隐私的问题上。一般说来，一旦调查对象同意面谈或填写自我管理问卷，他就不太可能做出虚假回答。

② 不回答错误。包括不在家、回绝和不合适等情况。不在家者指那些去访问时不在的选定调查对象。这类人的人数随着就业人数的不断增加而增加，因此，访问人员在白天访问时经常会遇到这种情况。当与选定的调查对象有所接触但访问被拒绝时，称之为回绝。回绝不仅增加了调查成本，而且会使调查结果发生偏差。回绝的主要原因有没有空闲时间回答、对调查主题不感兴趣、对调查项目不了解、期望回避骚扰电话、期望回避过多的推销员等。

3) 现场工作控制

访问人员难免出现差错，所以有必要采取措施，尽可能提高现场工作的质量。常用方法是对访问人员的工作进行现场检查，其主要目标是确定访问人员是否诚实；监督每名访问人员所得到的回答率；保证访问按所要求的方式进行。现场观察在现场工作开始阶段十分必要，因为此时可以迅速发现并纠正访问中的错误。

对访问人员工作进行质量控制的其他方法如下：

（1）信函检查。向被访问者寄明信片、信函等进行检查，这种检查成本较低，但回答率较差。

（2）电话检查。电话检查的好处是速度快且成本低，但其可行性依赖于被访对象的电话号码是否已知。

（3）审查问卷。审查阅卷可以发现访问人员问卷中的一致性错误。如果发现访问人员问卷中出现了过多的"不知道"答案或过多的题目未回答，往往意味着可能出错，可以迅速对访问人员的工作进行复查。

2. 调查资料的管理

市场调查资料整理是对市场调查获得的信息进行初加工，为分析研究准备数据。整理资料的一般程序是审查、分类、汇编。

1) 审查

审查就是通过仔细推究和详尽考察，判断、确定文字资料的真实性和合格性。

（1）调查资料的真实性审查又称可靠性审查，它包括两个方面：一是资料本身的真实性审查，二是文字资料内容的可靠性审查。

资料本身的真实性审查，是指通过细究和考察判明调查所得的文献资料、观察和访问记录等文字资料本身的真伪。观察和访问记录等文字资料的真实性审查，还可从记录的时间、地点、内容、语言、字迹和所使用的墨水等情况判断真伪。那些内容贫乏、时间重叠或不填时间、语言雷同、字迹和墨水相同的记录，则可能是观察员、访问人员伪造的记录。

调查资料内容的可靠性审查，是指通过细究和考察判明文字资料的内容是否真实地反映了调查对象的客观情况。

（2）调查资料的合格性审查，主要是审查文字资料是否符合原设计要求。如果对调查对象的选择违背了设计要求，调查指标的解释和操作定义的使用发生了错误，有关数据的计算公式不正确、计量单位不统一，或者对询问问题的回答不完整、不符合要求，甚至答非所问，以及记录的字迹无法辨认等，都应该列入不合格的调查资料。

对不真实或不合格的调查资料，一般都应该进行补充调查，使之成为真实、合格的调查资料；在无法进行补充调查时，应该坚决剔除，弃之不用，以免影响调查资料整体的真实性和科学性。

2）分类

分类就是根据资料的性质、内容或特征，将相异的资料区别开来，将相同或相近的资料合为一类的过程。分类有两种方法，即前分类和后分类。

（1）前分类，就是在设计调查提纲和表格时，就按照事物或现象的类别设计调查指标，然后再按分类指标调查资料、整理资料。这样，分类工作在调查前就安排好了。例如，分地区的调查表、标准化访问记录等大都采取前分类方法。

（2）后分类，是指调查资料收集起来之后，再根据资料的性质、内容或特征将它们分别集合成类，如从统计年鉴、杂志上获取的资料。

分类是否正确，关键在于如何确定分类标准。

正确确定分类标准的4条原则如下：

（1）科学性原则，即分类标准必须符合科学原理。

（2）客观性原则，即分类标准必须符合客观实际。

（3）互斥性原则，即分类后的各种类别必须互相排斥，每一条资料只能归于某一类，而不能既属于这一类别，又属于那一类别。

（4）完整性原则，即分类后的各种类别必须完整，每一条资料都应该有所归属，而不应该有任何遗漏。

3）汇编

汇编就是按照调查的目的和要求，对分类后的资料进行汇总和编辑，使之成为反映调查对象总体情况的系统、完整、集中、简明的材料。

对分类资料进行汇编，首先应根据调查的目的、要求和调查对象的具体情况，确定合理的逻辑结构，使汇编后的资料既能反映调查对象总体的真实情况，又能说明调查所要反映的问题；其次，要对分类资料进行初步加工。例如，给各种资料加上标题，重要的部分标上各种符号，对各种资料按照一定逻辑结构编排序号等都是对资料的汇编。

资料汇编的基本要求有以下几点：

（1）要完整和系统。所有可用的资料都要汇编到一起，大类小类要层次分明，井井有条，能系统、完整地反映调查对象总体的全貌。

（2）要简明和集中。要用尽可能简短、明了的文字，集中地说明调查对象总体的具体情况，并注明资料的来源和出处。如有必要，还可对资料的价值和作用等做一些简短述评，以供进一步研究参考。

对于大型的调查，相同的问卷可能会分配到不同地区，在回收的时候要做好记录和编号，可能还会涉及不同的时间区间和回收的负责人等。回收时通常会根据调查表的需要，设计一个登记表。主要内容包括：

① 问卷编号和主题。
② 调查人员编号或姓名。
③ 调查地区名称或编号。
④ 问卷发放或交付日期，问卷回收日期。
⑤ 实发问卷数，上交问卷数。

问卷要依据地区、时间或调查人员的不同分类放置，并明确标注，以便后期整理和查找。如果发现有未能达到回收最低要求的问卷组，应在正式统计工作进行前对该组问卷进行补充调查。

6.1.2 调查问卷的审核

对于整理过的问卷，需要进行充分地审核，在最大程度上保证调查资料的真实性、准确性和可靠性。回收的调查问卷存在的常见问题有填写不完整、有明显错误、对开放性问题回答不准确、搪塞填写等。审核的重点就是对这些存在问题的调查问卷进行分析与处理。

1. **不完整填写**

如果某一份问卷大多数问题没有回答，应视为无效问卷。个别问题没有回答，应视为有效问卷，在后期统计分析时根据情况进行填补。如果市场调查活动中，有某项问题在很多问卷中都缺少回答，则依然认为调查问卷有效。但设计者要引起充分的重视。出现这种情况的原因可能是问题涉及隐私，或者选项中没有被调查者需要的答案，或者被调查者根本不知道该问题究竟问的是什么。在进行下次调查时要吸取教训，设计出更合理的调查问卷。

2. **明显错误**

问卷中的个别题目可能会基于相同的条件假设，但是由于被调查者的个人理解不同或者其他原因，可能会有前后矛盾的情况出现。例如，

您的家庭收入是

A□3 000～5 000　B□6 000～10 000　C□10 000～20 000　D□20 000 以上

您每月在购物方面的支出是

A□500～1 000　B□1 000～2 000　C□2 000～4 000

D□4 000～6 000　E□6 000 以上

如果某份调查表第一题选择 A，而第二题选择 D，前后矛盾，就存在明显错误。对于这样的问卷，相应的数据应视为不合格。如果不便修改，则视这两个选项都未选择，按缺失处理。

3. 开放性问题回答不准确

这类问题通常表现为被调查者答非所问，或者简单回答"不知道"、"不清楚"等模糊的答案，也有可能是由于调查人员代为书写时字迹潦草，或使用缩写。如果能联系到被调查者，应及时更正或者补充。否则就按缺失处理。

4. 搪塞填写

如果个别问卷全部选择的都是第一个选项，或者仅仅对少数的几个问题做了回答，可能是被调查者对问卷不感兴趣，或者填写问卷时受到了打扰。这样的问卷视为无效。

6.2　SPSS 简介

6.2.1　概述

SPSS 是"社会科学统计软件包(Statistical Package for the Social Sciences)"首字母的缩写。现在 SPSS 软件的名称全称为"Statistical Product and Service Solutions"，即"统计产品与服务解决方案"，缩写仍为 SPSS。在 2009 年 IBM 公司收购 SPSS 公司后，该软件更名为 IBM SPSS Statistics，最新版本为 IBM SPSS Statistics 19.0 多国语言版，本书将就这个版本进行详细讲解。

SPSS 分析软件是一款在调查统计、市场研究、医学统计、政府和企业的数据分析应用中久享盛名的统计分析工具，是世界上最早的统计分析软件，由美国斯坦福大学的 3 位研究生于 1968 年研制。

SPSS 非常全面地涵盖了数据分析的整个流程，提供了包括数据获取、数据管理与准备、数据分析、结果报告在内的数据分析的完整过程，特别适合设计调查方案、对数据进行统计分析，以及制作研究报告中的相关图表。

SPSS 可以同时打开多个数据集，便于研究时对不同数据库进行比较分析和进行数据库转换处理。软件提供了更强大的数据管理功能，帮助用户通过 SPSS Statistics 使用其他的应用程序和数据库。支持 Excel、txt、Dbase、Access、SAS 等格式的数据文件，通过使用 ODBC(Open Database Connectivity)的数据接口，可以直接访问以结构化查询语言(SQL)为数据访问标准的数据库管理系统，通过数据库导出向导功能可以方便地将数据写入到数据库中等。

SPSS Statistics 19.0 支持超长变量名称(64 位字符)，这不但满足了中文研究需要，也达到对当今各种复杂数据库更好的兼容性，可以直接使用数据库或者数据表中的变量名。

6.2.2 常用界面与窗口

1. 数据编辑器窗口

数据编辑器提供一种类似 Microsoft Excel 的便利方法创建和编辑数据文件。数据编辑器提供数据了两种视图：数据视图和变量视图。

（1）数据视图。显示实际的数据值或定义的值标签，如图 6.1 所示。

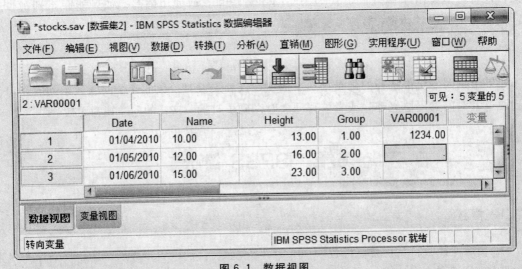

图 6.1　数据视图

（2）变量视图。显示变量定义信息，包括定义的变量名称、数据类型（数值、日期、字符串等）、度量标准（名义、序号或度量）及对齐方式等，如图 6.2 所示。

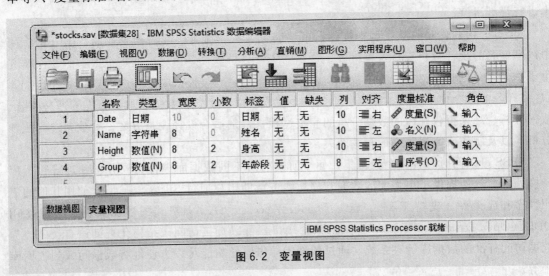

图 6.2　变量视图

2. 查看器窗口

查看器主要显示统计分析的结果、图表和信息说明等。结果显示在右侧浏览器窗口中，可以通过在概要窗格中进行选择快速转到浏览器中的任意项。双击图表还可以进行修改，如图 6.3 所示。

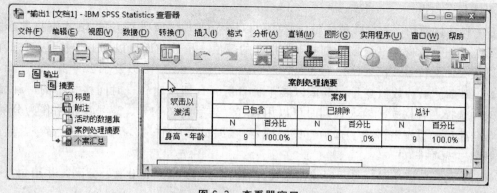

图 6.3　查看器窗口

6.2.3　建立数据文件

1. 输入数据

在数据视图中，可以在数据编辑器里直接输入数据。当按下回车键或选择另一个单元格时，数据值才被保存。

行用来输入个案。每一行代表一个个案或一个观察值。例如，问卷反馈中的每个回答者都是一个个案，可以简单理解为每一份问卷就是一个个案。

列表示变量。每一列代表一个要度量的变量或特征。例如，问卷中的每一个问题都是一个变量。如果在空列中输入一个值，数据编辑器将自动创建一个新变量并赋予一个变量名。例如，输入"1 234"后，就自动创建了 VAR00001 变量，如图 6.1 所示。

在单元格中可以很方便的输入数值，但是对于复杂的问卷，VAR00001 或 VAR00020 这样的非描述性名称会影响阅读，为统计分析带来诸多不便。为了有效地管理数据，最好在输入数据前就先定义变量的名称。

2. 定义数据属性

单击变量视图选项卡，可以定义变量。合理设置数据属性，才能有效、合理地使用数据。

1）变量名

每个变量名必须是唯一的，变量名最多可包含 64 个字节，并且第一个字符必须是字母或 @、#、$ 3 个字符之一。在问卷调查中，变量名通常是问题的缩写。

2）变量类型

要指定每个变量的类型。默认情况下，SPSS 假定所有新变量都为数值变量，可用的数据类型如下：

（1）数值。值为数字的变量。值以标准数值格式显示。数据编辑器接受以标准格式或科学计数法表示的数值。

（2）逗号。变量值显示为每 3 位用逗号分隔，并用句点作为小数分隔符的数值变量。数据编辑器为逗号，变量接受带或不带逗号的数值，或以科学计数法表示的数值。值的小数指示符右侧不能包含逗号。

（3）点。变量值显示为每 3 位用句点分隔，并带有逗号作为小数分隔符的数值变量。数据编辑器为点，变量接受带或不带点的数值，或以科学计数法表示的数值。值的小数指示符右侧不能包含句点。

（4）科学计数法。一个数值变量，它的值以嵌入的 E 以及带符号的 10 次幂指数形式显示。数据编辑器为此类变量接受带或不带指数的数值。指数前面可以加上带符号（可选）的 E 或 D，或只加上符号。例如，123、1.23E2、1.23D2、1.23E+2 以及 1.23+2。

（5）日期。一种数值变量，其值以若干种日历—日期或时钟—时间格式中的一种显示。从列表中选择一种格式。输入日期时可以用斜杠、连字符、句号、逗号或空格作为分隔符。两位数年份值的世纪范围由"选项"设置确定（在编辑菜单中，选择"选项"命令，然后单击"数据"选项卡）。

（6）美元。数值变量，显示时前面带美元符号（$），每 3 位用逗号分隔，并用句点作为小数分隔符。可以输入带有或不带有前导美元符号的数据值。

（7）定制货币。一种数值变量，其值以定制货币格式中的一种显示，定制货币格式是在"选项"对话框的"货币"选项卡中定义的。定义的定制货币字符不能用于数据输入，但显示在数据编辑器中。

（8）字符串。字符串变量的值不是数值，因此不用计算。字符串值可以包含任何字符，可包含的最大字符数不超过定义的长度。字符串变量区分大小写字母。

3）标签

标签用于对变量的辅助说明。描述性变量标签最多可分配 256 个的字符（在双字节语言中则为 128 个字符）。变量标签可以包含空格和变量名称中所不允许的保留字符。由于变量名是缩写，描述可能不完整，在这里可以对变量进行详细的说明。

4）值

可以为每个变量值分配描述值标签。当数据文件使用数值代码表示非数值类别时（如代码 1 和 2 代表 male 和 female），此变量特别有用。

5）度量标准

（1）度量：连续的数值，可以进行加减等运算，如身高、温度等。

（2）序号：定序数据，能够分类和进行排列，但是不能进行加减等运算，如工资等级、比赛名次、满意度等。

（3）名义：用于代表分类数据，只能区分类别，不能比较大小，如颜色、性别、职业等。

3. 修改数据

（1）修改单元格：选择单元格，直接输入新数值，按回车键或选择另一个单元格保存新值。

（2）插入新个案：在想要插入新个案地方的下方个案（行）中任选一个单元格。从菜单中选择"编辑"插入个案。在个案中插入新行，而所有变量都被赋予系统缺失值。

（3）删除个案：在要删除的个案行号上单击右键，从弹出的快捷菜单中选择"清除"，就可以删除该个案。

（4）删除变量：在要删除的变量名称上单击右键，选择"清除"。整列变量数据就会被删除，其右侧变量会自动左移。

4. 获取 Excel 文件的数据

依托 SPSS 对电子表格的良好支持，可以从 Excel 文件中读取数据，而不用在数据编辑器中直接输入所有数据。

案例文件使用"案例\\6.2.3\\2011年4月时尚消费品广告投放前十城市.xls"的文件，可在打开数据窗口的文件类型列表中选择"Excel(*.xls、*.xlsx、*.xlsm)"，打开Excel文档，如图6.4所示。

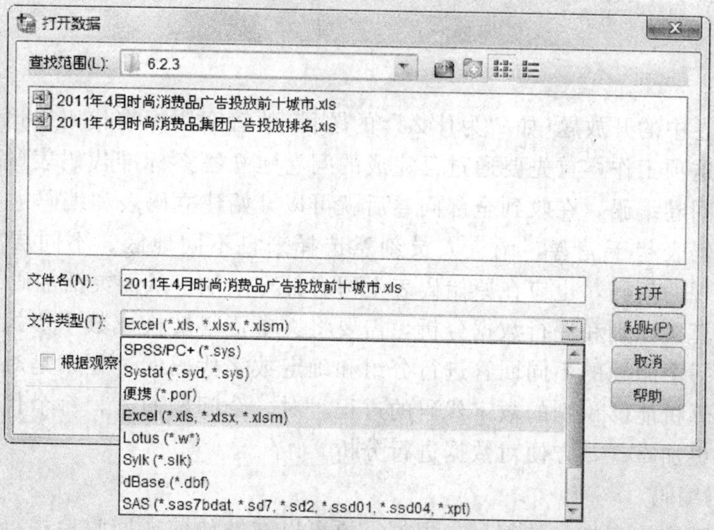

图6.4 打开Excel文件

在"打开Excel数据源"对话框中进行设置，选择需要导入的工作表，如图6.5所示。

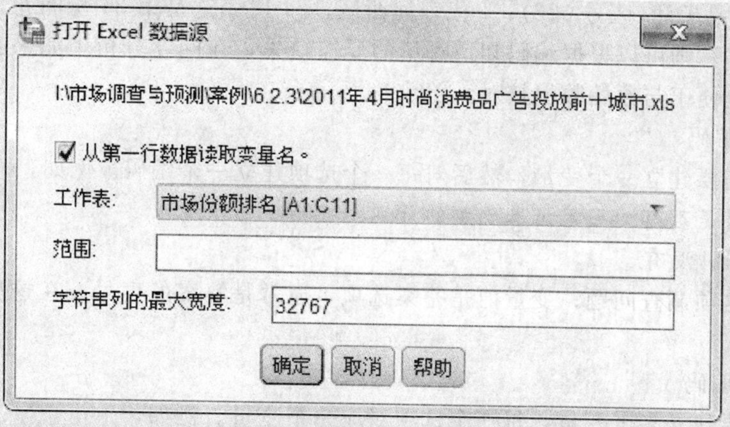

图6.5 打开Excel数据源

然后单击确定，数据就成功转入SPSS数据视图中。对于变量的设置，SPSS自动根据数据类型进行设置。如果数据表格式错误，就需要进入变量视图进行修改。

对于已经打开的Excel文件，可以直接使用复制、粘贴的方法将数据快速填入SPSS中。这种方式通常只用于数据量较小的情况。

6.3 SPSS对调查资料的整理

6.3.1 资料整理简述

统计资料的整理工作就是根据统计的目的，对调查所得的原始资料进行审核，科学分类和汇总,或对已经加工的综合统计资料进行再加工,使其成为可供统计分析使用的描述现象总体综合特征的资料。

6.3.2 数据编码与录入

1. 编码

编码是将问卷中的开放题(如"为什么"的题目)的答案用标准代码表达出来,便于计算机统计。要完成这项工作,首先要通过已完成的问卷建立答案标准代码表(简称码表),然后由编码员对每份问卷编码。在收到全部问卷后就可以开始建立码表和编码了。

为了使原始码表趋于完善,调查人员刻意选择来自不同地区、不同层次的问卷建立码表。对于可能出现的新码,也应在原始码表上留有补充余地,从而灵活加码。

为了便于计算机识别和进行数据分析,需要将文本资料转换成数字形式的代码。具体来说,编码就是对一个问题的不同回答进行分组和确定数字代码的过程,是对一个问题的不同答案给出一个计算机能够识别的数字代码的过程。对一个问题而言,每个代码代表一个答案选项,这样信息更加直观,方便对数据进行分析。

1) 问卷代码编码

每一份问卷都应该有唯一的编号,根据需要可以在发放前或回收后进行编码。编码应该有明确的内容标识,不要使用0001、0002这样无意义的序号。例如,一份用于对城区居民使用通信方式的调查问卷,就可以使用编码"11022124"。11代表这份问卷是2011年发放;022代表发放地是天津(区号022);1代表河西区;24代表这是第24份问卷。如果回收问卷时发现数量不够,则可以根据编码知道哪里的反馈缺失;在问卷分析中如果有异常数据对结果造成影响,也便于与原始数据核对。

2) 单选题编码

单选题只需要建立一个变量,然后对每一个选项建立一个编码。例如,
最近3个月是否有购买笔记本电脑的计划?
A. 有   B. 没有
变量就是这项调查问题;变量值是答案选项,通常是答案的序号。在这里,变量值就是1或2。

3) 多选题编码

多选题需要建立多个变量,每一个选项对应一个变量。例如,
您常用的牙膏品牌是?
A. 高露洁   B. 佳洁士   C. 云南白药   D. 黑人   E. 中华
对应这道问题,需要对每一个答案选项建立一个变量,变量值是0或1。0表示未选,1表示选择。

4) 封闭式问题编码

开放式问题的编码工作通常只能在调查问卷收回后进行。查看所有问卷或抽取一部分进行分析,把每一种答案都记录下来。对这些答案进行合理分组,每组设置一个编号。分组要以答案的核心意义为标准,对于出现频率很低和意义相去甚远的答案,可以归到一组,以"其他"来概括。例如,
出行选择公共交通工具的原因有哪些?
假设整理所有答案后,归纳整理如下:

A. 速度快　B. 和朋友一起　C. 受天气影响较少　D. 离家很近　E. 离学校很近
F. 价格便宜　G. 有饮用水　H. 有食品出售　I. 自己没车　J. 有折扣

对答案合并编码的结果见表6-3。

表6-3　对开发问题进行编码

回答类别编号	回答内容描述	进行合并的答案
1	快捷可靠	1、3、4、5
2	能提供辅助服务	7、8
3	价格优势	6、10
4	个人需求	2、9

在编码的时候尽量使用自然数，不要使用小数和字母。需要注意编码的唯一性和排斥性，不同的编码值代表的意义不能有重复。

2. 数据录入

除了网上调查，一般在回收调查表后，需要进行数据录入工作。虽然有先进的光标阅读机可以像处理答题卡一样交给计算机识别，但是这种方式对纸张、印刷和填写人的要求都很高，所以目前小规模的调查问卷还是以手工键盘录入为主。这样就对录入人员提出了严格的要求，除了技术熟练外，还需要工作认真。为了降低失误，对录入后的数据要进行10%～20%的抽查；如果存在大量错误，则应该对该录入人员提交的数据进行重新录入，直到抽查的错误率在2%以下。

3. 替换缺失值

在大型的调查中，即使有完善的操作流程和严格的管理规范，也难免会有个别个案信息不完整。尤其是某些涉及个人隐私的问题，受访者会刻意回避，造成漏填。当缺失值很少，而且对整体调查情况影响不大时，可以将缺失值直接删除，但是当缺失值对应的问题比较重要，或缺失数量较大时，需要科学地对缺失值进行处理。这时可以使用SPSS的"替换缺失值"功能产生新的变量值，由它替换空缺的变量信息，处理缺失值对整体数据的影响。

在菜单栏中选择"转换"→"替换缺失值"，打开"替换缺失值"对话框，在"方法"下拉列表中可以选择合适的缺失值替换方式。

替换缺失值的估计方法有以下5种：

(1) 序列平均值：使用整个序列的平均值替换缺失值。

(2) 邻近点的平均值：使用有效周围值的平均值替换缺失值。邻近点的跨度为缺失值上下用于计算平均值的有效值个数。

(3) 邻近点的中位值。使用有效周围值的中位值替换缺失值。邻近点的跨度为缺失值上下用于计算中位值的有效值个数。

(4) 线性插值。使用线性插值替换缺失值，即以缺失值相邻点的有效值构建一个数据范围，将两个值之间的差值进行平均，建立数据的等级作为内插的替换值。

(5) 该点的线性趋势。使用该点的线性趋势替换缺失值，即采用最小二乘法对全部数据进行拟合，采用预测值替换缺失值。

完成缺失值的替换后，数据表中的空缺被填入了新数据，非缺失值保持不变。

4. 数据文件的合并

当有大量的原始信息需要输入时，可以将资料拆分，然后交给多人建表输入。最后进行信息整合的时候，就会用到 SPSS 的"合并文件"功能。

（1）以案例"分国别、地区外商直接投资"为案例，数据日期为 2007 年 1~2 月。打开待合并案例文件"案例\\6.3.2\\分国别、地区外商直接投资 1.sav"。这里只有 4 个个案，如图 6.6 所示。

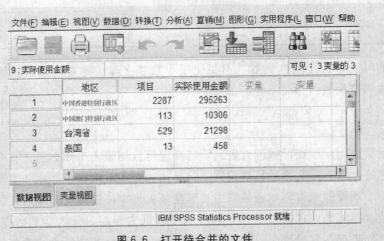

图 6.6　打开待合并的文件

（2）在菜单栏中选择"数据"→"合并文件"→"添加个案"，打开"将个案添加到"对话框。单击"浏览"按钮，打开作为补充数据的文件"案例\\6.3.2\\分国别、地区外商直接投资 2.sav"，如图 6.7 所示。

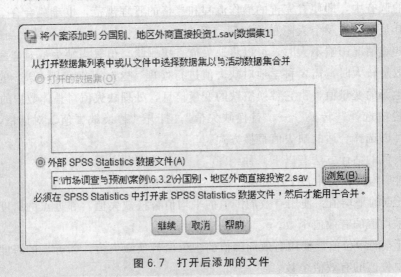

图 6.7　打开后添加的文件

（3）单击"继续"按钮，打开"添加个案从"对话框，如图 6.8 所示。

这里需要注意：必须先打开一个数据文件才能追加数据；后添加的数据最好和原数据的变量名称相同，这样可以减少修改"非成对变量"的烦琐步骤。

（4）合并后的数据文件总个案数达到了 16 个，如图 6.9 所示。

这里就只能添加扩展名为 sav 的 SPSS 文件。Excel 或者别的数据格式则需要先用 SPSS

打开,然后选择"打开的数据集"才能被添加。合并文件时还可添加变量,后添加文件的变量名不能和原文件的变量名相同,否则会被排除,其他操作与添加个案类似。

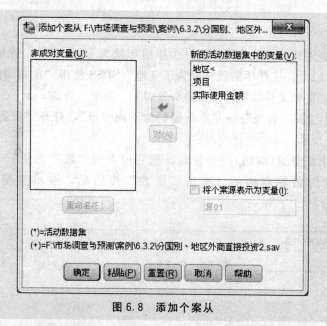

图6.8 添加个案从

图6.9 合并后的文件

6.3.3 数据基本操作与管理

1. 分组

例如,对被调查人员的年龄进行分组:少年组年龄为 13～17 岁;青年组年龄为 18～20 岁;成年组为 21 岁以上。这样年龄就被分为了 3 组。SPSS 使用"重新编码为不同变量"选项来实现这个功能。案例文件使用"案例\\6.3.3\\1.分组_身高.sav"。

(1) 在菜单栏中选择"转换"→"重新编码为不同变量",打开"重新编码为其他变量"对话框,如图 6.10 所示。

(2) 选择需要重新分组(编码)的变量后,把它加入到"数字变量"→"输出变量"框中,设置输出变量的名称和标签。单击"更改"按钮后,输出变量被成功设置,如图 6.11 所示。

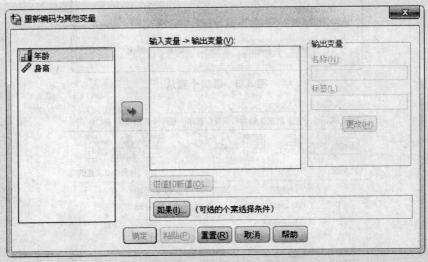

图 6.10 重新编码为其他变量

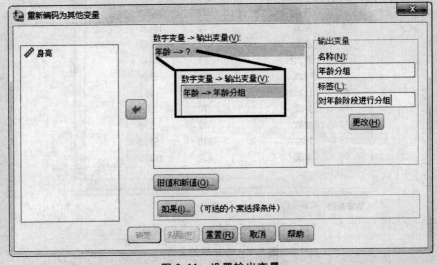

图 6.11 设置输出变量

(3)单击"旧值和新值"按钮,打开"旧值和新值设置"对话框。旧值设置范围是13～17,新值的值为1。单击"添加"按钮,新旧值会出现在"旧→新"列表框中。接下来设置18～20的新值为2,"范围,从值到最高"填写21,设置大于21的值为3。勾选"输出变量为字符串",年龄分组就会被定义为字符串变量;否则,1、2、3就会是数字形式,并且保留小数点后2位数字,如1.00、2.00。设置完成后如图6.12所示。

(4)单击"继续"按钮,返回"重新编码为其他变量"对话框,单击"确定"按钮。数据视图就会显示出经过重新分组的数据,如图6.13所示。

从图中可以看出,原始的年龄数据已经经过整理,在年龄分组变量中显示。相应的少年组、青年组、成年组分别用数字编码1、2、3表示。

通过转换,SPSS也可以重新编码为相同变量。和上面的例子不同的是,这种编码方式会将转换数据直接替换原有数据,造成原始信息的丢失,使用的时候要特别慎重。

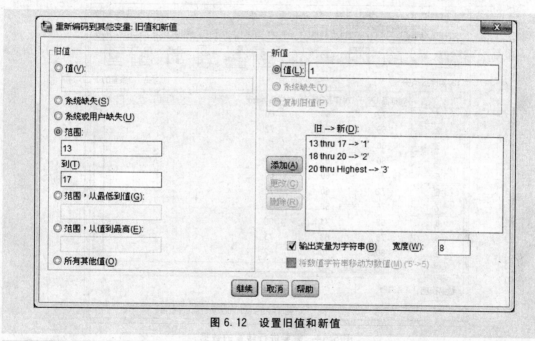

图6.12 设置旧值和新值

	年龄	身高	姓名	年龄分组
1	13	165	AARON	1
2	19	165	ABEL	2
3	20	176	ALVA	2
4	23	177	BRIAN	3
5	16	178	CARL	1
6	21	178	COSMO	3
7	16	176	FRED	1
8	15	170	HUNK	1
9	18	172	JIMMY	2

图6.13 重新编码为不同变量的结果

使用"自动重新编码"对话框可以将字符串值和数值转换为连续整数。当类别代码不连续时,对许多过程来说,生成的空单元格将降低性能并增加内存要求。此外,某些过程不能使用字符串变量,还有些要求因子水平为连续的整数值。

2. 转置数据

不同的分析方法需要不同数据文件结构，转置可以实现行列的互换，即将个案与变量互换。"转置"会创建一个新的数据文件，并自动创建新的变量名称。第一个变量名称为"CASE_LBL"，后续的变量以var加序号命名。

有一家企业生产了3种新产品，分别为样品1、样品2和样品3。在投放市场之前，请消费者进行了试用，并对产品的满意度进行打分。数据表建立的时候是以对样品评分的为变量，试用过产品的消费者为个案。现在需要将这个数据表转置案例文件使用"案例\\6.3.3\\2.转置数据_评分"。方法如下：

(1) 打开需要转置的文件，如图6.14所示。

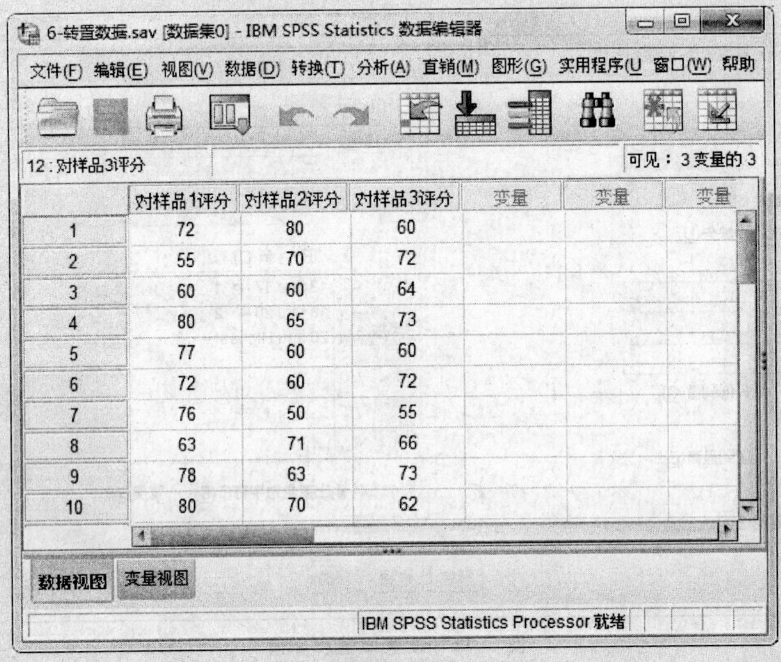

图6.14 需要进行转置的数据

(2) 在菜单栏中选择"数据"→"转置"，打开"转置"对话框。将左侧列表框中对样品的评分全部加入到右侧"变量"列表框中，如图6.15所示。

(3) 单击"确定"按钮。SPSS在数据编辑器中创建出原数据表个案和变量互换的新表，如图6.16所示。

3. 对个案内的值计数

在进行数据统计的时候，经常需要对满足某一条件的数据进行计数。例如，需要知道哪一种样品消费者更喜欢，考察标准是得到70以上分数的次数最多。使用"对个案内的值计数"功能就很方便。对图6.16中的数据进行计数，案例文件使用"案例\\6.3.3\\3.对个案内的值计数_评分.sav"。

(1) 在菜单栏中选择"转换"→"对个案内的值计数"，打开"计算个案内值的出现次数"对话框，如图6.17所示。

"目标变量"表示新产生的计算变量的名称,这里填写计数。"目标标签"表示新变量的标签。然后将所有评分的数值变量加入到"数字变量"列表框中。这里可以按住 Shift 或 Ctrl 键,同时选择多个变量一起操作。

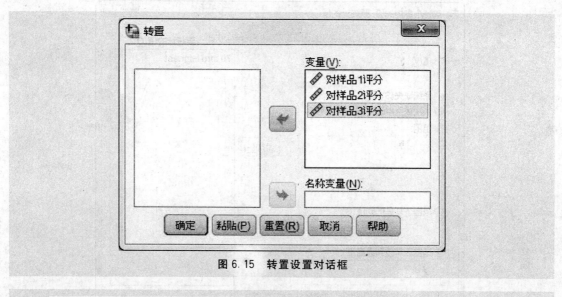

图 6.15 转置设置对话框

CASE_LBL	var001	var002	var003	var004	var005	var006	var007	var008	var009	var010
对样品1评分	72.00	55.00	60.00	80.00	77.00	72.00	76.00	63.00	78.00	80.00
对样品2评分	80.00	70.00	60.00	65.00	60.00	60.00	50.00	71.00	63.00	70.00
对样品3评分	60.00	72.00	64.00	73.00	60.00	72.00	55.00	66.00	73.00	62.00

图 6.16 转置后的新数据表

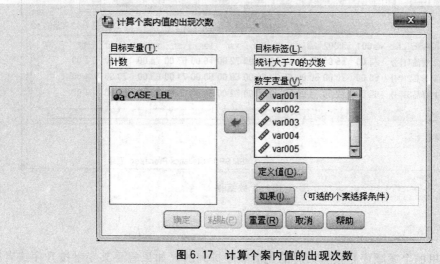

图 6.17 计算个案内值的出现次数

(2)单击"定义值"按钮,设定计数标准,如图 6.18 所示。

设置"范围,从值到最高"值为 70,单击"添加"按钮,将值添加到"要统计的值"列表框中。单击"继续按钮",返回"计算个案内值的出现次数"对话框。

(3)单击"确定"按钮。可以看到数据表新增加了一个名称为"计数"的变量,如图 6.19 所示。

经过比较，样品 1 获得 70 以上分数的次数是 7，要大于另外两种样品。得出的结果是样品 1 更受消费者喜爱。

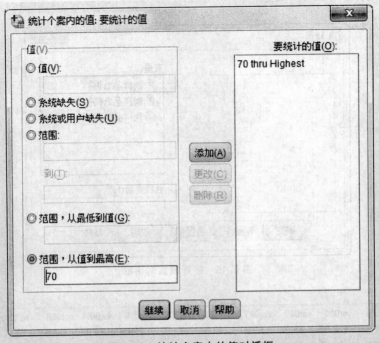

图 6.18　统计个案内的值对话框

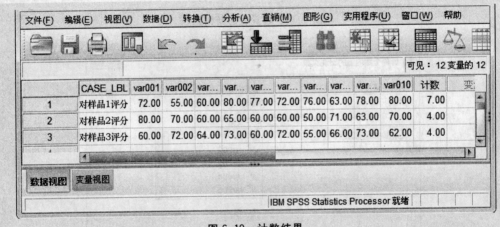

图 6.19　计数结果

4．排序个案

在数据视图里的个案顺序是按输入时的先后顺序排列的。如果想要某变量按升序或者降序排列，就需要使用"排序个案"命令。

例如，对某一城市一段时间内的温度进行测量，在 SPSS 的数据表中，默认是按时间顺序排列的。现在需要对测量温度由低到高进行排序。案例文件使用"案例\\6.3.3\\4．排序个案＿温度"，如图 6.20 所示。方法如下：

(1) 在菜单栏中选择"数据"→"排序个案"，打开"排序个案"对话框。在列表中选择需要排序的温度变量，调入到"排序依据"列表框中，选择排序顺序为升序，如图 6.21 所示。

图 6.20　原始数据排列为输入顺序

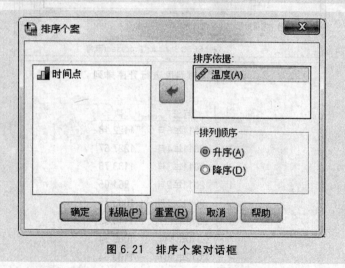

图 6.21　排序个案对话框

（2）单击"确定"按钮，开始排序。经过排序的数据表如图 6.22 所示。

通过排序看出温度最低的时间点是早上 7 点。

5. 个案排秩

如果需要了解某一变量的大小顺序，而同时又不希望打乱现有的排列，上节的排序个案就无法实现。这种需要可以使用"个案排秩"来实现。所谓秩，就是等级，即按照数据大小排定的次序号，反映变量在序列里的位置信息。如果在求秩时还指定了分组变量，则在各个分组内分别计算和输出分析变量的秩。案例文件使用"案例\\6.3.3\\5.个案排秩_旅游人数.sav"，如图 6.23 所示。

(1) 在菜单栏中选择"转换"→"个案排秩",打开"个案排秩"对话框,如图 6.24 所示。

选择需要排秩的变量"人数",将其加入到变量列表框中,将秩 1 指定给"最小值"。需要注意的是,排秩只能对数值型变量使用,字符串类型的变量将不显示在源变量列表中。在本例中"月份"变量是字符串,左侧列表中没有显示。

(2) 单击"确定"按钮,完成全部操作。在查看器中显示已创建的变量说明,数据视图窗口中变量的秩作为一个新变量"R 人数"显示,经过排秩的数据表如图 6.25 所示。

图 6.22　对温度进行升序排列

	月份	人数
1	2011年5月	1122.18
2	2011年4月	1227.67
3	2011年3月	1133.78
4	2011年2月	961.05
5	2011年1月	1082.77
6	2010年12月	1146.02
7	2010年11月	1089.34
8	2010年10月	1163.64
9	2010年9月	1103.69
10	2010年8月	1171.41
11	2010年7月	1150.13
12	2010年6月	1088.30
13	2010年5月	1134.65
14	2010年4月	1186.15
15	2010年3月	1132.85
16	2010年2月	940.34
17	2010年1月	1069.71

图 6.23　旅游人数统计表

项目六 市场调查资料整理

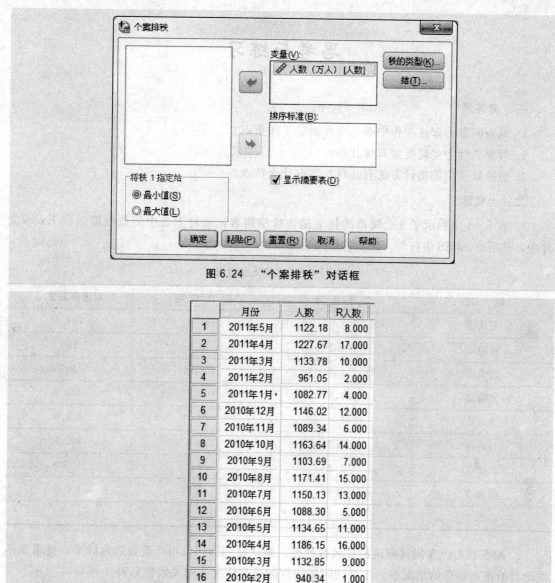

图 6.24 "个案排秩"对话框

图 6.25 排秩

排秩后的数据表没有改变原始顺序,从新增的"R 人数"变量可以看出 2010 年 2 月是旅游人数最少的月份。

项目小结

本项目讲述了调查资料的收集与管理方法,并对 SPSS 进行了简单的介绍。问卷的审核是市场调查统计前期的工作重点,要保证数据的真实可靠。对于大型数据要做好缺失值的处理,不同的情况需要合适方法进行处理。本项目重点为问卷的审核、编码和数据的管理,难点为定义数据属性和替换缺失值。学生需要了解个案、变量和秩等名称的意义。

145

思考与练习

一、简答题

1. 调查问卷的审核工作中哪几个方面是工作重点?
2. 数据属性中变量类型有哪几种?
3. 替换缺失值的估计方法有几种?各有什么特点?

二、上机题

1. 表6-4中列示了9个城市的住宅销售价格指数,请将下表中的数据输入到Excel文件中,然后在SPSS中打开。注:价格指数无单位。

表6-4 需要输入的数据

城 市	二手住宅	新建住宅	新建商品住宅
安庆市	103.6	104.6	104.6
蚌埠市	104.1	103.9	104
包头市	101.7	104.8	105
北海市	102.8	102.9	102.9
北京市	101.4	103	103.8
长春市	101.8	103.8	103.9
长沙市	101.2	107.7	107.8
常德市	106.8	105.7	105.8
成都市	102.1	103.7	103.7

2. 根据现有汽车网站频道的排名数据表,默认排列顺序以用户覆盖数为标准,要求在不改动目前排列顺序的情况下,了解访问量指数的排名情况。相关数据见表6-5。

表6-5 汽车网站频道排名数据表

排名	名 称	用户覆盖数	用户日均访问页面数	访问量指数
1	汽车之家	2 000	18	37 806
2	易车网	1 680	15	23 662
3	爱卡汽车网	1 570	15	24 951
4	新浪汽车	1 164	5	9 919
5	太平洋汽车网	853	5	8 054
6	QQ汽车	800	4	4 264
7	网易汽车	684	1	2 546
8	网上车市	517	15	7 159
9	凤凰网汽车	466	8	5 763

续表

排名	名称	用户覆盖数	用户日均访问页面数	访问量指数
10	汽车探索	337	2	1 294
11	汽车中国网	310	7	1 923
12	汽车点评网	305	7	3 322
13	中国汽车消费网	300	19	3 597
14	车天下	300	17	4 670
15	越野 e 族	294	12	3 386
16	51 汽车网	277	8	2 291
17	车 168 网	253	6	1 979
18	中华网汽车	243	5	1 970
19	车讯网	219	18	2 668
20	优卡二手车网	208	12	2 695

三、案例分析题

数据分组

按年代做出的人口统计数据表，能够反映出每年人口数量的变化情况。为科学制定国民经济和社会发展规划，统筹安排人民物质文化生活，实现可持续发展，提供了准确的统计信息支持。图 6.26 所示为河北省 1980—2009 年总人口数。

使用变量的重新赋值命令，对河北省总人口数以 10 年为单位对年份进行分组。

序号	年份	总人口数	序号	年份	总人口数
1	1980	5168	16	1995	6437
2	1981	5256	17	1996	6484
3	1982	5356	18	1997	6525
4	1983	5420	19	1998	6569
5	1984	5487	20	1999	6614
6	1985	5548	21	2000	6674
7	1986	5627	22	2001	6699
8	1987	5710	23	2002	6735
9	1988	5795	24	2003	6769
10	1989	5881	25	2004	6809
11	1990	6159	26	2005	6851
12	1991	6220	27	2006	6898
13	1992	6275	28	2007	6943
14	1993	6334	29	2008	6989
15	1994	6388	30	2009	7034

图 6.26 河北省 1980—2009 年总人口数

分析：
请使用变量的重新赋值命令，以10年为单位对数据表的年份进行分组。

项 目 实 训

实训一：SPSS 的文件合并

实训目的
使用 SPSS 的合并文件功能对两份数据表进行合并。

实训内容和要求
将"中资全国性四家大型银行人民币信贷收支表"的两部分数据表合并成一张表。

第一部分：

	项目	五月	四月	三月	二月	一月
1	单位保证金存款(万元)	123546700	116639400	113632400	104394700	104011900
2	单位存活期存款(万元)	856730600	837965300	845410200	807516000	780860200
3	单位存款(万元)	1791074000	1755509700	1756112300	1663334700	1619904800
4	单位定期存款(万元)	458855600	449919600	448969100	434933100	428386600
5	单位通知存款(万元)	59858300	64373900	62751700	51048400	58483200

第二部分：

	项目	五月	四月	三月	二月	一月
1	个人保证金存款(万元)	359100	332200	293100	260900	246800
2	个人储蓄存款(万元)	1782697800	1778876600	1820742000	1763373800	1764239600
3	个人存款(万元)	1814182000	1813652100	1855144400	1790722400	1788804100
4	个人结构性存款(万元)	31125100	34443200	34109400	27087700	24317800

实训成果及考核
通过实际操作，熟练掌握 SPSS 的文件合并方法(这个功能在以后的工作中会经常用到)。学生以单人操作下的形式完成整个过程操作，由教师进行评比打分。

实训二：使用 SPSS 建立数据表

实训目的
参考项目五中"项目实训"中"实训二"的问卷调查结果，在 SPSS 中建立相应的数据表。

实训内容和要求
（1）对回收的问卷进行审核。
（2）编码问卷。
（3）在 SPSS 变量视图设计变量表。
（4）录入数据。
（5）进行简单的分组和排序。

实训成果及考核

上机设计变量表并录入调查结果，由老师指导并检查以下工作：
（1）检查问卷的编码是否标准、规范。
（2）检查所建变量的数据类型、亮度、小数和质量标准是否合理。
（3）对录入信息抽查核对。
（4）检查数据表的完整性和真实性。

项目七 市场调查资料分析

工作任务描述

法国与美国有1/4的美容院或化妆品专卖店是专为男性准备的；在韩国和日本男士流行整容、化妆，男士专业护肤品店、美容院连锁经营规模庞大。来自国外的调查显示，在日本、韩国，40%的男子会到专业美容店进行美容。吉列公司不久前的调查显示，77%以上的男子认为，他们的妻子和合作伙伴更乐于与修面后的男人打交道，79%的妇女对这个观点表示赞同；70%的妇女还认为，修面后的男子更迷人，更有魅力。陕西省消费者协会今年曾就这个问题进行了一次调查，调查显示，不论男女，很多人都对男子美容有了较多的认识。在总共4 192份问卷中，1 467人认为男性化妆品太少，671人反映找不到男士美容店。很多男士其实非常想尝试着美化自身，但由于各美容店几乎全是针对女性，而不好意思跨入店门。那么，国内的男性护肤品市场走向会如何？这就需要对我国男性关于护肤的评价资料进行分析。

如何通过一手资料或二手资料进行资料分析，从而更好地对市场进行预测，是本项目的主要内容。本书中主要运用市场咨询公司常用的工具SPSS软件，对资料的数据分析进行讲解，其涉及的工作任务和要求如下：

(1) 对调查资料的分析。
(2) 调查资料的汇总。

知识概览

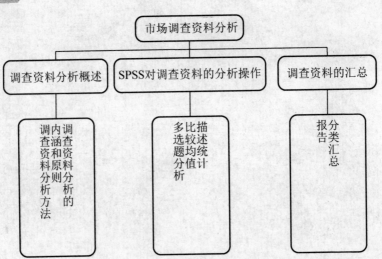

项目七 市场调查资料分析

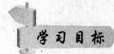

知 识 目 标	能 力 目 标	学习重点和难点
（1）了解调查资料的分析意义 （2）熟悉对调查资料的描述、统计和比较均值操作 （3）对多选题进行简单分析 （4）使用 SPSS 对调查资料进行汇总和报告	（1）能够使用 SPSS 对调查资料进行描述统计 （2）能够完成包括多选题在内的问卷的统计工作 （3）能够对调查资料进行多种形式的汇总 （4）使用图表功能生成统计图	（1）比较均值 （2）单样本 T 检验 （3）多选题分析 （4）个案汇总 （5）OLAP 立方

2011Q2 中国旅行预订市场 OTA 营收规模达 21.7 亿元

根据艾瑞咨询统计数据显示，2011 年第二季度（简称 2011Q2）中国旅游预订市场 OTA 营收规模达 21.7 亿元，同比增长 44.7%，环比增长 8.0%，如图 7.1 所示。艾瑞咨询认为，2011Q2 第三方在线代理商营收规模持续增长的原因在于：一方面，受周期因素影响，"五一"等假期促使用户对旅游产品需求的提高；另一方面，酒店等旅行产品推出团购形式，该预订形式进一步刺激了消费者的隐性需求。

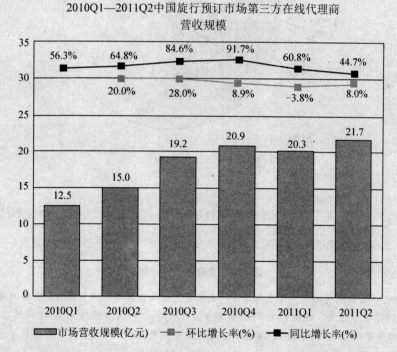

注：营收规模指第三方在线代理商佣金营收规模总和；考虑到目前用户仍以电话预订为主，故该营收规模包括号码百事通，2580 等电信旗下企业。

图 7.1 艾瑞咨询统计数据 1

1. 2011Q2 中国旅行预订市场营收规模为 21.7 亿元,同比增长 44.7%

根据艾瑞咨询统计数据显示,2011Q2 中国旅游预订市场 OTA 营收规模达 21.7 亿元,同比增长 44.7%,环比增长 8.0%,增速较 2010 年各季度增速放缓。艾瑞咨询分析认为,OTA 营收规模增速放缓一方面由于该市场已有一定用户规模,引发增速相对放缓;另一方面新兴细分领域运营商如旅游垂直搜索市场规模不断扩大,冲击了传统 OTA 的高速发展。艾瑞咨询预计,在用户在线旅游习惯逐渐培养、在线代理商不断提升服务水平以及旅游市场政策制定不断完善的基础上,中国在线旅游预订市场将出现下个增长高峰。

2. 2011Q2 携程继续保持领先地位,市场竞争加剧

艾瑞咨询最新统计数据显示,整体市场格局较上个季度有细微变化,整体市场竞争加剧。

2011Q2 旅行预订第三方在线代理商市场营收规模中,携程占据 44.8% 的市场份额,继续维持其市场领先地位。处于第二梯队的艺龙、号码百事通、汇通天下及芒果网之间份额逐步逼近,但由于各运营商在细分市场上开展的活动策略不同,在不同细分市场中逐步显现差异化发展路线,如图 7.2 所示。

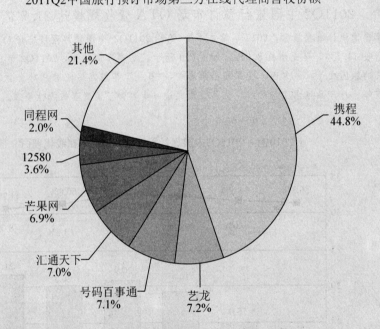

注:营收规模指第三方在线代理商佣金营收规模总和;考虑到目前用户仍以电话预订为主,故营收规模包括了百事通、12580 等电信旗下企业。
2011Q2 中国旅行预订市场第三方在线代理商营收规模为 21.7 亿元,为预估数值。

图 7.2 艾瑞咨询统计数据 2

根据目前的市场发展情况,艾瑞咨询认为,未来中国在线旅游市场将呈现以下发展趋势:

(1) 市场竞争日益激烈。传统网络平台(如淘宝旅游频道、京东、1 号店)、团购网站以及垂直搜索引擎(如去哪儿、酷讯等)凭借其庞大的用户基础和流量优势为大量的中小酒店等提供较好的平台,传统 OTA 市场将受到不小的外部冲击。

(2) 运营继续纵深化发展。2011Q2 艺龙获腾讯 5.4 亿元投资,深耕在线旅游预订市场;而携程 5 月与东航合作布局休闲旅游市场,6 月收购南京人人国际旅行社以提升长三角地区服务能力,6 月途牛网入驻青岛加速布局北方区。各运营商不断在深入发展某细分领域、产业链延伸以及市场区域布局上开展差异化的战略发展。

(3) 休闲度假市场快速增长。从运营商层面看,各运营商将进一步加大休闲旅游的开发力度,并在旅游

出行和线路制定方面深入挖掘用户需求，不断完善票务、租车等业务；从市场用户层面看，2011Q3暑期将会有更多的学生及其家庭成员选择出游。

艾瑞预计，2011Q3中国旅游预订市场营收规模将在24亿～25亿元，保持10%～15%的环比增长率。

（资料来源：艾瑞咨询）

7.1 市场调查资料分析概述

7.1.1 市场调查资料分析的内涵和原则

1. 市场调查资料分析的内涵

分析是将事物、现象、概念分成较为简单的组成部分，找出这些部分的本质属性和彼此之间的关系。市场调查的资料分析就是以某种有意义的形式或次序将收集的资料重新展现出来。分析实际上是告诉人们，每组资料里到底隐藏了哪些有用的信息，并以恰当的形式表现出来。

市场调查是一项综合性很强、内涵丰富的工作，主要包含以下内容：

（1）对本次调查的核心目的进行分析，确定此次调查分析的方向和最终目的，以及资料分析的重点等情况。

（2）确定市场调查资料收集的具体方法是否符合调查的总体目标，是否具有针对性。

（3）对收集资料的可靠性和代表性进行分析。

（4）选用适当的分析方法，对市场调查资料的数据进行分析，总结资料所反映的问题。

（5）得出综合的分析结论。

2. 市场调查资料分析的原则

1）针对性原则

针对性是指要采用与调查目的、调查资料性质、现有资源相适应的分析方法，对调查资料进行分析。任何一种分析方法，都有各自的优点和不足，各有不同的使用范围和分析问题的角度。某一种情况可能只需要某一种或几种特定的统计分析方法，所以需要分析人员对各种分析方法的特点和作用有准确的把握，将多种与调查目的相匹配的方法组合应用，形成最准确、最恰当的方法系统，取长补短，相互配合，从而得出全面和准确的结论。

2）完整性原则

完整性是指对调查资料进行多角度的、全面的分析，以反映和把握调查资料的总体特征。它不是对资料进行局部的分析，而是全面考察各种相关因素的现状和趋势，分析现象之间的关系。

3）客观性原则

客观性是指必须以客观事实和调查的资料为依据进行分析，不能受到外来因素或内部主观倾向的影响，否则，就会使前面各阶段的努力化为乌有，更重要的是会误导企业决策者做出背离实际的决策，使企业陷入困境。

4）动态性原则

动态性是指调查资料的分析，不但要把握其现状，更要分析其变化趋势。要注意分析各相关因素的变化特点,用发展的观点、动态的方法把握问题,从而正确地引导企业的发展。在具体的操作中,要主动掌握并合理运用科学的预测方法,得出符合市场变动趋势的分析结论。

7.1.2 市场调查资料分析方法

市场调查资料分析是指根据市场调研的目的,运用多种分析方法对市场调查收集整理的各种资料进行对比研究,通过综合、提炼、归纳、概括得出调查结论,进行对策研究,撰写市场调研报告的过程。其本质是数据深加工,从数据导向结论,从结论导向对策。

1. 定性分析

定性分析是对事物质的规定性进行分析研究的方法,主要依据的是科学的观点、逻辑判断和推理,从非量化的资料中得出对事物的本质、发展变化的规律性的认识。

2. 定量分析

定量分析是从事物的数量特征方面入手,运用一定的统计学或数学方法进行数量分析,从而挖掘出事物的数量中所包含的事物本身的特性及规律性的分析方法。

1) 描述统计

描述统计是对调查获得的大量数据资料进行系统的描述。主要统计方法有频数分析、比率分析、平均数、标准差、相关系数、制作图表、计算集中趋势和离散趋势。

2) 推论统计

推论统计是在描述统计的基础上,应用概率理论,从样本的有限资料已经显露出来的信息中推断总体的一般情形。主要统计方法有相关分析、回归分析等。

7.2 SPSS 对调查资料的分析操作

7.2.1 描述统计

描述统计是通过图表或者数学方法,对数据资料进行整理、分析,并对数据分布状态、数字特征和随机变量之间的关系进行估计和描述的方法。

1. 描述

描述分析是对数据进行基础性的描述。多种统计量经过计算后,显示到"描述统计量"表中,这些结果可以帮助对变量的综合特征进行基础的了解。可以获得的统计量结果有样本大小、均值、最小值、最大值、标准差、方差、范围、合计、均值标准误、峰度和偏度及两者的标准误。变量可以按其均值(升序或降序)大小、字母顺序或选择变量的顺序(默认值)进行排序。

电池在闲置不用时,会损失电量。为了比较两个品牌的电池的自放电情况,在放置了一段时间后测量它们的电压值。电压值单位是伏特。案例文件使用"案例\\7.1.1\\1.描述_电池电压",如图 7.3 所示。

	品牌A	品牌B
1	1.47	1.35
2	1.42	1.31
3	1.46	1.34
4	1.45	1.36
5	1.40	1.38
6	1.38	1.42
7	1.40	1.28
8	1.38	1.35
9	1.43	1.34
10	1.42	1.41
11	1.43	1.30
12	1.45	1.31
13	1.39	1.33
14	1.42	1.36
15	1.46	1.33

图 7.3 电池电压值

（1）在菜单栏中选择"分析"→"描述统计"→"描述"，打开"描述性"对话框。在列表中选择需要描述的电压值调入到"变量"列表框中，如图 7.4 所示。

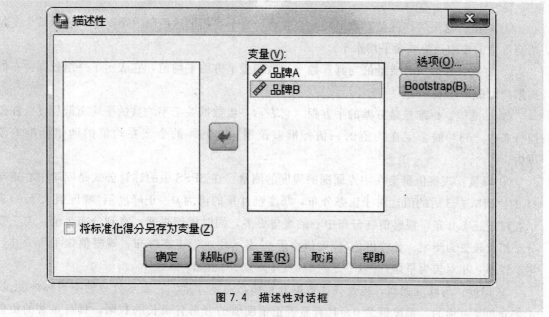

图 7.4 描述性对话框

（2）单击"选项"按钮，打开"描述：选项"对话框。选择需要描述的选项："均值"、"标准差"、"最小值"、"最大值"、"峰度"和"偏度"，如图 7.5 所示。

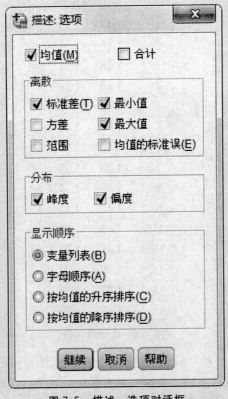

图 7.5　描述：选项对话框

① 均值：这里的均值是算数平均数，它将所有个案相加然后除以个案数，表示某个变量所有取值的集中趋势或者平均水平。

② 方差：总体所有变量值与其算数平均数偏差平方的平均值，它表示了一组数据分布的离散程度的平均值。

③ 标准差：标准差是方差的平方根，它表示一组数据关于平均数的平均离散程度。在正态分布中，68%的个案在均值的一倍标准差范围内，95%的个案在均值的两倍标准差范围内。

④ 峰度：观察值聚集在中点周围的程度的测量。在 SPSS 中的计算公式是四阶中心矩与 σ^4 的比值减去 3 后的值。对于正态分布，峰度统计量的值为 0。正峰度值（峰度值大于 0）表示相对于正态分布，观察值在分布中心的聚集更多，同时尾部更薄，直到分布极值，与正态分布相比较更为陡峭。负峰度值（峰度值小于 0）表示相对于正态分布，观察值聚集得少并且尾部较厚，相对较为平坦。

⑤ 偏度：与峰度相似，也是描述数据分布形态的统计量。它表示分布的不对称性度量。正态分布是对称的，偏度值为 0。具有显著正偏度值的分布有很长的右尾，具有显著的负偏度的分布有很长的左尾。偏度的绝对值越大，表示分布的不对称性越大。

⑥ 标准误：对取自同一分布的样本与样本之间的均值之差的测量。它可以用来粗略地将观察到的均值与假设值进行比较。如果差与标准误的比值小于 -2 或大于 $+2$，则可以断定两个值不同。

⑦ 峰度标准误：峰度与其标准误的比可用做正态性检验（即如果比值小于 -2 或大于

+2，就可以拒绝正态性)。大的正峰度值表示分布的尾部比正态分布的尾部要长一些；负峰度值表示比较短的尾部。

⑧ 均值的标准误：取自同一分布的样本与样本之间的均值之差的测量。它可以用来粗略地将观察到的均值与假设值进行比较(如果差与标准误的比值小于－2或大于＋2，则可以断定两个值不同)。

⑨ 偏度标准误：偏度与其标准误的比可以用做正态性检验(如果比值小于－2或大于＋2，就可以拒绝正态性)。大的正偏度值表示长右尾；极负值表示长左尾。

(3) 单击"继续"按钮，返回"描述性"对话框，单击"确定"按钮。查看器中显示出"描述统计量"的结果，如图7.6所示。

	N	极小值	极大值	均值	标准差	偏	度	峰	度
	统计量	统计量	统计量	统计量	统计量	统计量	标准误	统计量	标准误
品牌A	15	1.38	1.47	1.4240	.02971	－.035	.580	－1.196	1.121
品牌B	15	1.24	1.42	1.3393	.05244	.580	.580	－.447	1.121
有效的N(列表状态)	15								

图7.6 查看器中显示的描述统计量表

以品牌A为例，从描述性统计量的分析结果可以看出：共有15个个案参与统计；电压最低的是1.38V；最高的是1.47V；平均电压是1.424V；偏度是－0.35；峰度不等于0，不服从正态分布。品牌A比B的标准差小，表示品牌A电池电压的波动情况比B小，产品稳定性更均衡些。

2. 频率

对于一组数据，考察不同的数值出现的频率，或者数据落入指定区域内的频率，可以了解数据的分布状况。通过频率分析，在得到描述性统计结果的同时，还能了解变量取值的分布情况，对数据的分布趋势进行初步分析，为深入分析打下基础。SPSS的频率分析过程可以给出相应百分点的数值，因此它在对分类变量和不服从正态分布变量的描述中具有广泛的应用。案例文件使用"案例\\7.1.1\\2.频率_住宅销售价格指数"。

(1) 在菜单栏中选择"分析"→"描述统计"→"频率"，打开"描述性"对话框。将新建商品住宅销售价格指数调入右侧变量列表框，如图7.7所示。

(2) 单击"统计量"按钮，打开"频率：统计量"对话框。选择需要统计的选项："均值"、"标准差"、"最小值"、"最大值"、"峰度"和"偏度"，如图7.8所示。

(3) 单击"继续"按钮，返回"频率"对话框。单击"图表"按钮，打开"图表"对话框。选择"直方图"，勾选"在直方图上显示正态曲线"，如图7.9所示。

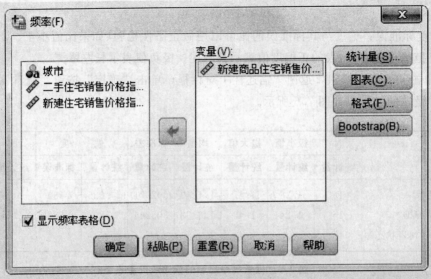

图 7.7 "频率"对话框

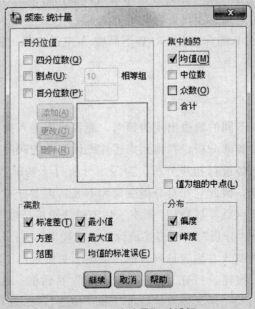

图 7.8 "统计量"对话框

项目七　市场调查资料分析

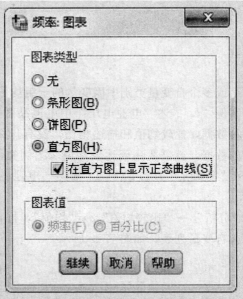

图7.9　"图表"对话框

（4）单击"继续"按钮，返回"频率"对话框。单击"确定"按钮。查看器中显示出"描述统计量"的结果，如图7.10所示。

图7.10中左侧是统计量表，给出了统计信息数据；右侧是频率分布直方图和正态曲线。

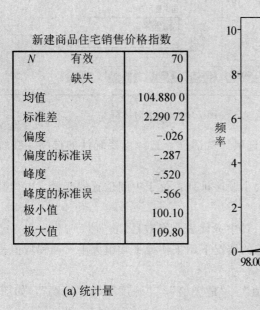

(a) 统计量

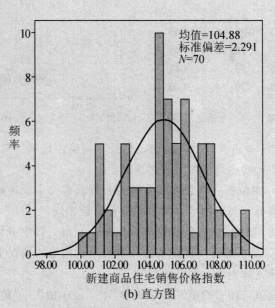

(b) 直方图

图7.10　统计量和直方图

7.2.2 比较均值

1. 均值

比较均值用于计算一个或多个自变量类别中因变量的子组均值和相关的单变量统计。

在描述统计中使用的案例"1.描述_电池电压"中电池品牌是变量,而且在数据表中,已经被区分开来。对于这种数据,比较均值和描述相比,没有什么特别之处。但是对于需要按指定条件分组计算均值的数据,就需要用到比较均值。案例文件使用"案例\\7.2.2\\1.均值_电池电压.sav"。和"案例\\7.1.1\\1.描述_电池电压.sav"相比,只是排列方式不同,如图7.11所示。

(1) 在菜单栏中选择"分析"→"比较均值"→"均值",打开"均值"对话框。将电压加入因变量列表,品牌调入自变量列表,如图7.12所示。

图7.11 电池电压值

图7.12 均值对话框

(2) 单击"选项"按钮,打开"均值:选项"对话框,选择需要统计的选项。在统计量列表中比描述均值多了一些项目。

① 中位数:将总体数据的各个数值按大小顺序排列,位于中间位置的变量。中位数将所有的数据等分成两半,两边的数据个数相同。

② 几何均值:数据值的乘积的 n 次根,其中 n 代表个案数目。

③ 调和均值:在组中的样本大小不相等的情况下用来估计平均组大小。调和均值是样本总数除以样本大小的倒数总和。

这里选择"均值"、"标准差"、"最小值"、"最大值"、"峰度"和"偏度",如图7.13所示。

(3) 单击"继续"按钮,返回"均值"对话框。单击"确定"按钮。查看器中显示出"描述统计量"的结果,如图7.14所示。

案例处理摘要中显示共30个个案参与统计分析,报告中列出了电压的各项分析值和总计情况。虽然数据表中品牌A和品牌B的测量值在同一个变量中,而且顺序混乱,但是因为把品牌指定为自变量后使用比较均值,所以报告中依然能够清晰地显示分组数据。

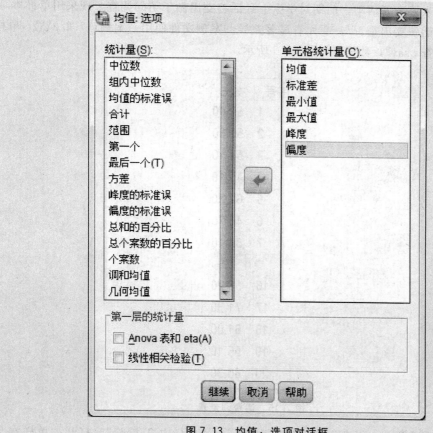

图 7.13　均值：选项对话框

案例处理摘要

	案例					
	已 包 含		已 排 除		总 计	
	N	百分比	N	百分比	N	百分比
电压 * 品牌	30	100.0%	0	.0%	30	100.0%

报　　告

电压

品　牌	均　值	标 准 差	极 小 值	极 大 值	峰　度	偏　度
A	1.424 0	.029 71	1.38	1.47	−1.196	−.035
B	1.339 3	.052 44	1.24	1.42	−.447	.067
总　计	1.381 7	.060 06	1.24	1.47	−.508	−.548

图 7.14　查看器中显示的摘要与报告

2. 单样本 T 检验

单样本 T 检验用于检验单个变量的均值是否与指定的常数相同。在实际应用中，单样本 T 检验的应用很多。例如，调查今年的入学平均分数和去年是否有明显差异，网站广告点击量与预期是否接近等，都可以采用单样本 T 检验。

某通信公司计划在一高校推出电话套餐活动，根据以往的经验，每月 55 元话费支出的学生会较主动加入该套餐活动。前期对学生上月话费支出做了访问调查，现采用单样本 T 检验来判断学生的话费支出是否与 55 元有显著差异。案例文件使用"案例\\7.2.2\\2. 单样本 T 检验_话费调查.sav"，数据表如图 7.15 所示。

序号	支出
1	55.00
2	56.30
3	54.10
4	45.10
5	62.30
6	45.70
7	59.10
...	...
16	56.20
17	71.30
18	61.00
19	55.10
20	80.30

图 7.15　话费调查表

(1) 在菜单栏中选择"分析"→"比较均值"→"单样本 T 检验"，打开"单样本 T 检验"对话框，将话费支出调入检验变量列表框，检验值输入 55，如图 7.16 所示。

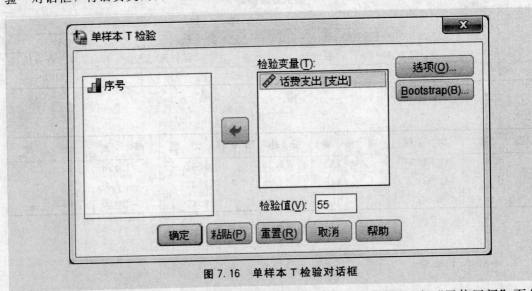

图 7.16　单样本 T 检验对话框

(2) 单击"选项"按钮，打开"单样本 T 检验：选项"对话框。在"置信区间"百分比输入框输入 95%，如图 7.17 所示。

① 置信区间：默认情况下，显示均值中的差的 95% 置信区间。可输入 1~99 的值以请求不同的置信度。

② 缺失值：当检验多个变量，并且一个或多个变量的数据缺失时，可以指示过程包含（或排除）哪些个案。

按分析排除个案：每个 T 检验均使用对于检验的变量具有有效数据的全部个案。样本大小可能随检验的不同而不同。

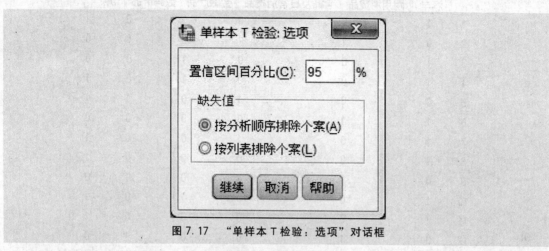

图 7.17 "单样本 T 检验：选项"对话框

按列表排除个案：每个 T 检验只使用对于在任何请求的 T 检验中使用的所有变量都具有有效数据的个案。样本大小在各个检验之间恒定。

（3）单击"继续"按钮，返回"单样本 T 检验：选项"对话框。单击"确定"按钮。查看器中显示出"T 检验"的结果，如图 7.18 所示。

单个样本统计量				
	N	均值	标准差	均值的标准误
话费支出	20	56.615 0	9.910 19	2.215 99

单个样本检验						
	检验值＝55					
	t	df	Sig（双侧）	均值差值	差分的 95% 置信区间	
					下限	上限
话费支出	.729	19	.475	1.615 00	−3.023 1	6.253 1

图 7.18 单样本 T 检验结果

从图中看出，话费支出的均值是 56.615 0，与检验值 55 的差值是 1.615 0，T 统计量的值是 0.729，95% 的置信区间是（−3.231，6.253 1）。"Sig（双侧）"表示双尾概率，值为 0.475，大于 5%（0.05）。统计结果表明该校的学生上月话费与 55 元没有明显差异，套餐可以推广。

7.2.3 多选题分析

在问卷调查中，经常会出现多选题，它允许被调查者同时选择多个选项。多选题是问卷调查中一项比较特殊的项目，甚至在许多问卷中是必不可少的组成部分。它对于了解被调查者对于某个问题的平行选择有非常重要的作用。对于此类调研数据，SPSS 使用多重响应进行分析。

某网站对网站来访者进行一项了调查,其中一项是多选题:"请问您的家庭在购买以下商品时,您是主要的决策人吗?"有 6 个项目供选择。案例文件使用"案例\\7.2.3\\1. 多选题分析_购买决策.sav"。数据表如图 7.19 所示。

	汽车	耐用消费品	食品及日常消费品	金融产品	数码产品	房产
1	1	0	0	0	0	1
2	0	1	1	0	0	0
3	1	0	0	1	0	0
4	1	0	0	1	0	0
5	0	0	1	0	1	0
6	1	1	0	0	0	1
7	1	0	0	0	0	0
8	1	0	0	0	1	0
9	1	1	0	0	0	1
10	1	0	0	1	0	0
11	1	0	0	0	1	1
12	0	1	0	1	0	1
13	1	0	0	1	0	1
14	0	0	1	0	0	1
15	1	1	0	0	0	1

图 7.19 购买决策数据表

数据表中共 15 个个案,多选题的每个选项为一个变量。变量值为 1 表示选中,0 表示未选中。

(1) 在菜单栏中选择"分析"→"多重响应"→"定义变量集",打开"定义多重响应集"对话框,如图 7.20 所示。

把所有变量调入到"集合中的变量"列表框。将变量编码选中"二分法",计数值填 1。选择二分法表示如果受访者选中了该选项,则该变量值为 1,如果没有选中,则值为 0。"类别"单选按钮表示使用分类变量进行编码,多类别集由多个变量组成,所有这些变量都以相同方式进行编码,通常具有许多可能的响应类别。"范围"文本框用于设定可选答案代码的起点和终点。

名称用于设定当前多选题多变量集的名称,标签用于对多变量集的辅助说明。单击"添加"按钮,把已经定义好的变量集加入到"多响应集"列表框。系统会自动在名称前加上"$"符合。单击"关闭"按钮返回数据编辑器,完成多变量集的定义。此时菜单栏中多重响应下的"频率"和"交叉表"处于激活状态。

(2) 在菜单栏中选择"分析"→"多重响应"→"频率",打开"多响应频率"对话框,如图 7.21 所示。把多响应集调入到表格中,单击"确定"按钮。

(3) 查看器中显示出"多重响应"的结果,如图 7.22 所示。

频率表中响应 N 表示受调查者所选择的总量,共有 37 个项目被选中,其中有 10 位受访者表示对于购买汽车能够进行决策。响应百分比表示选中该选项占所有选项的百分比。个案百分比表示选中该选项的个案数占总调查量的百分比。经过分析得出,汽车和房产是多数受调查者能够决策的主要项目。

项目七 市场调查资料分析

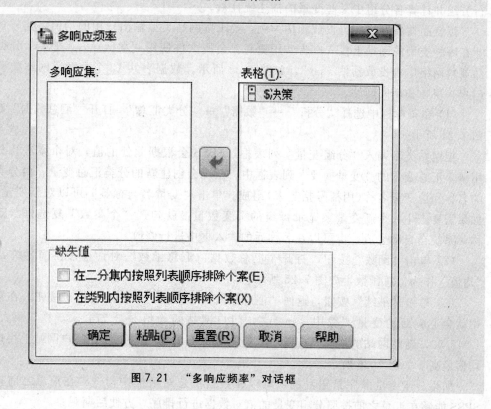

图 7.20 定义多重响应集

图 7.21 "多响应频率"对话框

$决策频率

		响应		个案百分比
		N	百分比	
购买商品时决策[a]	汽车	10	27.0%	66.7%
	耐用消费品(如家电等)	5	13.5%	33.3%
	食品及日常消费品	5	13.5%	33.3%
	理财/金融产品	4	10.8%	26.7%
	数码产品(如电脑、数码相机等)	4	10.8%	26.7%
	房产	9	24.3%	60.0%
总计		37	100.0%	246.7%

a 值为1时制表的二分组。

图 7.22　查看器中的频率分析结果

7.3　调查资料的汇总

7.3.1　分类汇总

"分类汇总数据"能将活动数据集中的个案组汇总为单个个案并创建新的汇总文件,或在活动数据集中创建包含分类汇总数据的新变量。分类汇总可以按指定的分类变量对个案进行分组并计算各分组中某些变量的描述统计量。

以食品饮料网络广告投放预估为例,要求按网站类型输出费用的均值,比较食品饮料企业在哪种类型的网站上投入广告费用更高。案例文件使用"案例\\7.3.1\\1.分类汇总_食品饮料网络广告投放预估.sav",如图7.23所示。数据表共12个个案,网站类型变量中有门户、视频和新闻网站。

(1) 在菜单栏中选择"分析"→"数据"→"分类汇总",打开"汇总数据"对话框,如图7.24所示。

把网站类型调入"分组变量"列表框,SPSS会根据此处的值,对个案进行分组。将费用调入汇总变量的"变量摘要"列表框中。系统会创建新的分类汇总变量,由分类汇总函数的名称和源变量名称(用括号括起来)组成。单击"变量名与标签"可以对新变量进行修改。如果需要产生一个新变量来显示每组的个案数量,就勾选"个案数"复选框。新变量的名称,系统会自动生成,也可以在名称后的输入框中进行修改。

(2) 单击"函数"按钮,打开"汇总数据:汇总函数"对话框。在摘要统计量下选中"均值"作为汇总函数,如图7.25所示。

(3) 单击"继续"按钮,返回"汇总数据"对话框。单击"确定"按钮。在数据编辑器中就会生成新的变量"费用_mean",门户网站的均值是3 774.50,视频网站的均值是1 048.50,新闻网站的均值是390.25。比较结果是食品饮料企业在门户网站上得广告投入的均值最高,如图7.26所示。

如果分组变量顺序是错乱的,可以在数据汇总对话框中勾选"在汇总之前排序文件",SPSS能够在汇总之前按照分组变量的值对数据进行排序,方便后期观察。

项目七 市场调查资料分析

	月份	网站类型	广告投入
1	2	门户网站	1922
2	2	视频网站	407
3	2	新闻网站	341
4	3	门户网站	2705
5	3	视频网站	720
6	3	新闻网站	485
7	4	门户网站	3984
8	4	视频网站	1267
9	4	新闻网站	343
10	5	门户网站	6487
11	5	视频网站	1800
12	5	新闻网站	392

图 7.23 广告投放预估表

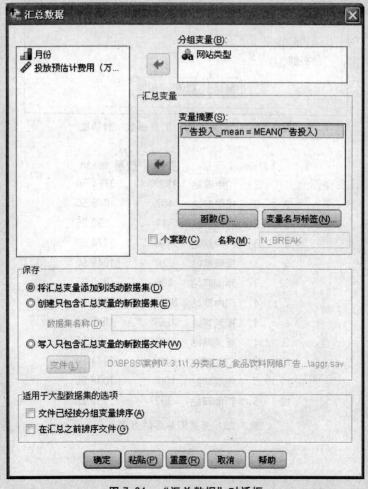

图 7.24 "汇总数据"对话框

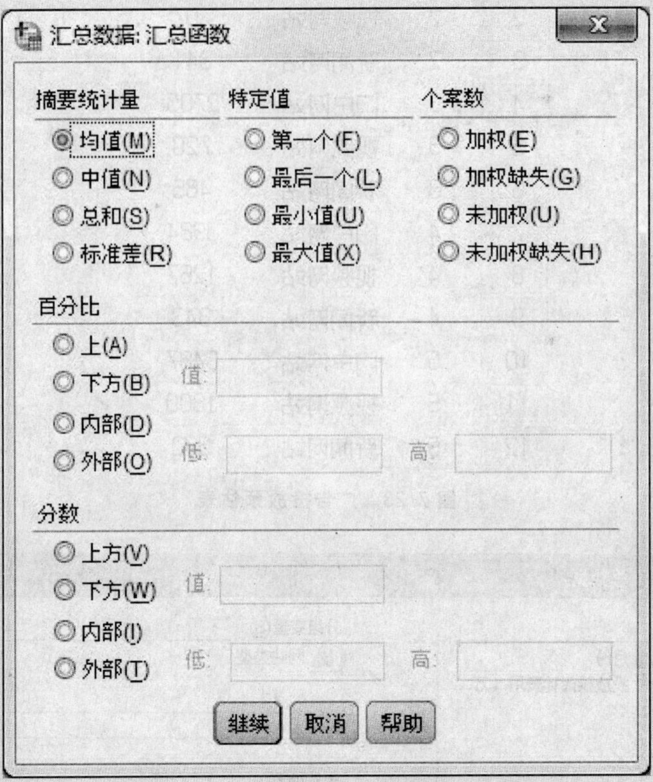

图 7.25 "汇总数据：汇总函数"对话框

	月份	行业	费用	费用_mean
1	2	门户网站	1922	3774.50
2	2	视频网站	407	1048.50
3	2	新闻网站	341	390.25
4	3	门户网站	2705	3774.50
5	3	视频网站	720	1048.50
6	3	新闻网站	485	390.25
7	4	门户网站	3984	3774.50
8	4	视频网站	1267	1048.50
9	4	新闻网站	343	390.25
10	5	门户网站	6487	3774.50
11	5	视频网站	1800	1048.50
12	5	新闻网站	392	390.25

图 7.26 分类汇总后的数据表

7.3.2 报告

1. 个案汇总

通过个案汇总，可以将数据按照指定的要求在查看器中罗列出来，方便打印或者浏览，并能够对数据进行简单的统计描述。

以农业产值为例，进行个案汇总，以便了解农林牧渔的发展情况。案例文件使用"案例\\7.3.1\\1.1.个案汇总_农业产值.sav"，如图7.27所示。

	时间段	年度	农业	林业	畜牧业	渔业
1	2000-2009	2009	30611.07	2359.41	19468.36	5626.44
2	2000-2009	2008	28044.20	2152.90	20583.60	5203.40
3	2000-2009	2007	24658.10	1861.64	16124.90	4457.52
4	2000-2009	2006	21522.28	1610.81	12083.86	3970.52
5	2000-2009	2005	19613.37	1425.54	13310.78	4016.12
6	2000-2009	2004	18138.36	1327.12	12173.80	3605.60
12	1990-1999	1998	14241.90	851.30	7025.80	2422.90
13	1990-1999	1997	13852.50	817.80	6835.40	2282.70
14	1990-1999	1996	13539.80	778.00	6015.50	2020.40
15	1990-1999	1995	11884.60	709.90	6045.00	1701.30
16	1990-1999	1994	9169.20	611.10	4672.00	1298.20
25	1980-1989	1985	2506.40	188.70	798.30	126.10
26	1980-1989	1984	2181.65	161.60	587.30	85.10
27	1980-1989	1983	2074.50	127.20	485.10	63.20
28	1980-1989	1982	1865.30	110.00	456.70	51.20
29	1980-1989	1981	1635.90	98.90	402.20	43.70
30	1980-1989	1980	1454.10	81.40	354.20	32.90

图7.27 农业产值表

图7.27中共30条数据，时间为1980—2009年，每10年为一个时间段。

（1）在菜单栏中选择"分析"→"报告"→"个案汇总"，打开"摘要个案"对话框，如图7.28所示。以时间段作为分组标准，调入到"分组变量"列表框。农业和林业等需要统计描述的调入变量列表框。

（2）单击"统计量"按钮，打开"摘要报告：统计量"对话框。选择需要统计的项目，调入到"单元格统计量"列表框中，如图7.29所示。

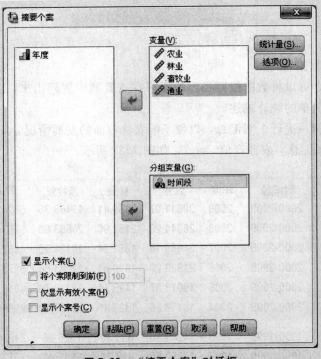

图 7.28 "摘要个案"对话框

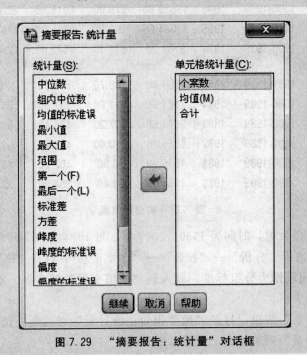

图 7.29 "摘要报告：统计量"对话框

(3) 单击"继续"按钮，返回"摘要个案"对话框。单击"选项"按钮，进入选项对话框，如图 7.30 所示。

项目七 市场调查资料分析

图 7.30 "选项"对话框

选项内填写的内容在统计结束后，会出现在个案汇总的统计表中。标题是个案汇总的表格标题，填写"农业产值个案汇总"；题注是表格下方的注释，填写"按时间段汇总"。

（4）返回"摘要个案"对话框。单击"确定"按钮。查看器中显示出"个案汇总"的结果，如图 7.31 所示。

农业产值个案汇总

时间段			农业	林业	畜牧业	渔业
1980-1989	1		4100.60	284.90	1800.40	348.80
	2		3276.88	275.30	1600.60	322.50
	8		1865.30	110.00	456.70	51.20
	9		1635.90	98.80	402.20	43.70
	10		1454.10	81.40	354.20	32.90
	总计	N	10	10	10	10
		均值	2443.1560	175.1200	842.8900	146.2800
		合计	24431.56	1751.20	8428.90	1462.80
1990-1999	1		14106.20	886.30	6997.60	2529.00
	2		14241.90	851.30	7025.80	2422.90
	8		5588.00	422.60	2460.50	613.50
	9		5146.40	367.90	2159.20	483.50
	10		4954.30	330.30	1967.00	410.60
	总计	N	10	10	10	10
		均值	9908.8000	626.9200	4719.2400	1464.4100
		合计	99088.00	6269.20	47192.40	14644.10
2000-2009	1		30611.07	2359.41	19468.36	5626.44
	2		28044.20	2152.90	20583.60	5203.40
	9		14462.80	938.80	7963.10	2815.00
	10		13873.60	936.50	7393.10	2712.60
	总计	N	10	10	10	10
		均值	20072.5380	1488.6120	12709.4900	3851.5900
		合计	200725.38	14886.12	127094.90	38515.90
总计		N	30	30	30	30
		均值	10808.1647	763.5507	6090.5400	1820.7600
		合计	324244.94	22906.52	182716.20	54622.80

按时间段汇总

图 7.31 农业产值个案汇总结果

从输出结果上可以看出每个时间段内有 10 个个案，以及每个产业的均值与合计。

171

2. 按行汇总

"按行汇总"生成的报告中,不同的摘要统计会按行显示,还能提供带有或不带摘要统计的个案列表。为了和"个案汇总"比较,依旧以农业产值为例,进行分析。

(1) 在菜单栏中选择"分析"→"报告"→"按行汇总",打开"报告:行摘要"对话框,如图 7.32 所示。

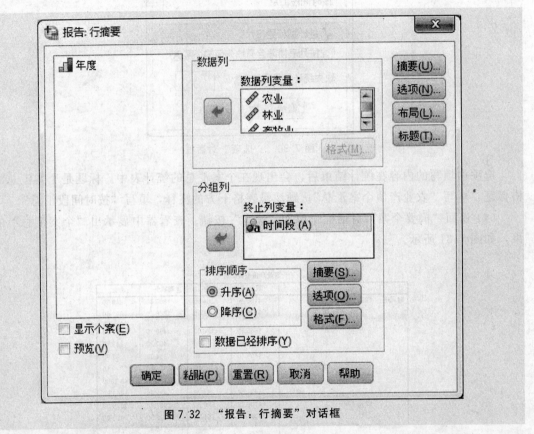

图 7.32 "报告:行摘要"对话框

把行业调入数据列变量,时间段调入终止列变量。

"格式"对话框控制列标题、列宽、文本对齐方式以及数据值或值标签的显示。"数据列格式"控制报告页右侧数据列的格式。"分组列格式"控制左侧分组列的格式。"选项"控制缺失值和报告页编号的处理和显示。"报告:布局"控制每个报告页的宽度和长度、页面上报告的放置以及空白行和标签的插入。"报告:标题"控制报告标题和页脚的内容和放置。最多可指定 10 行页面标题和 10 行页脚,并带有左、中心和右的组件,输入文本后,会在相应页面显示。特殊变量 DATE 和 PAGE 允许将当前日期或页码插入到报告页眉或页脚的任意一行。如果数据文件包含名为 DATE 或 PAGE 的变量,则不能在报告标题或页脚中使用这些变量。填写格式如图 7.33 所示。

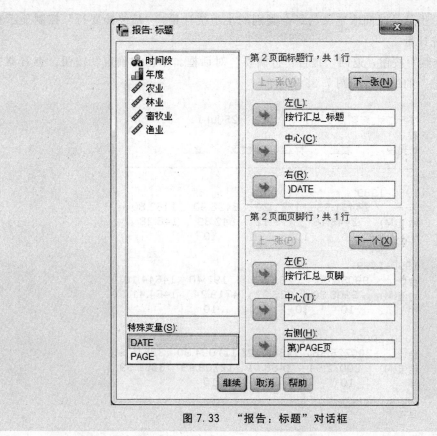

图 7.33 "报告:标题"对话框

(2) 单击数据列右边的"摘要"按钮,打开"报告:最终摘要行"对话框,选择需要统计的项目,勾选"值的和"、"值的均值"以及"个案数",如图 7.34 所示。

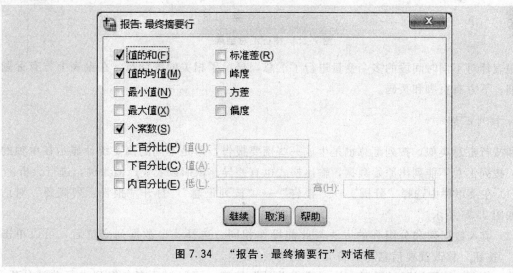

图 7.34 "报告:最终摘要行"对话框

返回到"行摘要"对话框,单击分组列的"摘要"按钮,打开"报告:摘要行"对话框,界面与图 7.34 相同,这里也选择"值的和"、"值的均值"以及"个案数"作为统计项目。

分组列和数据列的摘要对话框分别控制分组统计以及整个报告的统计的显示。"摘要行"

控制由中断变量，也就是时间取定义的每个类别的小组统计量。"最终摘要行"控制显示在报告末尾的整体统计量。

（3）单击"继续"按钮，返回"报告：行摘要"对话框。单击"确定"按钮。查看器中显示出"按行汇总"的结果，如图7.35所示。

```
按行汇总_标题                    25 Jul 11

时间段      农业       林业       畜牧业      渔业
---------  ---------  ---------  ---------  ---------
1980-1989
合计        24431.56   1751.20    8428.90    1462.80
均值(M)     2443.16    175.12     842.89     146.28
N           10         10         10         10

1990-1999
合计        99088.00   6269.20    47192.40   14644.10
均值(M)     9908.80    626.92     4719.24    1464.41
N           10         10         10         10

2000-2009
合计        200725.38  14886.12   127094.90  38515.90
均值(M)     20072.54   1488.61    12709.49   3851.59
N           10         10         10         10

总计
合计        324244.94  22906.52   182716.20  54622.80
均值(M)     10808.16   763.55     6090.54    1820.76
N           30         30         30         30

按行汇总_页脚                       第  1 页
```

图 7.35　按行汇总结果

报表针对不同时间段的多个变量进行了汇总，显示了相关的统计量。在报表上方有标题和日期，下方有页脚和页码。

3. 按列汇总

和按行汇总类似，按列汇总也是生成一些摘要报告，但是不同的摘要统计显示在单独的列中。按列汇总不能列出原始数据，输出格式也有差异。依旧以农业产值为例，进行分析。

（1）在菜单栏中选择"分析"→"报告"→"按列汇总"，打开"报告：列摘要"对话框，如图 7.36 所示。

（2）填入数据列和分组列的方法与此前操作相同。选择一个数据列变量后，可以单击"摘要"按钮，修改摘要信息，如图 7.37 所示。

（3）单击"摘要列"对话框中的"插入总计"按钮，可以对所有分组列进行总计分析。在它的"摘要"对话框中，选择需要进行统计的列，并调入到"摘要列"列表框中。在"摘要函数"下拉列表中选择"列的均值"，如图 7.38 所示。

项目七 市场调查资料分析

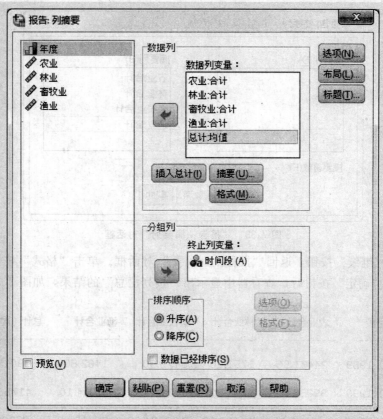

图 7.36 "报告：列摘要"对话框

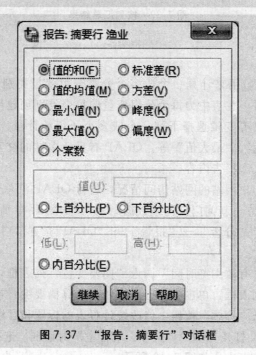

图 7.37 "报告：摘要行"对话框

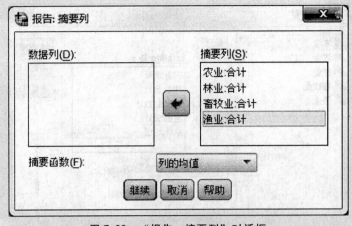

图 7.38 "报告:摘要列"对话框

(4)单击"继续"按钮,返回"报告:列摘要"对话框。单击"格式"按钮,修改每列的标题。单击"确定"按钮后,查看器中显示出"按列汇总"的结果,如图 7.39 所示。

时间段	农业合计	林业合计	畜牧业合计	渔业合计	总计（均值）
1980-1989	24431.56	1751.20	8428.90	1462.80	9019
1990-1999	99088.00	6269.20	47192.40	14644.10	41798
2000-2009	200725.38	14886.12	127094.90	38515.90	95306

图 7.39 按列汇总结果

4. OLAP 立方

OLAP(联机分析处理)用来计算一个或多个分类分组变量类别中连续摘要变量的总和、均值和其他单变量统计量。在表中为每个分组变量的每个类别创建单独的层。可以为每个分组变量的每个类别中的摘要变量选择下列一个或多个子组统计量:"和"、"个案数"、"均值"、"中位数"、"最小值"、"最大值"等。OLAP 有灵活多样的交互方式,能够根据用户的要求选择表格的报告方式和报告内容。

为了比较 3 个新闻门户网站的网站访问情况,进行 OLAP 汇总分析。案例文件使用"案例\\7.3.2\\2.OLAP 立方_新闻门户网站数据.sav",如图 7.40 所示。

(1)在菜单栏中选择"分析"→"报告"→"OLAP 立方",打开"OLAP 立方体"对话框,如图 7.41 所示。

将"覆盖人数"和"有效浏览时间"调入"摘要变量"列表框,将"月份"和"网站名称"调入"分组变量"列表框。单击"差分"按钮,计算摘要变量或由分组变量定义的组间的百分比和算术差。单击"标题"按钮,修改统计报表的标题和题注文字。

(2)单击"统计量",打开"OLAP 立方:统计量"对话框。选择需要统计的选项,调入到"单元格统计量"列表框中,如图 7.42 所示。

统计量在"单元格统计量"列表中出现的顺序是它们在输出中显示的顺序。

(3)返回"OLAP 立方体"对话框,单击"确定"按钮。查看器中显示出"描述统计量"

的结果,如图7.43所示。

(4) 在查看器中双击"OLAP立方体"的报表,可以使表格进入交互编辑状态,如图7.44所示。

"月份"和"网站名称"后出现了下拉列表,其中包含了相应的分组变量数据。选择不同的分组,下方的表格就会实时更新计算结果。

	月份	网站名称	覆盖人数	有效浏览时间
1	1	新华网	420	1226
2	1	人民网	285	665
3	1	环球网	164	684
4	2	新华网	452	1263
5	2	人民网	293	665
6	2	环球网	159	635
7	3	新华网	534	1527
8	3	人民网	366	790
9	3	环球网	202	774

图7.40 新闻门户网站数据表

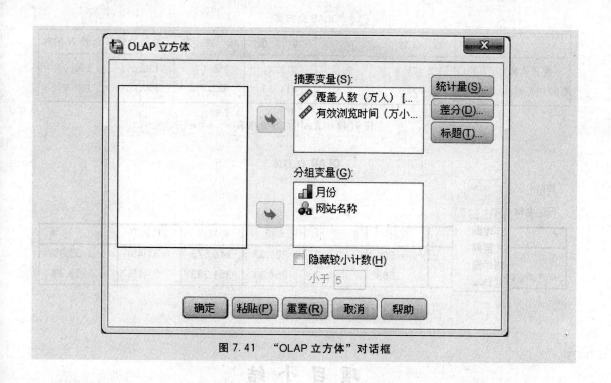

图7.41 "OLAP立方体"对话框

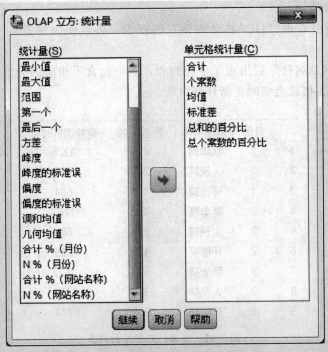

图 7.42 "OLAP 立方：统计量"对话框

OLAP 立方体

	合计	N	均值	标准差	总和的 %	合计 N 的 %
覆盖人数（万人）	2 875	9	319.44	132.979	100.0%	100.0%
有效浏览时间（万小时）	8 229	9	914.33	332.534	100.0%	100.0%

图 7.43 OLAP 立方体报表

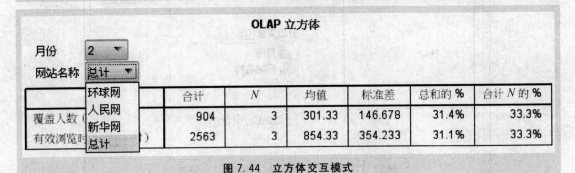

图 7.44 立方体交互模式

项 目 小 结

本项目简单介绍了调查资料的分析方法，主要讲解了使用 SPSS 进行统计分析和汇总的操作方法。本项目的重点是比较均值、多选题分析和报告汇总，难点是单样本 T 检验和个案汇总。学习本项目讲解的内容，能够处理简单的数据统计分析，但是进行对复杂数据的市场预测，还需要更多的统计学知识和对 SPSS 的深入学习。

思考与练习

一、简答题

1. 简述市场调查分析的意义和原则。
2. 简述频率在调查统计中的意义。
3. OLAP 立方可以统计哪些项目？有什么特点？

二、上机题

1. 对表 7-1 中的消费者信心指数进行分析，和 2009 年 1 月的 101.25 比较是否有明显差异。

表 7-1 消费者信心指数

月　　度	信心指数	满意指数	预期指数
2011 年 6 月	108.1	103.2	111.4
2011 年 5 月	105.8	104.6	106.6
2011 年 4 月	106.6	105.1	107.5
2011 年 3 月	107.6	104.75	109.32
2011 年 2 月	99.62	99.52	99.65
2011 年 1 月	99.9	99.8	100
2010 年 12 月	100.4	100.1	100.6
2010 年 11 月	102.89	102.49	103.1
2010 年 10 月	103.75	103.09	104.14
2010 年 9 月	104.14	103.44	104.49
2010 年 8 月	107.3	106.2	107.9
2010 年 7 月	107.8	106.4	108.6
2010 年 6 月	108.5	107.8	108.9
2010 年 5 月	108	107.7	108.2

2. 以 4 直辖市产业增加值和人均 GDP 数据表为例，进行个案汇总，比较 4 直辖市的经济增长与产业结构发展情况。数据表如图 7.45 所示。

市场调查与预测

	年份	地区	第二产业增加值	第三产业增加值	第一产业增加值	人均GDP
1	2004年	天津市	1685.93	1319.76	105.28	30575
2	2005年	天津市	2051.17	1534.07	112.38	35783
3	2006年	天津市	2488.29	1752.63	103.35	41022
4	2007年	天津市	2892.53	2047.68	110.19	46122
5	2008年	天津市	3821.07	2410.73	122.58	55473
6	2009年	天津市	3987.84	3405.16	128.85	62574
7	2004年	重庆市	1112.80	1151.96	428.05	9624
8	2005年	重庆市	1259.12	1347.97	463.40	10982
9	2006年	重庆市	1500.97	1564.79	386.38	12316
10	2007年	重庆市	1892.10	1748.02	482.39	14660
11	2008年	重庆市	2433.27	2087.99	575.40	18025
12	2009年	重庆市	3448.77	2474.44	606.80	22920
13	2004年	北京市	1853.58	4111.16	95.54	41099
14	2005年	北京市	2026.51	4761.81	97.99	45444
15	2006年	北京市	2191.43	5580.81	88.80	50407
16	2007年	北京市	2509.40	6742.66	101.26	58204
17	2008年	北京市	2693.15	7682.07	112.81	63029
18	2009年	北京市	2855.55	9179.19	118.29	70452
19	2004年	上海市	3892.12	4097.26	83.45	46755
20	2005年	上海市	4452.92	4620.92	90.26	52060
21	2006年	上海市	5028.37	5244.20	93.80	57695
22	2007年	上海市	5678.51	6408.50	101.84	66367
23	2008年	上海市	6235.92	7350.43	111.80	73124
24	2009年	上海市	6001.78	8930.85	113.82	78989

图 7.45　4 直辖市产业增加值和人均 GDP 数据表

三、案例分析题

描述分析

表 7-2 所列是美国零售销售额的情况。

表 7-2　美国零售销售额

月　　度	销　售　额
2011 年 6 月	387.79
2011 年 5 月	387.12
2011 年 4 月	389.36
2011 年 3 月	389.32
2011 年 2 月	387.12
2011 年 1 月	381.57
2010 年 12 月	380.87
2010 年 11 月	378.71

续表

月　度	销　售　额
2010年10月	373.1
2010年9月	367.67
2010年8月	363.7
2010年7月	362.69
2010年6月	360.16
2010年5月	362.52
2010年4月	366.92
2010年3月	364.84
2010年2月	357.27
2010年1月	355.2

（资料来源：财新网全球数据）

分析：请对上表进行基础性描述分析。

项目实训

实训一：SPSS步骤分析操作

实训目的

熟悉SPSS的操作方法，对统计分析深入了解。

实训内容和要求

使用频率分析方法，了解本次对手机用户上网习惯的调查中性别和上网时间的分布特点，然后在查看器中输出饼图，数据见表7-3。

表7-3　手机用户性别和上网时间

性　别	年　龄	上网时间	性　别	年　龄	上网时间
男	19	1	女	31	3
男	20	2	男	33	3
女	24	1	男	28	2
男	33	0.5	男	24	2
女	25	2	男	19	2
男	42	3	男	24	2
男	18	2	女	22	3
女	16	1			

实训成果及考核

通过上机操作，解决以下问题：

(1) SPSS步骤分析操作具有的特点。

(2) 通过SPSS步骤分析，制作出其数据的饼状图。

实训二：SPSS 统计分析

实训目的

整参考项目五中"项目实训"中"实训二"的问卷调查结果，使用 SPSS 进行简单的统计分析。

实训内容和要求

（1）描述数据表，统计结果包含样本大小、均值、最小值、最大值、标准差、合计、均值标准误、峰度和偏度及两者的标准误。

（2）对某项调查问题预先估计一个值，然后使用单样本 T 检验与估计值进行比较。

（3）如果有多选题，使用多重响应进行分析。

（4）对调查资料进行汇总。

实训成果及考核

上机录入调查结果，由教师指导并检查以下工作：

（1）对项目五中"项目实训"中"实训二"的数据进行描述。

（2）可熟练使用单样本 T 检验值与估计值进行比较。

（3）掌握一个新汇总使用方法。

项目八　市场预测方法

工作任务描述

随着经济全球化的发展，市场竞争更加激烈。能否及时、全面地通过分析市场信息准确地预测和把握市场发展趋势，已经成为企业提高决策能力和管理水平、提高企业整体竞争力的关键因素。一个企业，要想在营销中占领市场，取得良好的经济效益，必须使产品满足消费者的需求，这就需要预测消费者需要什么。通过市场预测，确定消费者的需求，才能开发出消费者所需的新产品，保证企业获得满意的利润。那么如何预测、各种预测方法有什么样的特点、在市场经济活动中具体采用什么样的预测方法就是本项目的工作任务。

知识概览

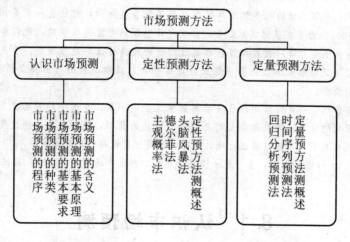

学习目标

知识目标	能力目标	学习重点和难点
(1) 了解市场预测的含义、种类和基本要求 (2) 熟悉市场预测的基本程序 (3) 理解定性预测和定量预测的优缺点、应用情形和方法	(1) 能够根据市场预测的基本原理和原则进行市场预测 (2) 能够根据不同的环境和对象运用定性预测法进行预测 (3) 能够依据实际案例进行定量预测	(1) 市场预测的基本原理和程序 (2) 德尔菲法和主观概率法 (3) 时间序列预测和回归分析预测

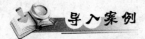

市场调查与预测

导入案例

多种预测方法在市场销售中的应用

奥伯梅尔公司是美国流行滑雪服市场的主要供应商,它的产品是由远东、欧洲、加勒比海地区以及美国的一些企业加工的。该公司几乎所有的产品每年都要重新设计,以适应流行款式、面料和颜色的变化。直到20世纪80年代中期,公司的设计和销售周期都是相对简单的,先设计产品、生产样品,3月向零售商展示样品,接受零售商订货后,4月接受供应商订货,10月在奥伯梅尔公司的配送中心收货,然后立即向零售商店送货。这种方法有效地运用了30多年。然而,80年代中期以后,这种方法不再有效。首先,随着公司的销售量增加,在生产高峰期生产能力受到制约。在夏季关键的几个月中,它无法从高质量的滑雪服加工厂预订到足够的生产能力,以保证加工出满足全部订货要求的产品。结果,它只得根据对零售商订货的预测,在上一年的11月,或者在商品销售之前大约一年,就开始预订加工能力。

其次,降低生产成本和增加产品品种的压力,迫切要求公司建立更加复杂的供应链。为了克服供应链变长、供应商能力限制以及零售商要求尽早交货的困难,奥伯梅尔公司采用各种方法来缩短交货期。然而,这些努力并未解决缺货和不断降价的问题。公司生产仍有约一半是根据需求预测安排的。在生产高度复杂多变的时尚产品的行业,这是很大的危险。奥伯梅尔公司依靠一个由其各个职能部门经理组成的专家小组,对公司每一种产品的需求进行一致性预测。但是,这项活动并不是特别有效。例如,在1991—1992年度销售期,有几款女式风雪大衣比原先的预测多销售了200%,同时,其他款式的销售量比预计销售量低了15%。为了改进预测,奥伯梅尔公司责成专人考察这些问题,由此提出了"正确响应(Accurate Response)"的方法。他们认识到,出现这些问题是由于公司不能预测人们将买什么,生产风雪大衣的决策,实质上是就"风雪大衣会有销路"这一判断在打赌。为了规避这种风险,必须寻求一种方法确定在"早期订货"之前生产哪些产品是最安全的,哪些产品应该延期到从"早期订货"收集到可资利用的信息后再生产。

同时,他们发现,专家小组的初步预测尽管有些是不符合实际的,但约有一半是相当准确的,与实际销售量的误差不到10%。为了在获得实际订货之前确定哪些预测可能是准确的,他们考察了专家小组的工作方式。专家小组传统上是对每一款式和颜色都通过广泛的讨论达成一致性预测。于是,该公司对传统方法进行了改进。公司决定请专家小组的每一位成员对每一种款式和颜色进行出独立预测,采用这种方法,个人要对自己的预测负责。

这种改革非常有价值。一致性预测往往并非真正意义上的一致。小组中的主要成员,如资深经理,常常过度地影响集体预测的结果;如果每个人都必须提出自己的预测,就可消除这种过度的影响。其次,也是更重要的,新方法有利于对预测结果进行统计处理,以得出更精确的预测结果。

(资料来源:小卡尔·迈克丹尼尔. 当代市场调研. 北京:机械工业出版社,1999)

8.1 认识市场预测

预测是针对目前还不明确的事物,根据其过去和现在的已知情况,估计和推测未来可能出现的趋势。这种估计和推测,应该是在正确的理论指导下,通过广泛调查取得第一手资料或第二手资料,再运用定性分析和定量分析的方法,对市场今后的发展变化做出质的描述和量的估计。市场预测能帮助经营者制订适应市场的行动方案,使其在市场竞争中处于主动地位。

8.1.1 市场预测的含义

市场预测就是运用科学的方法,对影响市场供求变化的诸因素进行调查研究,分析和预见其发展趋势,掌握市场供求变化的规律,为经营决策提供可靠的依据。预测为决策服务,是为了提高管理的科学水平,减少决策的盲目性。企业需要通过预测把握经济发展或者未来市场变化的有关动态,减少未来的不确定性,降低决策可能遇到的风险,使决策目标得以顺利实现。

知识链接 8-1

　　市场预测产生的历史悠久。根据《史记》记载,公元前 6 世纪到 5 世纪,范蠡在辅佐勾践灭吴复国以后,即弃官经商,19 年之中三致千金,成为天下富翁,他的商场建树取决于他懂得市场预测。例如,"论其存余不足,则知贵贱,贵上极则反贱,贱下极则反贵。"这是他根据市场上商品的供求情况预测商品的价格变化的方法。

　　严格地说,市场预测是从 19 世纪下半页开始的。一方面,资本主义经济中的市场变化极其复杂,只要能获取利润,减少经营风险,就要把握经济周期的变化规律;另一方面,数理经济学对现象数量关系的研究已经逐步深入,各国统计资料的积累也日益丰富,适于处理经济问题,市场预测的统计方法也逐步完善。学术界关于市场预测的里程碑人物是奥地利经济学家兼统计学家斯帕拉特·尼曼的。他运用指数分析方法研究了金、银、煤、铁、咖啡和棉花的生产情况,有关铁路、航运、电信和国际贸易方面的问题,以及 1866—1873 年的进出口价值数据。

8.1.2 市场预测的基本原理

　　市场之所以可以被预测,是因为人们通过长期的认识,积累起丰富的经验和知识,可以逐步了解市场变化规律;然后,凭借各种先进的科学手段,根据市场发展历史和现状,推演市场发展的趋势,做出相应的估计和推测。具体而言,市场预测需要以下几条原理作为指导。

1. 惯性原理

　　任何事物的发展在时间上都具有连续性,表现为特有的过去、现在和未来这样一个过程。没有一种事物的发展与其过去的行为没有联系,过去的行为不仅影响到现在,而且会影响到未来。因此,可以从事物的历史和现状推演出事物的未来。市场的发展也有一个过程,在时间上也表现出一定的连续性。尽管市场瞬息万变,但这种发展变化在长期的过程中也存在一些规律性(如竞争规律、价值规律等),可以被人们所认识。

2. 因果原理

　　任何事物都不可能孤立存在,都是与周围的各种事物相互制约、相互促进的;事物的发展变化,必然影响到其他有关事物的发展变化。例如,一个国家在一定时期内采取某种特定的经济政策,势必会对市场发展产生某种影响;这时的政策是因,市场变化情况是果。过一段时间,国家根据市场发展变化的新情况,制定新的经济政策刺激市场或稳定市场,限制市场,甚至改变市场发展方向等。市场情况成为因,经济政策又变为果。当然,一因多果或一果多因的现象也经常出现,但有其因就必有其果,这是规律。因此,从已知某一事物的变化规律，推演与之相关的其他事物的发展变化趋势，是合理的，也是可能的。

3. 类推原理

许多事物相互之间在结构、模式、性质、发展趋势等方面存在着相似之处。根据这种相似性，人们可以在已知某一事物发展变化情况的基础上，通过类推的方法推演出相似事物未来可能的发展趋势。例如，彩色电视机的发展与黑白电视机的发展就有某些类似之处，可以利用黑白电视机的发展规律类推彩色电视机的发展规律。

4. 概率原理

任何事物都有一个被认识的过程。人们在充分认识事物之前，只知道其中有些因素是确定的，有些因素是不确定的，即存在着偶然性因素。市场的发展过程中也存在必然性和偶然性，而且在偶然性中隐藏着必然性。通过对市场发展偶然性的分析，揭示其内部隐藏着的必然性，可以凭此推测市场发展的未来。从偶然性中发现必然性通过概率论和数理统计方法，求出随机事件出现各种状态的概率，然后根据概率预测对象的未来状态。

8.1.3 市场预测的基本要求

市场预测的准确度越高，预测效果就越好。然而，由于存在各种主客观原因，预测不可能没有误差。为了提高预测的准确性，预测工作应该满足客观性、全面性、及时性、科学性、持续性和经济性等基本要求。

1. 客观性

市场预测是一种客观的市场研究活动，但这种研究是通过人的主观活动完成的。因此，预测工作不能主观随意地"想当然"，更不能弄虚作假。

2. 全面性

影响市场活动的因素，除经济活动本身外，还有政治的、社会的、科学技术的因素，这些因素的作用使市场呈现纷繁复杂的局面。预测人员应具有广博的经验和丰富的知识，能从各个角度归纳和概括市场的变化，避免出现以偏概全的现象。当然，全面性也是相对的，无边无际的市场预测既不可能也无必要。

3. 及时性

信息无处不在，无时不有，任何信息对经营者来说，既是机会又是风险。为了帮助企业经营者不失时机地做出决策，要求市场预测快速提供必要的信息，过时的信息是毫无价值的。信息越及时，不能预料的因素就越少，预测的误差就越小。

4. 科学性

预测所依据的资料，必须经过去粗取精、去伪存真的筛选过程，才能反映预测对象的客观规律。运用资料时，应遵循近期资料影响大、远期资料影响小的规律。预测模型也应精心挑选，必要时还要先进行试验，找出最能代表事物本质的模型，减少预测误差。

5. 持续性

市场的变化是连续不断的，不可能停留在某一个时点上。相应地，市场预测需要不间断地持续进行。在实际工作中，一旦市场预测有了初步结果，就应当将预测结果与实际情况相比较，及时纠正预测误差，使市场预测保持较高的动态准确性。

6. 经济性

市场预测是要耗费资源的。有些预测项目，由于所需时间长，预测因素较多，往往需要投入大量的人力、物力和财力，这就要求预测工作本身必须量力而行，讲求经济效益。如果耗费过大，效益不高，就达不到理想的效果。如果企业内部预测所需成本太高时，可委托专门机构或咨询公司进行预测。

8.1.4 市场预测的种类

1. 按预测期长短分类

按预测期长短不同，可分为长期预测、中期预测和短期预测。
（1）长期预测指5年以上市场发展前景的预测，它是制订中长期计划和经济发展规划的依据。
（2）中期预测指对1年以上5年以下的市场发展前景的预测，它是制订中期计划和规定经济5年发展任务的依据。
（3）短期预测是指对1年以下的市场发展变化的预测，是经营决策的依据。

2. 按预测范围分类

按预测的范围不同，可分为宏观市场预测和微观市场预测。
（1）宏观市场预测是指以整个国民经济、部门、地区的市场活动为范围进行的各种预测，主要目标是预测市场供求关系的变化和总体市场的运行态势。
（2）微观市场预测是指从事生产、流通、服务等不同产业领域的企业，对其经营的各种产品或劳务市场的发展趋势做出估计和判断，为生产经营决策提供支持。

3. 按预测性质分类

按预测的性质不同，可分为定性预测和定量预测。

4. 按预测结果分类

按预测结果有无附加条件分类，可分为有条件预测和无条件预测。
（1）有条件预测是指市场预测的结果要以其他事件的实现为条件。
（2）无条件预测是指预测的结果不附加任何条件。

8.1.5 市场预测的程序

市场预测的程序就是开展预测工作的步骤，它是提高预测工作的效率和质量的重要保证。完整的预测工作一般包括5个步骤。

1. 确定预测目标

明确目标是开展市场预测工作的第一步。由于预测的目标、对象、期限、精度、成本和技术力量等不同,预测所采用的方法、资料数据收集也有所不同。明确预测的具体目标,是为了抓住重点,避免盲目性,提高预测工作的效率。例如,预测某种商品的需求量,就是一个具体的预测目标。确定目标之后,才能为搜集市场商情资料、选择预测方案、配备技术力量和预算所需费用指明方向。只有根据企业经营活动的需要,制订预测工作计划,编造预算,调配力量,组织实施,才能以较少费用,取得满意的预测结果。

2. 搜集资料

资料是预测的依据,有了充分的资料,才能为市场预测提供可靠的数据。搜集有关资料是进行市场预测重要的基础工作,如果某些预测方法所需的资料无法搜集或搜集的成本过高,即便有理想的预测方法也无法应用。广泛收集影响预测对象的一切资料,注意资料的真实性和可靠性,剔除偶然性因素造成的不正常情况,是定量预测模型的基础条件。

3. 选择预测方法与建立预测模型

市场预测方法很多,但并不是每种预测方法都适合所有被预测的问题。预测方法选用是否得当,将直接影响预测的精确性和可靠性。根据预测的目的、费用、时间、设备和人员等条件选择合适的方法,是预测成功的关键。对同一个预测目标,一般应同时采用两种以上的预测方法,以比较和鉴别预测结果的可信度。定量预测模型应该在满足预测要求的前提下,尽量简单、方便和实用。

4. 分析预测误差

预测是估计和推测,很难与实际情况百分之百吻合。预测模型又是简化了的数学模型,不可能包罗影响预测对象的所有因素,出现误差是不可避免的。产生误差的原因,一种可能是收集的资料有遗漏和篡改或预测方法有缺陷;另一种可能是工作中的处理方法失当,工作人员的偏好影响等。因此,每次预测实施后,要利用数学模型计算的理论预测值,与过去同期实际观察值相比较,计算出预测误差,估计其可信度。同时,还要分析各种数学模型所产生误差的大小,以便对各种预测模型做出改进或取舍。误差分析往往同选择预测方法结合进行。

5. 编写预测报告

预测报告是对预测工作的总结,也是向使用者做出的汇报。预测结果出来之后,要及时编写预测报告。报告的内容,除了应列出预测结果外,一般还应包括资料的搜集与处理、选用预测模型及对预测模型的检验、对预测结果的评价(包括修正预测结果的理由和修正的方法),以及其他需要说明的问题等。预测报告的表述,应尽可能利用统计图表及数据,做到形象直观、准确可靠。

项目八 市场预测方法

8.2 定性预测方法

无论预测什么内容，都要推导出一个结果，取得预测结果的技术手段便是预测方法。市场预测方法可以归纳为定性预测和定量预测两大类，将这两大类方法结合起来，并结合计算机技术，是预测方法发展的总趋势。

8.2.1 定性预测方法概述

1. 定性预测方法的含义

定性预测方法又称经验判断法，是市场预测中经常使用的方法，其主要依靠预测人员所掌握的信息、经验、专业知识和综合判断能力，预测市场未来的状况和发展趋势。定性预测适合预测那些模糊的、无法计量的社会经济现象，并通常由预测者集体进行。集体预测是定性预测的重要内容，能集中多数人的智慧，克服个人的主观片面性。

2. 定性预测方法的运用

在实际工作中，由于影响市场发展的因素错综复杂，资料难以数量化，甚至根本不可能用数量指标表示，一般只能采用定性预测方法。例如，一定时间内市场形势的发展变化情况，国家某项政策出台对消费倾向、市场前景的影响，我国加入世界贸易组织后对我国企业的利弊影响等都只能采用定性预测方法进行预测。另外，企业经营活动中的经营环境分析、战略规划制订、技术开发或新产品研制等，往往也只能采用定性预测方法。定性预测要求预测者具有从事预测活动的经验，同时要善于收集信息，积累数据资料，尊重客观实际，避免主观臆断，才能取得良好的预测效果。

定性预测方法简便，易于掌握，而且所需时间短，费用省，因此得到广泛采用。特别是进行多因素综合分析时，采用定性预测方法，效果更加显著。但是，定性预测方法缺乏数量分析，主观因素的作用较大，预测的准确度难免受到影响。因此，在采用定性预测方法时，应尽可能结合定量分析方法，使预测过程更科学，预测结果更准确。

8.2.2 头脑风暴法

1. 头脑风暴法的含义

头脑风暴法出自"头脑风暴"一词。头脑风暴(Brain-Storming)最早是精神病理学上的用语，是对精神病患者的精神错乱状态而言的，而现在则成为无限制的自由联想和讨论的代名词，其目的在于产生新观念或激发创新设想。头脑风暴法可分为直接头脑风暴法(通常简称为头脑风暴法)和质疑头脑风暴法(又称反头脑风暴法)。前者是专家群体决策，尽可能激发创造性，产生尽可能多的设想的方法，后者则是对前者提出的设想、方案逐一质疑，分析其现实可行性的方法。

市场调查与预测

知识链接 8-2

头脑风暴法是由美国创造学家 A·F·奥斯本于1939年首次提出、1953年正式发表的一种激发性思维的方法。此法经各国创造学研究者的实践和发展，至今已经形成了一个发明技法群，如奥斯本智力激励法、默写式智力激励法、卡片式智力激励法等。

2. 头脑风暴法的基本程序

头脑风暴法力图通过一定的讨论程序与规则保证创造性讨论的有效性，因此，讨论程序构成了头脑风暴法能否有效实施的关键因素。在程序上，组织头脑风暴法主要包括几个环节。

1）确定议题

有效地运用头脑风暴法从对问题的准确阐明开始。因此，必须在会前确定一个目标，使与会者明确通过这次会议需要解决什么问题，同时不要限制可能的解决方案的范围。一般而言，比较具体的议题能使与会者较快产生设想，主持人也较容易掌握；比较抽象和宏观的议题引发设想的时间较长，但设想的创造性也可能较强。

2）会前准备

为了使头脑风暴法的效率较高，效果较好，会前要做一些准备工作，如收集一些资料预先给大家参考，以便与会者了解与议题有关的背景材料和外界动态。就参与者而言，在开会之前，对于要解决的问题一定要有所了解。

3）确定人选

一般以8～12人为宜，也可略有增减（5～15人），会议时间一般以20～60分钟效果最佳。与会者人数太少不利于交流信息，激发思维；而人数太多则不容易掌控秩序，并且每个人发言的机会相对减少，也会影响会场气氛。只有在特殊情况下，与会者的人数可不受上述限制。

4）明确分工

要推定一名主持人，1～2名记录员（秘书）。主持人的作用是在头脑风暴会议开始时向所有参与者阐明问题，说明会议的规则，尽力创造融洽轻松的会议气氛，但一般不发表意见，以免影响会议的自由气氛，由专家们"自由"提出尽可能多的方案。记录员应将与会者的所有设想都及时编号，简要记录，最好写在黑板等醒目处，让与会者能够看清。

5）规定纪律

根据头脑风暴法的原则，可规定几条纪律，要求与会者遵守。例如，要集中注意力积极投入，不消极旁观；不私下议论，以免影响他人的思考；发言要针对目标，开门见山，不要客套，也不必做过多的解释；与会者之间相互尊重，平等相待，切忌相互褒贬等。

6）掌握时间

会议时间由主持人掌握，不宜在会前定死。一般来说，以几十分钟为宜。时间太短与会者难以畅所欲言，太长则容易产生疲劳感，影响会议效果。经验表明，创造性较强的设想一般要在会议开始10～15分钟后逐渐产生。美国创造学家帕内斯指出，会议时间最好安排在30～45分钟，如果需要更长时间，就应把议题分解成几个小问题分别进行专题讨论。

3. 头脑风暴法的特点

1) 自由畅谈

参加者不受任何条条框框限制，放松思想，思维自由驰骋。从不同角度，不同层次，不同方位，大胆地展开想象，尽可能地标新立异，与众不同，提出独创性的想法。

2) 禁止批评

绝对禁止批评是头脑风暴法应该遵循的一个重要原则。参加头脑风暴会议的每个人都不得对他人的设想提出批评意见，因为批评对创造性思维无疑会产生抑制作用。

3) 追求数量

头脑风暴法的目标是获得尽可能多的设想，追求数量是它的首要任务。参加会议的每个人都要抓紧时间多思考，多提设想。至于设想的质量问题，自可留到会后的设想处理阶段解决。在某种意义上，设想的质量和数量密切相关，产生的设想越多，其中的创造性设想就可能越多。

在决策过程中，还经常采用质疑头脑风暴法进行质疑和完善。这是头脑风暴法中对设想或方案的现实性进行估价的一个专门程序。在这一程序中，第一阶段就是要求参加者对每一个提出的设想都要提出质疑，并进行全面评论。评论的重点，是研究有碍设想实现的所有限制性因素。在质疑过程中，可能产生一些可行的新设想。这些新设想，包括对已提出的设想无法实现的原因的论证、存在的限制因素以及排除限制因素的建议。其结构通常是："××设想是不可行的，因为……如要使其可行，必须……"

知识链接 8-3

实践经验表明，头脑风暴法可以排除折中方案，对所讨论问题通过客观、连续地分析，找到一组切实可行的方案，因而头脑风暴法在军事决策和民用决策中得到了较广泛的应用。例如，在美国国防部制订长远科技规划时，曾邀请50名专家采取头脑风暴法开了两周会议。参加者的任务是对事先提出的长远规划提出异议。通过讨论，得到一份协调一致的报告，在原规划文件中，只有25%～30%的意见得到保留。由此可以看出头脑风暴法的价值。当然，头脑风暴法实施的成本（时间、费用等）是很高的，另外，头脑风暴法要求参与者有较好的素质。这些因素是否能够满足会影响头脑风暴法实施的效果。

8.2.3 德尔菲法

德尔菲法是由预测机构或人员采用通信的方式和各位专家单独联系，征询预测问题的答案，并将各专家的答案进行汇总整理，再反馈给专家征询意见。如此反复多次，最后由预测组织者综合专家意见，做出预测结论。

知识链接 8-4

德尔菲是古希腊地名。相传太阳神阿波罗在德尔菲杀死了一条巨蟒，成了德尔菲主人。在德尔菲有座阿波罗神殿，是一个预卜未来的神谕之地，于是人们就借用此名，作为这种方法的名字。德尔菲法是在20世纪40年代由赫尔默和戈登首创。1946年，美国兰德公司为避免集体讨论存在的屈从于权威或盲目服从多数的缺陷，首次用这种方法进行定性预测，后来该方法被迅速广泛采用。20世纪中期，当美国政府执意发动朝鲜战争的时候，兰德公司又提交了一份预测报告，预告这场战争必败。政府完全没有采纳，结果一败涂地。从此以后，德尔菲法得到广泛认可，早期主要应用于科学技术预测，从20世纪60年代中期以来，逐渐被广泛应用于预测商业和整个国民经济的发展。特别是在缺乏详细充分的统计资料，无法采用其他更精确的预测方法时，这种方法具有独特优势。一般常用它和其他方法相互配合进行长期预测。

1. 德尔菲法的基本程序

1) 确定预测主题

预测主题是预测所要研究和解决的课题，是预测的中心和目的。预测主题应该选择那些有研究价值或者对本单位、本地区今后发展有重要影响的课题，题目需具体明确。

2) 成立专家小组

专家是指对预测课题有深切了解，熟悉情况，有某方面专长又有分析和预测能力的人。

选择专家的条件：①要在本专业领域有丰富的实际工作经验，或者有较深的理论修养，或者对预测课题有关的领域很熟悉，有研究；②对该项预测有热情，有兴趣，愿意参加并能胜任。

选定专家以后，要由预测机构指定专人负责与之通信，建立单独联系。专家小组的人数，一般以20~50人为宜。人数太少，不能集思广益，并造成汇总的综合指标没有意义，因为相对指标和平均指标都要有大量数据才能进行计算；而人数太多，又不易掌握和联络，并增加预测费用。

3) 编制调查表

调查表是将调查项目有次序排列的一种表格形式。调查项目是要求专家回答的各种问题。调查项目要紧紧围绕预测的主题，应该少而精，含义要具体明确，使回答人能够正确理解。同时可编制填表说明，并提供背景材料。

4) 进行逐轮征询

第一轮：将调查表发给各位专家，要求他们对调查表中提到的问题一一做出回答；在规定时间内收回调查表。

第二轮：将第一轮收到的意见进行综合整理，"反馈"给每位专家，要求他们澄清自己的观点，提出更加明确的意见，要求专家回答。

第三轮：将第二轮收到的意见进行整理，"再反馈"给每位专家。这就是"交换意见"。这些意见是经过整理了的，不是具体说明谁的意见是什么，而是只说明有几种意见，分别是什么，请专家重新考虑自己的意见，以后再这样一轮一轮地继续下去。这种反复征询意见的轮数，在我国一般是3~4轮，国外一般用为4~5轮。每一轮都将上轮的回答用统计方法进行综合整理，计算出所有回答的平均数和离差，在下一轮中告诉各位专家。平均数一般用中位数，离差一般用全距或四分位数间距。例如，调查问题是："某种新技术大约多少年可能出现？"选择11位专家进行调查，其回答分别为10、11、12、14、14、15、18、19、10、22、23。则中位数为15(年)，全距为23－10＝13(年)。上四分位数的位置为 $\frac{11+1}{4}=3$，数值为 12(年)；下四分位数的位置为 $\frac{3\times(11+1)}{4}=9$，数值为 20(年)。四分位数间距为 $20-12=8$(年)。经过每次反馈后，每位参加预测的专家都可以修改自己原来的推测，也可坚持原来的推测。

5) 得出预测结论

在反馈多次，取得了大体一致的意见，或对立的意见已经非常明显以后，就停止提出问题，整理资料，得出预测结论。

2. 德尔菲法的特点

(1) 匿名性，各位专家互不见面，使专家打消思想顾虑，各自独立做出预测。

(2) 反馈性，专家可以通过预测组织者得知各种反馈的意见，这使各专家能在掌控全局的基础上，开拓思路，完善和修正自己的判断，提出独立的创新见解。

(3) 集中性，专家意见经过多轮反馈，意见渐趋一致，用统计的方法加以集中整理，可以得出预测结果。

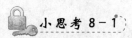

头脑风暴法和德尔菲法有哪些异同点？

8.2.4 主观概率法

1. 主观概率法的含义

概率是表示某一随机事件发生可能性大小的估计量。它具有两个特性：①全部事件中每一事件的概率之和等于 1；②某一特定事件确定的概率必定大于等于 0 而小于等于 1。当概率为 0 时表明事件不可能出现，当概率为 1 时表明事件一定会发生。

概率有主观概率和客观概率两种。客观概率是指某实验重复多次时，某事件相对发生的次数。它具有可检验性。主观概率是指人们根据自己的经验和知识对某一事件可能发生程度的主观估计，它不具有可检验性。经济预测活动中，许多经济事件不能重复实验，特别是在事件发生之前就要估计它出现的概率时，这就需要用主观概率来做估计，在预测中常用的主观概率法有主观概率加权平均法和累计概率中位数法两种，本节主要介绍主观概率加权平均法。

2. 主观概率加权平均法

主观概率加权平均法是以主观概率为权数，对各种预测意见进行加权平均，求得预测结果的方法。其步骤如下：

第一步：确定主观概率。根据过去的实际资料和对过去推测的准确程度确定各种可能情况的主观概率。

第二步：计算综合预测值。

【例 8-1】某公司的经管人员和销售人员对下一年第一季度销售额的预测见表 8-1。

表 8-1 某公司销售人员的预测值

销 售 员	估计销售量/万件		主 观 概 率
甲	最 高	1 000	0.16
甲	最可能	700	0.68
甲	最 低	600	0.16
乙	最 高	1 200	0.16
乙	最可能	1 000	0.68
乙	最 低	800	0.16
丙	最 高	900	0.16
丙	最可能	700	0.68
丙	最 低	500	0.16

(1) 以主观概率为权数,计算每人的最高销售、最低销售和最可能销售的加权平均数,作为个人期望值。

甲的估计销售量为

$$1\ 000\times 0.16+700\times 0.68+600\times 0.16=732(万件)$$

乙的估计销售量为

$$1\ 200\times 0.16+1\ 000\times 0.68+800\times 0.16=1\ 000(万件)$$

丙的估计销售量为

$$900\times 0.16+700\times 0.68+500\times 0.16=700(万件)$$

(2) 求出 3 名销售员预测的销售量的平均数为

$$\frac{732+1\ 000+700}{3}=810.67(万件)$$

如果两位经理也分别进行了估计预测,甲经理预测销售量为 1 000 万件,乙经理预测销售量为 900 万件。将经理的意见加以综合,可得两位经理预测销售量的平均数为

$$\frac{1\ 000+900}{2}=950(万件)$$

(3) 将经理人员和销售人员预测的意见再加以综合,做出最后的预测为

$$\frac{810.67+950}{2}=880.33(万件)$$

3. 主观概率法的优缺点

主观概率法是一种适用性很强的统计预测方法,适用于人类活动各个领域的定性预测分析。

1) 优点

预测简便、快捷、经济,适用于对各类情况的预测和推断;相比其他预测方法,预测结果更为准确可靠。

2) 缺点

主观性强,主观概率法是一种主观预期,具有明显的主观性,结果准确与否完全依赖于预测者的经验、专业知识和判断预测能力;预测结果具有相对性,"主观性"的预测结果只能相对地反映客观结果,即预测结果与现实结果的吻合程度取决于预测者对事件的理解和认识程度以及对客观事物规律的把握水平。

8.3 定量预测方法

8.3.1 定量预测方法概述

定量预测是指在数据资料充分的基础上，运用数学方法，有时还要结合计算机技术，对事物未来的发展趋势进行数量方面的估计与推测。定量预测方法有两个明显的特点：一是依靠实际观察数据，重视数据的作用和定量分析；二是建立数学模型作为定量预测的工具。随着统计方法、数学模型和计算机技术日益为更多的人所掌握，定量预测的运用会越来越大。

市场预测中的定量预测方法，是在分析影响市场供求变动因素的基础上，找出相关变量之间的因果关系，建立数学模型，通过运算得到预测结果。例如，设某种商品价格稳定，该商品销售额便由销售量决定。这时，销售量是自变量设为 x，销售额是因变量设为 y，它们之间用函数式表示为 $y=f(x)$。这一函数式就描述了这种商品在价格确定条件下的销售额与销售量之间的相互关系及其变化规律。如果变量之间的关系能确定地描述，则称变量之间存在因果关系；如果变量之间的关系不能确定地描述，就称变量间为相关关系。不论变量之间存在的是因果关系或是相关关系，都可采用定量分析方法进行预测。本章主要介绍两类定量预测方法：时间序列预测法和回归分析预测法。

8.3.2 时间序列预测法

时间序列是指由同一种现象在不同时间的观察值排列而成的一组数字序列。时间序列预测方法的基本思想是预测一种现象的未来变化时，用该现象的过去行为预测未来，即通过时间序列的历史数据揭示现象随时间变化的规律，将这种规律延伸到未来，从而对该现象的未来做出预测。因此，时间序列预测法是一种历史资料延伸预测，又称历史引申预测法，是以时间数列所能反映的社会经济现象的发展过程和规律性，进行引申外推，预测其发展趋势的方法。

现实中的时间序列的变化受许多因素的影响，有些起着长期的、决定性的作用，使时间序列的变化呈现出某种趋势和一定的规律性，有些则起着短期的、非决定性的作用，使时间序列的变化呈现出某种不规则性。时间序列的变化大体可分解为以下 4 种：

(1) 趋势变化。指现象随时间变化朝着一定方向呈现出持续稳定地上升、下降或平稳的趋势。

(2) 季节变化。指现象受季节影响，按某一固定周期呈现出的波动变化。

(3) 循环变动。指现象按不固定的周期呈现出的波动变化。

(4) 随机变动。指现象受偶然因素的影响而呈现出的不规则波动。

时间序列一般是以上几种变化形式的叠加或组合。时间序列预测方法分为两大类：一类是确定型的时间序列模型方法；另一类是随机型的时间序列分析方法。确定型时间序列预测方法的基本思想是用一个确定的时间函数 $y=f(t)$ 来拟合时间序列，不同的变化采取不同的函数形式来描述，不同变化的叠加采用不同的函数叠加来描述。具体可分为平均数预测法、趋势外推预测法、平滑预测法、季节指数等。随机型时间序列分析法的基本思想是通过分析不同时刻变量的相关关系，揭示其相关结构，利用这种相关结构对时间序列进行预测。本节讨论的时间序列预测法指的是确定型时间序列模型方法。

1. 平均数市场预测法

平均数市场预测法是在对时间序列进行分析研究的基础上，计算时间序列观察值的某种平均数，并以此平均数为基础确定预测模型或预测值的市场预测方法。它的计算过程比较简单，具有简便易行的特点。平均市场预测法由于所计算的平均数不同，可以具体分为几种方法。

1）简单算术平均法

简单平均数的计算，是以市场现象观察值数据之和除以观察值的期数，其计算公式为

$$\hat{y}_t = \frac{\sum y}{n}$$

式中：$\hat{y}_t$——t 期的预测值；

$\sum y$——各期观察值之和；

n——观察期数。

【例 8-2】某商场 1~5 月商品销售额见表 8-2。用简单算术平均法预测该商场 6 月的销售额。

表 8-2 某商场商品销售额

月　　份	1月	2月	3月	4月	5月
销售额/万元	150	145	160	155	170

根据公式计算，6 月的销售额为

$$\hat{y}_t = \frac{\sum y}{n} = (150+145+160+155+170)/5 = 156(万元)$$

2）加权算术平均法

采用时间序列预测法，时间序列中各期市场现象观察值都会对预测值产生影响。一般来说，距预测期远的观察值对预测值的影响小一些，距预测期近的观察值对预测值的影响大些。这样预测者可以采用大小不同的权数，将市场现象观察者对预测值的不同影响程度加以量化，对影响大的近期观察值给予较大的权数，对远期影响较小的观察值给予较小的权数。这种根据观察值的重要性不同，分别给予其相应的权数，再计算加权平均数作为建立预测模型和计算预测值依据的方法，称为加权平均预测法。

加权平均预测法，通常采用加权算术平均法来计算平均值，其计算公式为

$$\hat{y}_t = \frac{\sum yw}{\sum w}$$

式中：y——各期实际观察值($t=1, 2, \cdots, n$)

w——各期权数。

【例 8-3】某企业近 5 年销售某种商品的销售额分别为 100 万元、110 万元、105 万元、120 万元、125 万元，假设每年的权重依次为 1、2、3、4、5，则下一年的预测值为

$$\hat{y}_6 = (100\times1+110\times2+105\times3+120\times4+125\times5)/(1+2+3+4+5) = 116(万元)$$

采用加权平均预测法，必须确定适当的权数，才能得到满意的预测值，而权数，只是根据预测者对时间序列的观察分析确定，尚无科学的数学方法。一般考虑两点，首先考虑距预

测期的远近,远的权数小些,近的权数大些;其次考虑时间序列本身的变动幅度大小,波动幅度较大的给予的权数差异就大些,反之权数的差异就可以小些。

3)移动平均法

移动平均法是对时间序列观察值由远及近按一定跨越期计算平均值的一种预测方法。移动平均法有两个显著的特点:①较长观察期内时间序列的观察值变动方向和程度不尽一致,呈现出波动状态,或受随机因素影响比较明显时,移动平均法能够在消除不规则变动的同时,又对其波动有所反映。即移动平均法在反映现象变动方面是比较敏感的。②移动平均法所需储存的观察值比较少,因为随着移动,远期的观察值对预测期数值的确定就不必要了,这一点使得移动平均法可长期用于同一问题的连续研究,不论延续多长时间,所保留的观察值是不必增加的,只需保留跨越期这个观察值就可以了。

移动平均法的准确程度,主要取决于跨越期选择得是否合理。而预测者确定跨越期长短要根据两点,一是要根据时间序列本身的特点,二是要根据研究问题的需要。移动平均法适用于既有趋势变动又有波动的时间序列,也适用于有波动的季节变动现象的预测。其主要作用是消除随机因素引起的不规则变动对市场现象时间序列的影响。具体方法有一次移动平均法、二次移动平均法、加权移动平均法等。

(1)一次移动平均法。一次移动平均法是时间序列按一定跨越期,移动计算观察值的算术平均数,其平均数随着观察值的移动而向后移动。计算公式为

$$M_{t+1}^{(1)} = \frac{Y_t + Y_{t+1} + Y + \cdots + Y_{t-n+1}}{n}$$

式中:$M_{t+1}^{(1)}$——第 $t+1$ 期的一次移动平均值,即 $t+1$ 期的预测值;

Y_t——第 t 期的观察值($t=1,2,\cdots,n$);

n——跨越期数($1 \leq n \leq N$)。

一次移动平均法也有局限性:一方面这种方法只能向未来预测一期;另一方面,对于有明显趋势变动的市场现象时间序列,一次移动平均法是不适合的,它只适用于基本呈水平型变动,又有些波动的时间序列,可以消除不规则变动的影响。

【例 8-4】某企业 2009 年 1~10 月的销售额见表 8-3,设 $n=3$,用一次移动平均法预测 11 月份的销售额。

表 8-3 某企业 2009 年 1~10 月销售额

月 份	销售额/万元	预测值/万元
1	500	
2	550	
3	650	566.67
4	600	600.00
5	625	625.00
6	650	625.00
7	700	658.33
8	725	691.67
9	650	691.67
10	720	698.33

从表 8-3 的统计资料可以看出，采取逐步移动的方法分析时间序列趋势，取离预测期最近的一段平均值作为预测值，即 11 月销售额的预测值为 698.33 万元。

（2）二次移动平均法。二次移动平均法是对一次移动平均值再进行第二次移动平均，并在此基础上建立预测模型，求出预测值的预测方法。

二次移动平均法是在一次移动平均的基础上采用的，它解决了一次移动平均法中预测值滞后于实际观察值的矛盾，适合于有明显趋势变动的市场现象时间序列进行预测，同时保留了一次移动平均法的优点。二次移动平均值的计算公式为

$$M_t^{(2)} = \frac{M_t^{(1)} + M_{t+1}^{(1)} + \cdots + M_{t-n+1}^{(1)}}{n}$$

式中：$M_t^{(1)}$——第 t 期的一次移动平均值；

$M_t^{(2)}$——第 t 期的二次移动平均值；

n——计算移动平均值的跨越期。

以表 8-3 的资料为例，经过二次移动平均后得到 11 月销售额的预测值为 693.89 万元，见表 8-4。

表 8-4 二次移动预测值

月 份	销售额/万元	预 测 值	二次移动预测值
1	500		
2	550		
3	650	566.67	
4	600	600.00	
5	625	625.00	597.22
6	650	625.00	616.67
7	700	658.33	636.11
8	725	691.67	658.33
9	650	691.67	680.56
10	720	698.33	693.89

平均数市场预测法适用于两种情况，一种是市场现象时间序列呈水平发展趋势，不规则变动即随机因素的影响较小。此时应用此方法，实际上是进一步消除不规则变动的影响，将水平型变动规律更清楚地反映出来。另一种情况是市场现象在一年中各月的观察值有明显的季节变动，而在几年之间不存在明显的趋势变动，且不规则变动即偶然因素的影响很小。

2. 指数平滑市场预测法

指数平滑市场预测法（简称指数平滑法）实际上是一种特殊的加权移动平均法。它的特点在于：①对离预测期近的观察值，给予较大的权数；对离预测期渐远的观察值给予递减的权数。②对于同一市场现象连续计算其指数平滑值，由近及远按等比级数减小；③指数平滑法中的 a 值，是一个可调节的权数值，$0 \leqslant a \leqslant 1$。

指数平滑法按市场现象观察值被平滑的次数不同，可分为单重指数平滑法和多重指数平滑法，本节主要阐述单重指数平滑法。

单重指数平滑法又称一次指数平滑法,是指对市场现象观察值计算一次平滑值,并以一次指数平滑值为基础,估计市场现象的预测值的方法。

一次指数平滑法中平滑值的计算公式为

$$S_{t+1}^{(1)} = S_t^{(1)} + \alpha(Y_t - S_t^{(1)})$$

式中:α——平滑系数;

$S_t^{(1)}$——第 t 期的一次指数平滑值;

$S_{t+1}^{(1)}$——第 $t+1$ 期的一次指数平滑值;

Y_t——第 t 期的实际观察值。

一次指数平滑值公式的实际意义是被研究的市场现象某一期的预测值等于它前一期的一次指数平滑值加上以平滑系数调整后的市场现象前一期的实际观察值与一次平滑值的离差。在实际应用中,为了简化计算过程,常常将一次指数平滑值计算公式变形为一次指数平滑的预测模型,其计算公式为

$$S_{t+1}^{(1)} = aY_t + (1-a)S_t^{(1)}$$

一次指数平滑法的初值(最初的一次指数平滑值)的确定有两种方法:①取第一期的实际值为初值;②取最初几期的平均值为初值。

【例 8-5】运用一次指数平滑法对 2010 年 1 月我国某商品销售额进行预测(取 $\alpha=0.3$,0.5,0.7),见表 8-5。

表 8-5 指数平滑法预测值

时间	实际观测值/万元	指数平滑法/万元		
		$\alpha=0.3$	$\alpha=0.5$	$\alpha=0.7$
2009.01	200			
2009.02	210	200	200	200
2009.03	215	203	205	203.6
2009.04	200	206.6	210	207.6
2009.05	220	204.6	205	204.7
2009.06	195	209.2	212.5	210.2
2009.07	190	205.0	203.8	204.6
2009.08	220	200.5	196.9	199.4
2009.09	225	206.3	208.4	207.0
2009.10	230	211.9	216.7	213.4
2009.11	235	217.4	223.4	219.2
2009.12	250	222.6	229.2	224.6
2010.01		230.9	239.6	233.5

一次指数平滑法的基本特点如下:

(1) 它实际上是一种特殊的加权移动平均法,是用预测期前一期市场现象实际观察值与平滑值的离差,对前一期的平均值进行修正,得到新的一次平滑值。

(2) 采用一次指数平滑法计算平滑值时,只需用一个实际观察值就可以了,它需要储存的数据量很小。

(3) 一次指数平滑法只能向未来预测一期市场现象,这在很多情况下造成了预测的局限性,不能满足市场预测者的需要。此外,一次指数平滑预测模型中的第一个平滑值和平滑系数 α,在被确定时只根据经验,尚无严格的数学理论加以证明。它对无明显趋势变动的市场现象进行预测是适合的,但对于有趋势变动的市场现象则不适合。当市场现象存在明显趋势时,不论 α 值取多大,其一次指数平滑值也会滞后于实际观察值。

3. 趋势外推预测法

市场现象的发展大都具有渐进性,或者说相对于时间具有一定的规律性。趋势外推预测法,就是根据时间数列呈现出的规律性趋势向外推导,从而确定预测对象未来值的预测方法。这种方法的准确度,建立在外推模型能否正确反映预测对象的本质运动的基础上,并且向外推导的时间不宜过长。

趋势外推预测法可分为直接作图法、直线趋势外推法和曲线趋势外推法。直接作图法是根据历史数据的排列情况,直接在坐标图上描绘出时间数列的延伸趋势,并以此判定预测值的方法。直线趋势外推法和曲线趋势外推法,是当时间数列的图形具有明显的直线或曲线趋势,通过建立预测模型进行预测的方法。本节只阐述直线趋势外推法。

1) 直线趋势外推法的概念

直线趋势外推法,是时间序列预测中用以测定长期趋势的一种方法。它依据时间数列所反映的变动趋势,运用数学方法配合直线,预测未来发展变化的趋势。直线趋势外推法,是将时间数列中的时间顺序作为自变量,将数列中每项数值作为因变量,按某种方法求出线性方程,并以此进行预测。

其配合的直线趋势的数学方程即直线方程为

$$\hat{y}_t = a + bt$$

式中: $\hat{y}_t$——趋势值;

t——时间;

a、b——待定参数。

2) 直线趋势外推法的方法

(1) 分段平均数法。分段平均数法是将一个时间数列分成若干段,每段计算一个平均数作为代表值,然后联结两段的平均数,得到趋势直线。将趋势直线延长下去,就可用以预测今后的发展趋势。常用的方法是半数平均法,即将时间数列分为两半部分,分别计算前半部分和后半部分的平均数。将平均数点分别置于各自半部分的中间那一期,联结两个平均数点成一直线,即为所求的趋势直线。

利用半数平均法配合直线模型,虽然各年实际水平与趋势值的商差总和为零,其误差的绝对值并不是最小。这样的直线并不是最佳的配合直线。但半数平均法比较简便,在社会经济现象变动比较稳定时,所配合的趋势直线,可以进行外推预测。

(2) 最小平方法。最小平方法是根据最小平方法原理,配合长期趋势直线,进而利用趋势直线方程,预测未来趋势的变化。其主要特征是可使实际水平与趋势值离差的总和等于零,而且实际水平与趋势值离差的平方和为最小。一般认为用最小平方法所配合的趋势直线,是最佳配合的直线。当然,对过去可能是最佳配合,但未来是否按这条趋势线发展,达到最佳配合,则难以预料。

根据最小平方法的要求，所求出的 a 和 b 应当满足 $\sum (y-\hat{y}_t)^2 = \min$。

因为
$$\hat{y}_t = a + bt$$

所以
$$\sum (y - \hat{y}_t)^2 = \sum (y - a - bt)^2$$

令
$$Q = \sum (y - a - bt)^2$$

这时 a 和 b 是我们所要求的未知数，所以 Q 就是 a 和 b 的函数。若要求 a 与 b 能使 Q 达到最小值，则应使 Q 对 a 和 b 的偏导数分别等于 0。即

$$\frac{\partial Q}{\partial a} = -2\sum(y - a - bt) = 0$$

$$\frac{\partial Q}{\partial b} = 2\sum(y - a - bt)(-t) = 0$$

整理后得

$$\sum y - na - b\sum t = 0$$

$$\sum ty - a\sum t - b\sum t^2 = 0$$

进一步整理后，可以得到标准方程组为

$$\sum y = na + b\sum t$$

$$\sum ty = a\sum t + b\sum t^2$$

方程组中：t——自变量（时间数列中的时间变量）；

y——因变量（时间数列的观测值）；

n——时间数列观测值的个数；（时间数列的项数，在一个确定的时间数列中，是一个常数）；

a，b——待定参数，（确定时间数列直线趋势方程时要求的未知数）。

求 a 与 b 的一般解法，是将 t、y 和 n 代入，解联立方程组。求出 a 与 b 后，再将两个参数代入直线趋势方程 $\hat{y}_t = a + bt$ 中，就可得到所需要的反映时间数列长期趋势的估计值（理论值）$\hat{y}_t$。在实际应用中，人们根据变量之间的关系，推导出求 a 和 b 的一般公式为

$$b = \frac{n\sum ty - \sum t \sum y}{n\sum t^2 - (\sum t)^2}$$

$$a = \bar{y} - b\bar{t}$$

这里求 a 和 b 的方法就是最小平方法。由于配合直线趋势的关键问题是确定 a 和 b 的取值的问题，而取值的标准是使根据 a、b 建立的趋势方程 $\hat{y}_t$ 满足 $\sum (y-\hat{y}_t)^2 = \min$。因此，一般将这一确定直线趋势的方法称为最小平方法。

事实上，由最小平方法确定的参数估计是最佳线性无偏估计，也就是说，由最小平方法确定参数进而确定的趋势方程是所有可能用来描述实际曲线的方程中误差最小的方程，所以是一个最佳的无偏估计。进行长期趋势预测（不论是直线趋势还是曲线趋势）时，最小平方法是经常应用的基本方法。

【例 8-6】现有某商店近 5 年商品销售额资料，见表 8-6。试根据近 5 年商品销售额资料对 2010 年和 2011 年的商品销售额进行预测。

表8-6 某商店近5年商品销售额

年 份	序号 t	商品销售额 y	ty	t^2
2005	1	20	20	1
2006	2	21	42	4
2007	3	23	69	9
2008	4	23	92	16
2009	5	25	125	25
合 计	15	112	348	55

将上述计算结果 $\sum t$、$\sum y$、$\sum ty$、$\sum t^2$ 和 n 代入求 a、b 的一般公式

$$b = \frac{n\sum ty - \sum t \sum y}{n\sum t^2 - (\sum t)^2}$$

$$a = \bar{y} - b\bar{t}$$

计算得到

$$b = \frac{5 \times 348 - 15 \times 112}{5 \times 55 - 15 \times 15} = 1.2$$

$$a = \frac{112}{5} - 1.2 \times \frac{15}{5} = 18.8$$

因此,直线趋势方程为

$$\hat{y}_t = 18.8 + 1.2t$$

这一趋势方程描述了该时间数列在过去的发展过程中,发展变化的方向和随时间变化(随着 t 的增加)销售额发展变化的大体水平。这一趋势方程通常用来对时间数列的发展前景进行预测。例如,2009年序号为5,2010年序号应为6,2011年序号应为7,根据上述趋势方程预测2010年或2011年的商品销售额数量。根据趋势方程,当 $t=6$ 和 $t=7$ 时,计算公式为

$$\hat{y}_{2010} = 18.8 + 1.2 \times 6 = 26(万元)$$

$$\hat{y}_{2011} = 18.8 + 1.2 \times 7 = 27.2(万元)$$

即2010年该商店商品零售额预计为26万元,2011年预计为27.2万元。

在【例8-6】中,自变量 t 的取值为 $1 \sim n$。而实际上,这种编号并不一定要从1开始,还可以从任一自然数开始顺序编号,如从0开始。所以,可以利用这样的便利减少工作量,这种方法称之为正、负对称编号法,即当时间序列的数据长度 n 为奇数时,取中数 $\left(\frac{n+1}{2}\right)$ 的编号为0,那么 t 就构成了以0号为中心的正、负数对称的顺序编号,使得 $\sum t = 0$。如果时间序列的数据长度为偶数时,将中间两期的编号定义为 -1 和 $+1$,间隔期为2,此时 $\sum t = 0$。使用正、负对称编号法时,计算公式可以简化为

$$a = \frac{\sum y}{n}$$

$$b = \frac{\sum ty}{\sum t^2}$$

以表 8-6 中的数据为例,通过简便的方法得到另一组数据,见表 8-7。

表 8-7 某商店近 5 年商品销售额

年份	序号 t	商品销售额 y	ty	t^2
2005	-2	20	-40	4
2006	-1	21	-21	1
2007	0	23	0	0
2008	1	23	23	1
2009	2	25	50	4
合计	0	112	12	10

把数据代入到简捷的计算公式得

$$a = \frac{\sum y}{n} = \frac{112}{5} = 22.4$$

$$b = \frac{\sum ty}{\sum t^2} = \frac{12}{10} = 1.2$$

即趋势直线方程为

$$\hat{y}_t = 22.4 + 1.2t$$

2010 年销售额的预测值为

$$\hat{y}_{2010} = 22.4 + 1.2 \times 3 = 26(万元)$$

2011 年销售额的预测值为

$$\hat{y}_{2011} = 22.4 + 1.2 \times 4 = 27.2(万元)$$

由此可见,简捷法和一般方法预测结果完全一致。当然,由于原点不同,直线方程的截距 a 是不同的。运用这一方法进行外推预测时应当注意,这种方法只适于进行短期预测,因为在这个方程中只考虑了时间因素的影响,而现实事物运动时,除了时间因素外,还会受许多其他因素的影响,如果对于近期预测其他因素的影响还可以忽略不计的话,随着预测期的延长,其他因素的影响就会积累起来,从而使预测误差不断增加。因此,运用这一方法进行外推预测时,外推的时间长度一般不超过三期。

4. 季节指数法

季节变动是指某些市场现象由于受自然气候、生产条件、生活习惯等因素的影响,在一定时间中随季节的变化而呈现出周期性的变化规律。例如,农副产品受自然气候影响,形成市场供应量的季节性变动;节日商品、礼品性商品受民间传统的影响,其销售量也具有明显的季节变动现象。对季节变动进行分析研究,掌握其变动规律,可以预测季节型时间数列的季节变动值。

季节变动的主要特点是每年都重复出现,各年同月(或季)具有相同的变动方向,变动幅度一般相差不大。因此,研究市场现象的季节变动,收集时间序列的资料一般应以月(或季)为单位,并且至少需要有 3 年或 3 年以上的市场现象各月(或季)的资料,才能观察到季节变动的一般规律性。

季节指数法就是根据预测目标各年按月(或季)编制的时间数列资料,以统计方法测定出反映季节变动规律的季节指数,并利用季节指数进行预测的预测方法。测定季节指数的方法大体有两类,一是不考虑长期趋势的影响,直接根据原时间数列计算季节指数;二是考虑长期趋势的存在,先将长期趋势消除,然后计算季节指数。本节主要阐述无趋势变动的季节指数法。

如果时间数列没有明显的长期变动趋势,就可以假设其不存在长期趋势,直接对时间数列中各年同月(或季)的实际值加以平均,再将各年同月(或季)的平均数与各年的总平均数进行比较,求出季节指数,最后通过季节指数计算出预测值。

【例8-7】某商品销售量5年的分季资料见表8-8。假设该资料无长期趋势,设第六年全年的计划销售量为60吨,试预测第六年各季度的销售量。

表8-8 某商品销售量5年的分季资料

年度	第一年				第二年				第三年				第四年				第五年			
季度	一	二	三	四	一	二	三	四	一	二	三	四	一	二	三	四	一	二	三	四
销售量(吨)	—	—	13	18	5	8	14	18	6	10	16	22	8	12	19	25	15	17	23	30

预测计算过程见表8-9。

表8-9 季节指数计算表

	一季度	二季度	三季度	四季度	全年合计
第一年	—	—	13	18	31
第二年	5	8	14	18	45
第三年	6	10	16	22	54
第四年	8	12	19	25	64
第五年	15	17	—	—	32
同季合计	34	47	62	83	226
同季平均数	34/4=8.5	47/4=11.75	62/4=15.5	83/4=20.75	年平均=14.125
季节指数	8.5/14.125 =60.18%	11.75/14.125 =83.19%	15.5/14.125 =109.73%	20.75/14.125 =146.90%	400%

计算季节指数时,若以月为周期,则12个月的季节指数之和应为1 200%;若以天为周期,则一周7天的季节指数之和应为700%。如果计算时由于舍入误差,使季节指数之和不等于相应标准时,需用比例法将其调整为标准形态。

解:先求出第六年的季平均数,再根据第六年的季平均数和各季度的季节指数,求各季度的预测值。

第六年的季平均数=60/4=15(吨)
第六年第一季度的销售量=15×60.18%=9.027(吨)
第二季度的销售量=15×83.19%=12.478 5(吨)
第三季度的销售量=15×109.73%=16.459 5(吨)
第四季度的销售量=15×146.90%=22.035(吨)

8.3.3 回归分析预测法

1. 回归分析预测法概述

回归分析预测法是预测学的基本方法,它是利用预测目标(因变量)与影响因素(自变量)之间的相关关系,通过建立回归模型,由影响因素的数值推算预测目标数值的一种预测方法。

知识链接 8-5

"回归"是由英国著名生物学家兼统计学家高尔顿在研究人类遗传问题时提出来的。为了研究父代与子代身高的关系,高尔顿搜集了 1 078 对父子的身高数据。他发现这些数据的散点图大致呈直线状态,也就是说,总的趋势是父亲的身高增加时,儿子的身高也倾向于增加。但是,高尔顿对试验数据进行了深入的分析,发现了一个很有趣的现象——回归效应。因为当父亲高于平均身高时,他们的儿子身高比他更高的概率要小于比他更矮的概率;父亲矮于平均身高时,他们的儿子身高比他更矮的概率小于比他更高的概率。它反映了一个规律,即这两种身高父亲的儿子的身高,有向他们父辈的平均身高回归的趋势。对于这个一般结论的解释是大自然具有一种约束力,使人类身高的分布相对稳定而不产生两极分化,这就是所谓的回归效应。高尔顿根据试验数据还推算出儿子身高(y)与父亲身高(x)的关系式为

$$y = a + bx$$

它代表的是一条直线,称为回归直线,并把相应的统计分析称为回归分析。

自然界中的许多现象之间存在着相互依赖、相互制约的关系,这些关系表现在量上主要有两种类型:一类是变量之间存在着确定的关系。例如,已知圆的半径 r,则圆的面积可以用公式 $s = \pi r^2$ 计算。这里 s 与 r 之间有着确定的关系,即函数关系。另一类是变量之间虽然存在着密切的关系,却不能用函数关系来描述。例如,炼钢炉中钢液的含碳量与冶炼时间这两个变量之间存在着密切关系,不同的冶炼时间对应着不同的含碳量,一般地,较高的含碳量所用的时间较长,但是相同的含碳量对应的时间不一定相同,由于偶然因素的作用,使钢液的含碳量与冶炼时间之间存在着不确定关系,即相关关系。对于相关关系,虽然不能找出变量之间精确的函数关系,但是,在大量的观测数据中,可以发现它们之间存在着统计规律性。回归分析是研究变量的相关关系的一种有效方法。回归分析包括一元线性回归分析、多元线性回归分析、非线性回归分析等,本章仅阐述一元线性回归分析。

2. 一元线性回归分析预测法

设变量 x 和 y 之间存在着相关关系,其中 x 是可以精确测量或可控制的变量(非随机变量),y 是一个随机变量。假设 y 和 x 存在着线性相关关系。

【例 8-8】要考察某企业销售收入与广告费之间的关系,以往的资料见表 8-10。其中 y 表示销售收入,x 表示广告费用。

表 8-10　某企业销售收入与广告费用资料

单位：万元

广告费用	40	52	56	62	70	80	92	98	105
销售收入	2 700	3 000	3 150	3 300	3 440	3 600	3 850	4 000	4 300

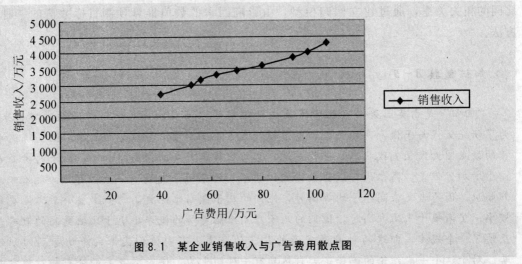

图 8.1　某企业销售收入与广告费用散点图

画出散点图（如图 8.1 所示），这些点虽然是散乱的，但大体上散布在某条直线的周围，即广告费用 x 与销售收入 y 之间大致呈现线性关系，方程为

$$\hat{y} = a + bx$$

其中 $\hat{y}$ 不是 y 的实际值，是估计值。

一般地，用线性函数 $a+bx$ 来估计 y 的数学期望的问题，称为一元线性回归问题。方程为

$$\hat{y} = a + bx$$

上式方程为 y 关于 x 的线性回归方程，斜率 b 为回归系数。用最小二乘法来估计 a 和 b，得到

$$b = \frac{n\sum xy - \sum x \sum y}{n\sum x^2 - (\sum x)^2}$$

$$a = \bar{y} - b\bar{x}$$

依据【例 8-8】计算得

$$b = 22.62$$
$$a = 1\,836.11$$

将 a、b 两参数的计算结果代入方程 $\hat{y} = a + bx$，得到所求的一元线性回归方程为

$$\hat{y} = 1\,836.11 + 22.62x$$

假设广告费用为 120 万元，那么可以预测销售收入为 4 550.51 万元。

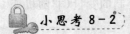

一元线性回归分析预测法与直线趋势外推法有什么区别？

项目小结

市场预测就是运用科学的方法，对影响市场供求变化的诸因素进行调查研究，分析和预见其发展趋势，掌握市场供求变化的规律，为经营决策提供可靠的依据。

本项目主要介绍市场预测中的一些常用的定性和定量预测方法，其中定性预测方法主要包括头脑风暴法、德尔菲法和主观概率法；定量预测方法主要介绍了平均数市场预测法、指数平滑市场预测法、趋势外推预测法、季节指数法和一元线性回归预测法。这些预测方法运用得当，往往能够收到较好的预测效果。

思考与练习

一、填空题

1. 长期预测，是指对_____年以上的经济发展前景所进行的预测。
2. 常用的定性预测方法主要有_____、_____、_____等。
3. 简单平均法，是指以过去若干期销售量的简单算术_____作为未来销售量预测值的预测方法。
4. 时间序列中各项发展水平的变化是由多种因素共同作用的结果，不同性质的因素所起的作用不同，其运动变化的形式也不同。通常将时间序列按各种因素作用的效果不同分为_____、_____、_____和_____4类变动形式。
5. 预测方法总的来说可以分为_____法和_____法两大类。

二、选择题

1. ( )是运用科学的方法，对影响市场供求变化的诸因素进行调查研究，分析和预见其发展趋势，掌握市场供求变化的规律，为经营决策提供可靠的依据。
   A. 市场调研　　　　B. 市场预测　　　　C. 市场分析　　　　D. 市场考察
2. ( )是利用直观的资料，依靠个人的经验和主观分析、判断能力，对未来的情况做出预测。
   A. 定量预测方法　　B. 因素分析法　　　C. 线性回归分析法　D. 定性预测方法
3. 下列不能作为定量预测方法的是( )。
   A. 指数平滑法　　　B. 回归分析法　　　C. 季节指数法　　　D. 主观概率法
4. 市场预测程序是( )
   A. 明确目的、收集资料、分析、预测
   B. 收集资料、明确目的、分析、预测
   C. 分析、明确目的、收集资料、预测
   D. 明确目的、收集资料、预测、分析
5. 若平滑系数大，则说明( )。
   A. 近期的实际值对预测期的预测值影响大
   B. 近期的实际值对预测期的预测值影响小

C. 前期的预测值对预测期的预测值影响大

D. 前期的预测值对预测期的预测值影响小

三、简答题

1. 简述头脑风暴法的含义及特点。
2. 简述德尔菲法的含义及特点。

四、计算题

1. 某商品 2003—2010 年的销售额见表 8-11。请分别运用移动平均法（$n=3$）和指数平滑法（$\alpha=0.3$）对 2011 年销售额进行预测。

表 8-11　某商品 2003—2010 年销售额

单位：万元

年　　度	2003	2004	2005	2006	2007	2008	2009	2010
销 售 额	102	108	115	118	120	126	132	140

2. 某省经过抽样调查所获得的该省不同人均收入水平的居民家庭和每百户家庭拥有的电冰箱台数的数据见表 8-12。建立回归预测模型，并预测家庭人均收入为 3 500 元时，每百户空调器的拥有量。

表 8-12　抽样调查数据和回归计算数据表

家庭人均收入 x/千元	平均每百户拥有电冰箱 y/台	x^2	xy	y^2
1.5	4.8	2.25	7.2	23.04
1.8	5.7	3.24	10.26	32.49
2.4	7	5.76	16.8	49
3.1	8.3	9.61	25.73	68.89
3.6	10.8	12.96	38.88	116.64
4	12.2	16	48.8	148.84
4.4	13.2	19.36	58.05	174.24
4.8	13.6	23.04	65.28	184.96
5	15.5	25	77.5	240.25
$\sum x = 30.6$	$\sum y = 91.1$	$\sum x^2 = 117.22$	$\sum xy = 348.5$	$\sum y^2 = 1\,038.35$

五、案例分析题

德尔菲法预测案例

上海某销售公司欲独家代理深圳市某公司开发的一新款电子产品在上海的销售。由于该产品在上海还没有销售记录可以参考，为了预测该电子产品的销售情况，该销售公司采用了德尔菲法。具体步骤如下：

（1）该销售公司成立了调查领导小组，聘请了业务经理、产品专家和推销员等 11 位专家。

(2) 向各位专家发出第一轮函询表,内容包括:对产品的样品、特点和用途做详细介绍,并对同类产品的价格和销售情况进行介绍。请专家做出该产品在上海的销售情况预测。

(3) 经过3次反馈,得出结果,见表8-13。

表8-13 3次反馈结果

专家编号	第一次判断	第二次判断	第三次判断
1	1 200	1 200	1 300
2	1 200	1 200	1 200
3	1 300	1 500	1 400
4	1 000	1 000	1 100
5	900	1 100	1 200
6	1 400	1 400	1 300
7	900	800	800
8	800	1 000	900
9	800	800	900
10	1 500	1 500	1 400
11	600	8 000	1 000
平均	1 055	1·118	1 136

分析:

预测该公司的销售情况。

项目实训

实训一:对未来大学课堂教学方法进行预测

实训目的

通过实训熟练掌握两种预测方法的运用技巧,提高学生的组织、表达能力。

实训内容和要求

(1) 10人一组按照头脑风暴法的运用程序组织实施。

(2) 每位学生都要积极参与,并进行适当分工。

实训考核

每小组提交一篇实训报告,教师根据实训过程及报告质量打分并点评。

项目二:定量预测实训

实训目的

本次实训安排在计算机教室进行模拟演练,使学生学会使用Excel统计函数和预测分析工具进行定量预测。通过实训熟练掌握两种预测方法的运用技巧,提高学生的组织、表达能力。

实训内容和要求

根据某商店1~10月的商品销售额,运用趋势移动平均法预测11月和来年2月的销售额。

实训考核

根据计算结果的准确程度为每位同学打分。

项目九 调查报告的撰写

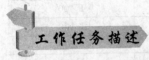

工作任务描述

你的电脑是否会出现以下症状:

开机时,电脑像进入昏迷状态,越点鼠标反应就越迟钝?

玩着游戏,画面忽然不断卡壳,机箱传来急促的响声?

多开几个软件,电脑屏幕就"花"了,移动软件或文档窗口就拖出一片阴影?

这些都是电脑不健康的典型症状。2011年以来,"360安全中心论坛"对网友求助问题进行了定期汇总统计,怎么样让电脑更快更好用一直是网民关注的热门问题。

接下来,我们将全面解析中国网民电脑的软硬件环境,找出导致电脑不健康的问题和解决办法。主要内容摘要如下:

(1)七成以上中国电脑具备"够用"的主流硬件配置。其中,四核以上CPU、4G以上内存以及1T硬盘的"神机"级电脑约有372万台,而512MB内存的"牛车"级电脑仍有近1 000万台。

(2)中国六成以上电脑处于"不健康"状态,近四成无法顺畅玩游戏和看高清电影,仅有两成电脑能玩大型游戏,1.6%的电脑相当于"能看网页的打字机"。

(3)电脑在健康状态下的平均开机时间约为45秒,但目前国内电脑平均开机时间为56秒。其中最快开机速度仅为9秒,但有38万台电脑开机时间曾超过300秒。

(4)中国电脑中有高达10 601个开机启动项,其中四成是"无用"启动项,不必开机启动。过多不必要的启动项是电脑慢、卡的主要成因。

(5)国内流行的2 000款浏览器插件中,有近四成因强制弹广告、难以卸载等而被用户投票为"恶评插件"。每天有350万网民电脑中检测到超过2 000万个不良插件。

(6)十大"木马病毒后遗症"经常引发多种电脑故障。

(7)定期健康体检、清理系统垃圾、及时进行系统配置优化是保持电脑健康的三帖"良方"。

(资料来源:360安全中心,2011—05—10)

通过以上报告可以看出,为解决企业现实中的某个问题,进行一系列的抽样调查工作后,通过对资料的整理和汇总,才能使调查结果更加明晰,从而才能更好地为企业决策服务。市场调查的最后一项重要工作就是撰写文字性的调查报告,如何撰写一份详细、规范的调查报告,是本项目所讲述的重要内容,其涉及的工作任务和工作要求如下:

1. 提高报告的质量

(1)了解调查报告的特征和种类,为提高报告质量提供科学依据。

(2)正确认识撰写调查报告意义,提高为企业最终决策奠定基础。

2. 严格按照正规格式撰写调查报告

(1)明确调查报告的特征和种类后,在撰写之前,还要了解调查报告是由哪些部分组成。

项目九 调查报告的撰写

(2) 调查报告的格式归纳为3部分：前文、正文、结尾。

(3) 调查报告要重点突出，以大量事实为依据，措辞准确。

3. 撰写调查报告的程序、技巧的运用及应该注意的事项

(1) 严格遵守调查报告的撰写程序，其主要包括5个步骤，缺一不可。

(2) 注意语言表达、表格、图形在报告中的灵活运用，特别强调语言的规范性及正式性。

(3) 在撰写时，要领会报告的总体要求和细则要求，不同企业的报告，其细则也会不同。

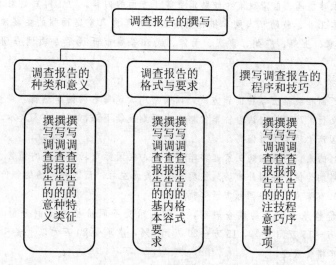

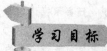

知识目标	能力目标	学习重点和难点
(1) 了解调查报告的含义及特征 (2) 熟悉调查报告的种类和重要意义 (3) 掌握调查报告的格式及基本要求 (4) 熟悉撰写调查报告的程序 (5) 掌握撰写调查报告的技巧及其注意事项	(1) 能够撰写一份调查报告为企业决策提供依据 (2) 能够识别调查报告的类别及写作重点 (3) 掌握撰写报告的格式及具体步骤 (4) 具备一定的写作知识及技巧	(1) 调查报告的特征及种类 (2) 调查报告的格式及撰写的基本要求 (3) 撰写调查报告的程序及技巧 (4) 撰写调查报告应该注意的事项

家庭轿车市场研究

导读：对家庭轿车销售价格承受能力的调查表明，人们可承受不同价格的比例分别为万元以下36%，5万～10万元41%，10万～15万元15%，15万～20万元5%，能承受20万元以上者只有3%。因而，价格

211

相对便宜的经济型轿车将受欢迎。

调查地点：北京、上海、广州、重庆、天津、武汉

调查方法：入户调查

调查时间：2000年1～4月

样本量：1 925

被访者：城市居民

调查机构：中国社会调查事务所（SSIC）

报告来源：中国社会调查事务所（SSIC）

报告内容：随着生活水平的迅速提高，拥有家庭轿车的居民变得越来越多。国家也在积极酝酿新的汽车消费政策，以鼓励个人购车，特别是鼓励个人购买轻便、节能的经济型用车。即将出台的汽车消费政策主要包括税费管理、城建协调、信贷政策和鼓励消费等4方面的内容。为了解百姓对家庭轿车的需求、对国家有关旨在发展汽车工业、鼓励私人购车措施的看法及轿车进入家庭面临的主要障碍等问题，SSIC于2000年1～4月在北京、上海、广州、重庆、天津、武汉等城市开展了专项调查研究，收集有效样本1 925个。

1. 经济型轿车最扣人心弦

近来，国产轿车厂商相继推出各种促销方式，以调动广大消费者的购车热情。调查显示，91％的人认为国产轿车降价势在必行，79％的人认为轿车价格会在近期继续下降，17％的人表示之所以还没有下决心买车主要是因为目前国产小轿车价格偏高。

调查还显示，32％的人认为现在购买家庭轿车不合算，在国际市场上汽车的销售价格要比中国低一半甚至更多，以普通桑塔纳为例，在国外市场只能卖9 000美元左右，而国内市场的售价却超过了10万元人民币；86％的人认为只有降价才能与国际市场接轨。

对家庭轿车销售价格承受能力的调查表明，人们可承受不同价格的比例分别为5万元以下36％，5万～10万41％，10万～15万元15％，15万～20万元5％，能承受20万元以上者只有3％。因而，价格相对便宜的经济型轿车将受欢迎。

消费者期盼更优惠的政策，盼望税费下调。消费者在购车时要承担增值税和消费税，还要承担诸如购置附加费、验车费、车辆牌照费等许多价外收费。在一些地方，消费者还要缴纳入户费、城市增容费等。此外，消费者还要承担车船使用税、汽油消费税、车辆管理费、年检费等一系列税费。就目前普通百姓的收入水平和消费水平来说，这些费用是较难承受的。调查表明，84％的人认为应尽快取消一些不合理的政策，41％的人认为应制定小排量汽车的税收优惠政策，52％的人认为应把按年限报废改为综合车况报废，47％的人认为应减少税费项目，简化征收手续。

调查显示，调查者中，93％的消费者认为在购车过程中应对汽车的质量性能，特别是安全性加以考虑；91％的消费者很在意汽车的舒适程度；90％的消费者把价格作为决策的基础；87％的消费者认为油耗不可忽视，因为这直接影响着日后的使用费用；64％的消费者将外观样式作为体现自己个性的方式；89％的消费者认为购置手续齐全、简便的车具有一定吸引力；另外，品牌知名度、厂商信誉、售后服务、维修便利性等都影响着消费者的购买选择。

消费者中，愿意通过厂家直接购车的人占31％；愿意通过汽车市场购车的人占19％；愿意通过经销商购车的人占27％；5％的人愿意通过展销会购车；愿意通过亲戚朋友关系购车的人占10％；愿意通过其他途径购车的人占8％。

2. 国产车比进口车更具吸引力

在打算购车的消费者中，82％的人愿意购买国产轿车，消费者普遍认为国产车价格低，维修方便，而且国产汽车的质量性能也在不断提高。

58％的人认为目前国产经济型轿车的车型品种较为单一。69％的人认为国产汽车的技术水平较为落后。从目前国内汽车企业的动向看，轿车企业、非轿车定点企业都相继推出了各自的经济型轿车，将使经济型轿车市场的竞争加剧，也促使生产厂家改进技术、改善经营。

项目九 调查报告的撰写

虽然调查显示只有8%的人愿意购买进口轿车,但随着进口关税的下降和进口数量限制的逐步取消,进口汽车的价格会有不同程度的下降,进口小轿车的数量、品种会逐步增加。

3. 厂商的出路:技术及管理创新

通过调查可以预计,2005年后,随着国产车关税和非关税壁垒保护程度的大大降低,进口轿车在价格、质量和服务上将对消费者具有较大的吸引力。因而,国产汽车技术创新和管理革新的成果大小,将决定企业在市场竞争中的地位。

在发展过程中,厂家还须注意家庭轿车消费与交通、能源、环保相协调的问题。交通堵塞、停车难是当前大城市的通病,虽然国家一直很重视交通问题,每年都在进行大规模的铺路架桥、道路改造工程,然而汽车数量庞大、停车泊位少的状况仍难在短时间内解决,因而发展家庭轿车一定要考虑道路的承受能力。同时,世界性的能源危机和环境危机已经向人类敲响了警钟,汽车的环保性越来越受到重视。同时,市场上出现了液化气汽车、太阳能汽车、充电汽车等新型"绿色汽车",拥有一辆环保型家庭汽车必将成为21世纪的时尚。这对汽车厂商来说,将意味新的商机。

(资料来源:写作通. 家庭轿车市场研究,2011-06-10)

9.1 调查报告的种类和意义

在市场调查过程中,一般会运用多种方法收集丰富的数据资料,经过统计分析,为得出结论提供基本的依据。而市场调查者要将调查研究的成果提交给市场决策者,就需要撰写调查报告,为决策者提供参考,以做出正确的市场决策。调查报告是一种应用文体,是调查主体在对特定对象进行深入考察了解的基础上,经过准确的归纳整理和科学的分析研究,进而揭示事物的本质,得出符合实际的结论,由此形成的汇报性应用文书。它是调查研究成果的传递工具,是其转化为社会效益,发挥社会作用的桥梁,为决策和调整决策提供依据。

市场调查报告是经济调查报告的一个重要种类,它是以科学的方法对市场的供求关系、购销状况以及消费情况等进行深入细致地调查研究后所写成的书面报告。其作用在于帮助企业了解掌握市场的现状和趋势,增强企业在市场经济大潮中的应变能力和竞争能力,从而有效地促进经营管理水平的提高。

9.1.1 调查报告的特征

市场调查报告,就是根据市场调查、收集、记录、整理和分析市场对商品的需求状况以及与此有关的资料的文书。换句话说就是用社会主义市场经济规律去分析市场现象,进行深入细致的调查研究,透过市场现象,揭示市场运行的规律、本质。

与普通调查报告相比,市场调查报告无论从材料的形成还是结构布局都存在着明显的共性特征,但它比普通调查报告在内容上更为集中,也更具专门性。

市场调查报告应具有真实性、针对性、科学性、典型性4个特点。

1. 真实性

调查报告中所反映的内容是客观真实存在的,所以具有真实性或写实性。任何社会调查的目的都是为了了解客观实际,发现问题,解决问题,掌握规律。调查报告所反映的内容必须是调查研究的结果,是调查者亲自了解到的情况,而不是道听途说、东拼西凑的东西。因此,调查报告的重点在于用事实说话,材料的真实和准确是首要的。在调查报告中,不仅主要人物和事实要真实,事件的时间、地点、过程及各种细节也要绝对真实,不能有半点浮夸和虚假成分。

调查报告一定要在占有大量现实和历史资料的基础上,用叙述性的语言实事求是地反映某一客观事物。充分了解实情和全面掌握真实可靠的素材是写好调查报告的基础。调查报告采用的材料应是经过科学处理和认真核实鉴别的,而不是道听途说的,是具体的,既有点又有面,而不是抽象的。

2. 针对性

进行调查研究、撰写调查报告,是为了解决实际问题,因此,调查报告要有很强的针对性。调查报告一般有比较明确的意向,相关的调查取证都是针对和围绕某一综合性或是专题性问题展开的。所以,调查报告反映的问题集中而有深度。

针对性包括选题的针对性和阅读对象的明确性两方面。首先,调查报告在选题上必须强调针对性,做到目的明确、有的放矢,围绕主题展开论述,这样才能发挥市场调查应有的作用;其次,调查报告还必须明确阅读对象。阅读对象不同,他们的要求和所关心问题的侧重点也不同。如果调查报告的阅读者是公司的总经理,那么他主要关心的是调查的结论和建议部分,而不是大量的数字的分析等。但如果阅读的对象是市场研究人员,他所需要了解的是这些结论是怎么得来的,是否科学、合理,那么,他更关心的就是调查所采用的方式、方法,数据的来源等方面的内容。针对性是调查报告的灵魂,必须明确要解决什么问题,阅读对象是谁。针对性不强的调查报告必定是盲目的和毫无意义的。调查报告总是针对某一种思想倾向、具体实践或实际问题而写作的,通过对客观事物的真实反映来表达作者的立场观点和思想倾向。作者反对什么、赞成什么在调查报告中应是泾渭分明的,而不是模棱两可。

同时,只有针对问题进行调查,调查才能比较深入;走马观花式的调查,是没有太大的收获的。一般来说,针对性越强,调查的效果越好,调查报告的作用也就越大。从某种意义上说,针对性是调查报告的灵魂。

3. 科学性

市场调查报告从根本上离不开确凿的事实,其不是单纯报告市场的客观情况,也不是简单的材料机械堆砌,这就需要写作者掌握科学的分析方法,从全新的视角发现问题,用全新的观点看待问题。通过对核实无误的数据和事实进行分析研究,进行严密的逻辑论证,探明事物发展变化的原因,寻找市场发展变化规律,预测事物发展变化的趋势,揭示本质性和规律性的东西,紧紧抓住市场活动的新动向、新问题等提出新观点,从而得出科学的结论,适用的经验、教训,以及解决问题的方法、意见等。例如,许多婴儿奶粉均不含蔗糖,但通过调查发现,消费者并不一定知道这个事实。有人就在调查报告里向某个奶粉制造商提出了一个建议,建议在广告中提出"不含蔗糖"的主张,不会让小宝宝的乳牙蛀掉,结果取得了很好的效果。

4. 典型性

调查报告所反映的内容,无论是经验,还是问题,都应具有典型性,要能起到以局部反映全局或以点带面的作用。调查报告作为时代的镜子,从各个不同的侧面客观地反映社会情况和问题,具有明显的社会功能。调查报告所总结的典型经验,对社会各方面具有指导意义。

典型事物最能反映一般事物的本质与规律。调查报告是为了解决某个问题,总结某项经验,研究事物的发展趋势而写作的,因此需要恰当地选择典型,解剖麻雀,探索事物的发展规律,寻求解决矛盾的办法。调查报告如果所反映的只是没有任何典型意义的、孤立的个别事例,就难以对工作产生指导意义。

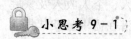

试讨论市场调查报告是否要求具有时效性?为什么?

9.1.2 调查报告的种类

由于市场调查的内容极为广泛,不同的调查所要解决的问题不同,所以作为调查结果表现形式的调查报告也具有不同的类型。由于分类标准的不同,调查报告的类型划分也是多种多样。市场调查报告可以从不同角度进行分类,根据调查报告的内容,可分为反映情况的调查报告、典型经验调查报告和揭露问题的调查报告 3 类;根据调查报告的表现形式将其分为纯资料性调查报告和分析性调查报告两类;根据企业开展经营活动的需要,还可以将市场调查报告分为 7 类。

1. 按内容的不同分类

1) 反映情况的调查报告

这类调查报告又称基础性调查报告,是比较全面、系统地反映某一方面的情况调查报告,是比较系统地反映本地区、本单位基本情况的一种调查报告。这种调查报告是为了弄清情况,供决策者使用。

2) 典型经验调查报告

这类调查报告是在确定典型,并对之进行深入、细致的了解的基础上,着重总结经验、探寻规律的调查报告,是通过分析典型事例,总结工作中出现的新经验,从而指导和推动某方面工作的一种调查报告。

3) 揭露问题的调查报告

这类调查报告通过揭露问题,并分析其危害和原因,引起有关部门的重视,为问题的最终解决起到促进和参考作用,是针对某一方面的问题,进行专项调查,澄清事实真相,判明问题的原因和性质,确定造成的危害,并提出解决问题的途径和建议,为问题的最后处理提供依据,也为其他有关方面提供参考和借鉴的一种调查报告。

2. 按表现形式分类

1) 纯资料性调查报告

纯资料性调查报告以对问题的简单描述为主要目的,它通常以公布调查所得的各项资料为主,不加以任何解释。这些资料可供社会各界人士使用,使用者可根据自己的研究选择相应的资料。大型调查多是以这种报告方式为主。

2）分析性调查报告

分析性调查报告则以资料的分析和研究为主，它通常以文字、图表等形式将调查过程、方法及分析结论表现出来，目的是使人们对该项调查及结论有一个全面的了解。通常所说的调查报告主要是指分析性调查报告，本项目所述内容主要也是针对此类报告。

3．按企业开展经营活动的需要分类

（1）市场商品需求的调查。主要包括消费者数量及其结构，家庭收入、个人收入及家庭按人口平均收入，用于商品支付购买力的大小以及购买力的增减变化，潜在需求量及其投向等。其中包括城乡人民存款额的增减及尚待实现的购买力的大小，消费者在消费支付中吃、穿、用等大类商品所占比重的变化情况，需求层次的变化情况，不同消费者对商品的质量、品种、花色、款式、规格等的不同要求，消费者的心理变化等。

（2）市场与消费潜量的调查。主要指企业地区销售额以及销售额的变动趋势给企业带来的影响。商品价格调查主要包括商品成本、市场价格变动情况，消费者对价格变动情况的反应等。

（3）商品销售渠道的调查。主要包括对商品的流转环节、流通路线、运输、储存等一系列属于市场营运问题的调查。

（4）市场商品供给的调查。主要包括商品生产的状况，商品资源总量及其构成，产品的更新换代速度，不同商品所处市场生命周期的阶段等。

（5）商品价格调查主要包括商品成本、市场价格变动情况、消费者对价格变动的反应等。

（6）市场竞争情况的调查。主要包括对竞争的对手、手段，各种竞争产品质量、性能等情况的调查。

（7）经营效益的调查。主要包括对各种推销手段的效果、广告效果以及变化原因等的调查。

9.1.3 撰写调查报告的意义

调查报告是调查结果的集中表现。能否撰写一份高质量的调查报告，是决定调查本身成败与否的重要环节。市场调查报告是市场调查研究成果的一种表现形式。它是通过文字、图标等形式将调查的结果表现出来，以使人们对所调查的市场现象或问题有一个全面系统的了解和认识。

（1）调查报告是市场调查所有活动的综合体现，是调查成果的集中体现。市场调查报告是调查与分析成果的有形产品。调查报告是将调查研究的成果以文字和图表的形式表达出来。因此调查报告是市场调查成果的集中体现，并可用做市场调查成果的历史记录。

（2）调查报告使人们对事物的认识从感性认识上升到理性认识，更好地指导实践活动。调查报告是通过市场调查分析，透过数据现象分析数据之间隐含的关系，市场调查报告比调查资料，更便于阅读和理解，它能把死数字变成活情况，起到透过现象看本质的作用，使感性认识上升为理性认识，有利于商品生产者、经营者了解、掌握市场行情，为确定市场经营目标、工作计划奠定基础。

（3）市场调查报告是为社会、企业、各管理部门服务的一种重要形式。市场调查的最终目的是写成市场调查报告呈报给企业的有关决策者，以便他们在决策时参考。一份好的调查报告，能对企业的市场活动起到有效的导向作用。

9.2 调查报告的格式与要求

9.2.1 调查报告的格式

调查报告的一个主要功能是要将市场信息准确地传递给企业决策者,但调查报告的格式会因为企业项目和读者的不同而有所差异。因此,在长期的商务实践中,调查报告就逐渐形成了一套规范的常规格式,本书将列出一种较为常用及全面的格式,以供参考。当然,不同的企业在实践中因业务的不同,其调查报告的格式也会呈现不同的特点。

一份完整的市场调查报告可以分为标题、目录、概述、正文、结论与建议、附录等组成部分。简单地说,调查报告一般由前文、正文和结尾 3 部分组成,它们各自又包含着一些内容,见表 9-1。

表 9-1 市场调查报告的结构

前　文	正　文	结　尾
1. 标题页	5. 研究目的	9. 结束语
2. 前言	6. 提出问题	10. 附录
3. 目录	7. 分析问题	
4. 图表目录	8. 结论和建议	

1. 前文

1) 标题页

标题页包括的内容有报告的标题或调查主题、副标题、报告的委托方、报告的调查方、报告撰写者和报告发布日期等。其中,标题和报告日期、委托方、调查方,一般应写在扉页上。标题,一般要在标题页上,需要将被调查单位、调查内容明确而具体地表示出来,如《关于××市家电市场调查报告》。有的调查报告还采用正、副标题形式,一般正标题表达调查的主题,副标题则具体表明调查的单位和问题,如《消费者眼中的〈××报〉读者群研究报告》。主标题陈述调查报告的主要结论或提出中心问题,副标题标明调查的对象、范围、问题,这实际上类似于"发文主题"加"文种"的规范格式,而作为公文,最好采用规范化的标题格式或自由式中正副标题结合式标题。

标题是市场调查报告的题目,一般有两种构成形式:

(1) 市场调查报告标题——公文式标题,即由调查对象和内容、文种名称组成,如《关于 2011 年全省农村服装销售情况的调查报告》。值得注意的是,实践中常将市场调查报告简化为"调查",也是可以的。

(2) 市场调查报告标题——文章式标题,即用概括的语言形式直接交代调查的内容或主题,如《全省城镇居民潜在购买力动向》。实践中,这种类型市场调查报告的标题多采用双题(正副标题)的结构形式,更为引人注目,富有吸引力,如《竞争在今天,希望在明天——全国洗衣机用户问卷调查分析报告》、《市场的前景——××地区汽车用户调查》等。

2) 前言

前言又称引言或导语,是市场调查报告正文的前置部分,要简明扼要,精练概括。前言部分是用简明扼要的文字写出调查报告撰写的依据,报告的研究目的或主旨,调查的范围、时间、地点及所采用的调查方法、方式,即一般简要说明市场调查的缘起、目的、对象、依据、范围、日期和方法等与调查者自身相关的情况,以便使读者对全文内容、意义等获得初步的概括性了解,不要涉及太多的内容,面面俱到。

通常,前言也可概括市场调查报告的基本观点或结论,然后通过过渡句承上启下,引出主体部分。例如,一篇题为《关于全市 2010 年电暖器市场的调查》的市场调查报告,其前言部分为:"××市调查策划咨询公司受××委托,于 2011 年 3～4 月在国内部分省市进行了一次电暖器市场调查。现将调查研究情况汇报如下:"用简要文字交代了调查的主体身份,调查的时间、对象和范围等要素,并用过渡句开启下文,写得合乎规范。这部分文字务求精要,切忌啰嗦芜杂;视具体情况,有时也可省略这一部分,以使行文更趋简洁。

总体来说,前言可以概括为 3 种写法:第一种是写明调查的起因或目的、时间和地点、对象或范围、经过与方法,以及人员组成等调查本身的情况,从中引出中心问题或基本结论;第二种是写明调查对象的历史背景、大致发展经过、现实状况、主要成绩、突出问题等基本情况,进而提出中心问题或主要观点;第三种是开门见山,直接概括出调查的结果,如肯定做法、指出问题、提示影响、说明中心内容等。前言起到画龙点睛的作用,要精练概括,直切主题。

3) 目录

目录是调查报告中一项具有重要意义的内容,其按照一定的次序编排而成,为指导阅读、检索内容提供了方便,也是揭示和反映了报告写作思路的重要载体。

一般情况下,调查报告都应该编写目录,以便读者查阅特别的重要的内容。如果调查报告的内容、页数较多,为了方便读者阅读,应当使用目录或索引形式列出报告所分的主要章节和附录,并注明标题及其相应的起始页码。通常目录页只编写两个层次的目录,较简短的报告也可以只编写一层的目录。一般来说,目录的篇幅不宜超过一页。需要注意的是,目录表中的"目录"两个字需要居中,并且报告中的表格和统计图形都要在目录中列出,如图 9.1 所示。

目 录

1. 调查研究目的……………………………………………(1)
2. 调查对象构成情况简介…………………………………(3)
3. 调查的主要统计结果……………………………………(9)
4. 综合分析…………………………………………………(15)
5. 结论和建议………………………………………………(17)
6. 数据资料汇总表…………………………………………(18)
7. 附录………………………………………………………(20)

图 9.1 目录

4) 图表目录

报告中如果有图或表,那么就需要在目录中包含一份图表目录,其目的是为了让读者更快速地找到对一些信息的解释。因为在图表目录中,既有图形也有表格,因此图和表对应的是不同的独立的数字编码。报告中的所有图、表名称,都需要严格按照在报告中出现的次序排列。

2. 正文

正文是市场调查分析报告的主体部分。这部分必须准确阐明全部有关论据，包括问题的提出引出的结论、论证的全部过程、分析研究问题的方法，还应当包括可供市场活动的决策者进行独立思考的全部调查结果和必要的市场信息，以及对这些情况和内容的分析评论。

1) 概述

概述主要阐述报告的基本情况，它是按照市场调查课题的顺序将问题展开，并阐述对调查的原始资料进行选择、评价、得出结论、提出建议的原则等。其主要包括3个方面内容：

(1) 简要说明调查目的。即简要地说明调查的由来和委托调查的原因。

(2) 简要介绍调查对象和调查内容，包括调查时间、地点、对象、范围、调查要点及所要解答的问题。

(3) 简要介绍调查研究的方法。介绍调查研究的方法，有助于使人确信调查结果的可靠性，因此对所用方法要进行简短叙述，并说明选用方法的原因。例如，采用抽样调查法还是用典型调查法，采用实地调查法还是文案调查法都要在调查报告中阐明，这些一般是在调查过程中使用的方法。另外，对在分析中使用的方法，如指数平滑分析、回归分析、聚类分析等方法都应进行简要说明。如果部分内容很多，应有详细的工作技术报告加以说明补充，附在市场调查报告的最后部分的附件中。

2) 主体

主体是市场调查报告的关键内容，即市场调查报告的核心，这部分也是写作的重点和难点。报告的主体部分既要完整、准确、具体地说明调查的基本情况，又要准确反映调查的各项事实，列出重要资料和数据，进行科学合理的分析预测，做出中肯的分析和评价。在此基础上提出有针对性的对策和建议，做到条理清楚、层次分明地交代问题。其具体包括以下3个方面内容：

(1) 情况介绍。市场调查报告的情况介绍，即对调查所获得的基本情况进行介绍，是全文的基础和主要内容，要用叙述和说明相结合的手法，将调查对象的历史和现实情况包括市场占有情况，生产与消费的关系，产品、产量及价格情况等表述清楚。在具体写法上，既可按问题的性质将其归结为几类，采用设立小标题或者撮要显旨的形式；也可以时间为序，或者列示数字、图表或图像等加以说明。无论如何，都要力求做到准确和具体，富有条理性，以便为下文进行分析和提出建议提供坚实充分的依据。

(2) 分析预测。市场调查报告的分析预测，即在对调查所获基本情况进行分析的基础上对市场发展趋势作出预测，它直接影响到有关部门和企业领导的决策行为，因而必须着力写好。要采用议论的手法，对调查所获得的资料条分缕析，进行科学的研究和推断，并据以形成符合事物发展变化规律的结论性意见。用语要富于论断性和针对性，做到析理入微，言简意赅，切忌脱离调查所获资料随意发挥。

(3) 结论建议。这层内容是市场调查报告写作目的和宗旨的体现，要在上文调查情况和分析预测的基础上，提出具体的建议和措施，供决策者参考。要注意建议的针对性和可行性，能够切实解决问题。

结论与建议是撰写综合分析报告的主要目的。这部分包括对前言和正文部分所提出的主要内容的总结，提出如何利用已证明为有效的措施和解决某一具体问题可供选择的方案与建议。结论和建议与正文部分的论述要紧密对应，不可以提出无证据的结论，也不可以出现没有结论性意见的论证。这一部分可以用一些总括性的表格和图形进行配合表达，这样可以使结果一目了然，更加形象化。

3. 结尾

这是全文的结束部分。一般有前言的市场调查报告，要有结尾，以与前言互相照应，综述全文重申观点或是加深认识。有的市场调查报告没有明显的结尾，主体叙述完毕，全文也就终止了，因为分析研究、评价意见在主体中已具备了。有的市场调查报告在主体之后，有概括综合性的结尾，总结全文，或者进一步深化主旨，或者提出建议，或者展望未来等。

（1）结束语。结束语的写法也比较多，可以提出解决问题的方法、对策或改进工作的建议；或总结全文的主要观点，进一步深化主题；或提出问题，引发人们的进一步思考；或展望前景，发出鼓舞和号召。

（2）附录。附录是指调查报告正文包含不了或没有提及，但与正文有关必须附加说明的部分。附录是对正文报告的补充或更详尽的说明，以便读者在必要的时候查阅，其包括各种数据表（图）及原始资料背景材料和必要的工作技术报告，如调查抽样技术细节资料、调查期间所使用的文件副本、调查问卷、参考文献等。

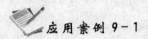

中国网络团购市场研究报告范文

目 录

一、研究背景 ······································· 1
二、报告正文 ······································· 1
　概念篇 ··· 1
　市场篇 ··· 2
　运营篇 ··· 4
　用户篇 ··· 5
三、附录 ··· 5

一、研究背景

2009年美国Groupon企业的快速发展，受到各方的普遍关注。自2010年1月起，中国国内开始陆续出现一批模仿Groupon模式的团购网站。与之前的网络团购方式不同，Groupon模式的网络团购具有4方面特点：首先，团购形式为每日一团，制造出商品稀缺的感觉，吸引有消费能力、希望尝试新市场、寻求高性价比商品的用户参与；其次，团购商品以生活服务类商品为主，实物类商品较少；再次，团购活动的推广充分借助了IM、SNS、微博等网络社交化工具；最后，团购业务的开展，需要各地区的线下团队推进。

结合中国互联网发展的现状及生活服务业的电子商务化趋势，Groupon模式成为国内人士的新创业机会，同时也成为电子商务网站、门户网站、垂直媒体、SNS网站互联网企业的延伸原有业务的重要方式。

针对国内如火如荼的网络团购市场，艾瑞咨询结合自身的数据产品、互联网行业的研究积累，推出专门针对中国网络团购市场的热点研究报告，结合之前发布的《2010年海外电子商务案例研究报告——Groupon案例研究报告》，期望对团购网站运营者、团购网站合作者及关注网络团购的第三方机构提供参考。

二、报告正文

概　念　篇

1. 网络团购概念及体系

1.1　网络团购概念及分类

（1）网络团购定义

网络团购(Online Group Shopping)是指一定数量的用户通过互联网渠道组团，以较低折扣购买同一种商品的商业活动。

（2）网络团购分类（见表9-2）

表9-2　网络团购分类

分类标准	类　别	特　点	实　例
团购商品种类	服务类	消费有地域性，无法批量生产	美团网、糯米网、拉手网、F团
	实物类	商品消费无地域性，可批量生产	淘宝网聚划算、优享团
团购网站与商户的关系	第三方独立团购网站	与商户合作组织团购活动，获得收入	美团网、糯米网、拉手网、F团
	商家自办团购网站	自行组织团购活动	淘宝网聚划算、当当网、京东商城

（资料来源：www.iresearch.com.cn）

（3）网络团购特征

① 成交数量限制：团购交易成立的前提条件是购买数量需达到最低数量；由于生产、配送等方面的问题，通常团购活动也会设置数量上限。

② 价格折扣低：团购交易的目的之一就是通过集体购买，获得较低的价格折扣。

③ 时间限制：团购交易属于阶段性的商业促销活动，不是商家持续性策略，因此一般团购活动都会有时间周期。

④ 小额支付：目前国内网络团购交易涉及的金额，多是小额支付；类似房子、汽车之类的大额支付交易，尚未发展起来，这与中国此类商品单价高、购物决策影响因素多有关。

⑤ 商品毛利高：团购活动本身属于促销行为，目的在于吸引消费者的重复消费，因为商品生产的边际成本低，或毛利水平高，才能支持低折扣销售。

……

市　场　篇

2. 中国网络团购市场发展环境

中国当前的网络环境整体上有利于网络团购的发展，主要体现在以下3个方面：

2.1 网民基数大,且日渐依赖互联网获取生活服务信息

中国互联网信息中心(China Internet Network Information Center,CNNIC)最近发布的数据显示,截至2010年7月,中国互联网网民达到4.2亿人,互联网普及率达到31.8%;同时艾瑞咨询iUserTracker监测数据显示,中国生活服务类网站的访问用户一直平稳增长,2010年7月达到2.38亿人,表明互联网成为网民获取生活服务信息的重要渠道。

2.2 网购市场发展,培养了具有付费意愿的用户及配套服务商

艾瑞咨询分析认为,网络团购属于广义的电子商务的范畴,其业务的开展基于有付费习惯的网民,同时需要与网上银行、第三方支付、物流配送等服务商合作。网络购物市场的发展为其提供了良好的外部条件。

艾瑞咨询统计数据显示,2009年中国网络购物用户规模达到1.09亿人,占互联网网民的比重达到28.4%;预计2010年该规模将达到1.45亿人。与此同时,中国网上支付市场亦快速增长。CNNIC发布的数据显示,2009年中国使用网上支付的用户达9 406万人;2010年上半年该规模已增至1.28亿,占互联网网民的比重达到30.5%。

2.3 网络社区的发展,为团购网站的营销提供了社会化工具

与B2C、C2C电子商务不同,网络团购属于C2B模式,需要将消费者聚合才能形成交易。中国即时通讯、SNS的发展为网络团购活动的开展提供了良好的社会化营销工具。艾瑞咨询监测数据显示,即时通讯、社区服务均已成为网民普遍的互联网应用服务。

3. 中国网络团购市场发展状况

3.1 中国网络团购市场发展阶段

艾瑞咨询分析认为,中国的网络团购市场处于成长期,主要体现在3个方面:一是团购用户规模持续增长;二是团购网站数量激增后,增速开始放缓;三是资金尚未大批注入团购网站。

(1) 中国网络团购用户规模

艾瑞咨询监测数据显示,2010年7月,中国团购网站的每周访问用户持续增加,全月整体的访问用户规模达到4 625.8万人,占所有网站访问用户的比重为12.4%,占购物网站访问量的19.3%。具体数据见表9-3。

表9-3 2010年7月中国团购网站月度访问情况

指标	日均覆盖人数/万	月度覆盖人数/万	人均月度访问天数	人均单日访问次数	人均单次浏览页面数	人均单日有效浏览时间/秒
数据	501.3	4 625.8	3.52	1.74	2.31	145

注:以月度覆盖人数计算,截至2010年7月中国网络团购用户占整体网民的比重为12.4%。

(资料来源:www.iresearch.com.cn)

(2) 中国团购网站数量情况

2009年美国Gruopoon网站的快速发展,受到了各方的关注。从2010年1月开始,中国国内开始出现与Groupon类似的网站,3月开始增多,5月同类型网站数量急剧上涨。中国网络团购市场持续走热,受到各方关注。不完全统计数据显示,截至2010年7月底,中国开业的团购网站超过400家。艾瑞咨询访谈获知,目前中国市场的团购网站数量增速开始放缓。

3.2 中国网络团购市场走势

趋势一：网络团购应用范围扩展，带动多种互联网应用的发展

艾瑞咨询分析，网络团购的发展将带动各类互联网应用的发展。一是团购活动资讯的发布带动了信息导航网站、垂直搜索引擎的发展；二是网络团购的社会化营销为 SNS 网站的高流量变现提供了途径；三是网络团购的发展，用户对团购方式的认可，为购物网站提供了新的营销方式。

趋势二：网络团购发展，带动生活服务类的电子商务化

艾瑞咨询分析，以生活服务类商品为主的网络团购的发展，将带动我国生活服务类的电子商务化。艾瑞咨询跟踪观察发现，中国的电子商务一直以实物类交易为主，围绕本地生活服务的网络应用多集中于资讯获取层面；随着互联网及移动互联网购物环境的改善，团购模式成为生活服务的电子商务化的极好实现形式。

趋势三：团购网站业务向二三线城市的扩展，带动区域电子商务发展

艾瑞咨询分析，团购网站的地域扩展，将带动中国二、三线城市的电子商务发展。艾瑞咨询分析，为了扩大业务规模，维护企业长远发展，新兴的团购网站将不断向有潜力的二、三线城市扩展。而网络团购向二、三线城市的渗透，培养了用户的付费习惯，由此也将带动当地实物类网络购物的发展。

趋势四：市场竞争加剧，3 类团购企业将主导未来的团购市场

艾瑞咨询分析，未来 1~2 年中国的网络团购市场将经历洗牌。艾瑞咨询预计，拥有商户资源，或拥有用户资源的团购网站将胜出，同时部分从零开始的团购网站凭借运营的专业性和灵活性，也将在局部地区市场中占据一定优势。3 类团购网站将主导整个团购市场。

趋势五：网络团购将与秒杀等促销形式结合，通过线上、线下多种媒体合作推广

艾瑞咨询预计，网络团购将与秒杀、限时抢购等促销形式结合使用，同时利用线上、线下媒体合作推广。由于网络团购本质上属于一种促销方式，因此为达到商户不同促销目的，团购将与其他促销方式结合使用；同时，考虑到服务类团购商品消费的本地化特征，艾瑞咨询预计未来团购活动推广方面将呈现团购网站与地方线上、线下媒体合作推广的方式。

运 营 篇

4. 中国团购网站运营状况

4.1 网络团购业务流程分析

（1）服务类商品网络团购业务流程（如图 9.2 所示）

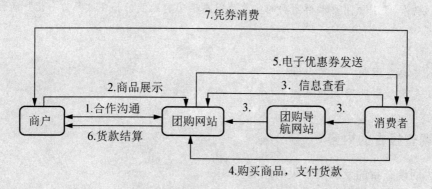

图 9.2 服务类商品网络团购的业务流程

(2) 网络团购活动异常情况处理流程分析

图9.2仅涉及网络团购活动顺利成功的情况。实际运营中，网络团购还会涉及网络团购失败、团购商品消费过程出现问题等情况。团购网站的操作实践如下：

① 网络团购失败。网络团购失败，指参团人数未达到商家与团购网站约定的最低数量标准的情况。针对此种情况，团购网站通常将所收货款直接返还至用户账户中，团购网站与商户之间将不再涉及资金结算。

② 团购商品实际消费过程出现问题。艾瑞咨询根据观察发现，当网络团购成功后，用户实际消费过程中可能遇到多种问题，如因商户装修或倒闭导致团购电子优惠券无法使用；实际消费商品与团购活动描述情况不符；商户额外设置使用条件（网络团购时未明示的条件），如必须消费满×元才可以使用团购优惠券等。

4.2　网络团购商业模式研究

(1) 团购网站的收入来源

佣金收入：基于团购成交金额计算，国内的佣金比例为10％~20％不等；

差价收入：团购价格（用户团购商品时的价格）与结算价格（团购活动沟通时，团购网站与商家约定的价格，不高于商品的团购价格）的差价；

其他收入：包括网站的广告费收入、未去实际消费的团购成交金额等；

目前，佣金收入、差价收入是中国团购网站的主要收入来源。

(2) 团购网站的成本支出

办公成本：办公场所的租金、水电费等；

技术投入：网站搭建和维护，所需的硬软件、服务器投入；

营销费用：活动推广、商务合作等成本；

人员成本：管理人员、支持人员成本、业务人员成本等。

不同发展阶段，各种成本的变化情况不同。

……

用 户 篇

5. 中国网络团购用户状况

5.1　中国网络团购用户属性特征

艾瑞咨询监测数据显示，团购网站访问用户以年轻网民为主，女性用户比重略高；与购物网站用户相比，团购网站用户更集中于办公室白领和学生，个人月收入出现"两极化"现象。艾瑞咨询分析，吸引该用户人群团购的主要原因在于团购的低折扣及"每日一团"的新奇感。

……

三、附录

1. 欧美典型团购网站简介（略）
2. 欧美典型团购网站业务模式（略）

9.2.2　调查报告的内容

(1) 说明调查目的及所要解决的问题。

(2) 介绍市场背景资料。

(3) 介绍分析的方法，如样本的抽取、资料的收集、整理、分析技术等方法。

(4) 罗列调研数据并分析。
(5) 提出论点，即摆出自己的观点和看法。
(6) 列出论证所提观点的基本理由。
(7) 提出可供选择的建议、方案和步骤。
(8) 预测可能遇到的风险，提出对策。

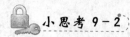

对所在班级同学进行分小组调查训练，6~8人为一组，了解自己小组内同学的每月生活费用，并调查其在校期间的消费倾向（衣、食、行、用等各个方面）及所占的比率。通过前几章的学习内容，结合调查报告内容要点，写一篇简短的调查报告，口述也可。

9.2.3 撰写调查报告的基本要求

撰写市场调查报告是市场调查的最后一步，也是十分重要的一步。调查数据经过统计分析之后，只是为得出有关结论提供了基本依据和素材，要将整个调查研究的成果用文字形式表现出来，使调查真正起到解决社会问题、服务社会的作用，则需要撰写调查报告。一旦开始撰写调查报告，就意味着研究工作已接近尾声。但只要牢记中心突出、简洁明了的宗旨，并做到以下几个方面，那么无论撰写哪一类型的研究报告，都会得心应手。

1. 调查报告要客观真实，占有大量且详细的资料

调查报告要实事求是，深入实际地进行调查研究是撰写市场调查报告的基础。调查报告必须深入市场第一线且符合客观实际，引用的材料、数据必须是真实可靠的。要写出科学的、有价值的市场调查报告，就必须扎扎实实地调查，注意既要掌握直接的材料，又要掌握间接的材料；既要了解现实材料，又要了解历史材料；既要了解面上的材料，又要了解点上的材料。要反对弄虚作假，或迎合上级的意图，挑他们喜欢的材料撰写。总之，要用事实说话。

2. 调查报告的观点要与调查资料相统一

市场调查报告是以第一手调查资料为依据的，一定要注意用观点统率材料，用材料说明观点。调查报告中所有观点、结论都有大量的调查资料为根据，常用的方法有用典型事例说明观点、用正反两方面材料进行对比、用同一组材料从不同角度说明观点、用精确的统计资料和数据证明观点、综合材料与典型材料结合使用等。在撰写过程中，要善于用资料说明观点、用观点概括资料，二者相互统一，切忌调查资料与观点相分离。

3. 调查报告的重点要突出市场调查的目的

由于市场宽泛，内容繁多，所以市场调查涉及的面相当宽。撰写市场调查报告，必须目的明确，有的放矢，任何市场调查都是以解决某一问题，或说明某一问题为目的的。

因此，写作市场调查报告时，一定要有重点，明确是以直接用户为中心的调查，是以企业为中心的调查还是以产品为中心的调查，这样才能使每份调查报告都有各自突出的重点问

题。市场调查报告必须围绕市场调查的目的进行论述。

4. 调查报告的语言要简明、准确、易懂

撰写调查报告需要仔细推敲书面语言,因为报告是给他人看的,无论是厂长、经理,还是其他一般读者,大多不喜欢冗长、乏味、呆板的语言,也不精通调查的专业术语。因此,撰写调查报告时,语言要力求简单、准确、通俗易懂。

9.3 撰写调查报告的程序和技巧

9.3.1 撰写调查报告的程序

不同类型的调查报告,有不同的结构要素。但一般来说,无论采用哪种结构要素,调查报告都要经过一系列的写作程序,其写作的一般步骤是确定标题,编写提纲,取舍选择调查资料,撰写调查报告初稿,修改定稿。

1. 确定标题

调查报告的标题,需要通过提炼报告主题思想来确定。主题是调查报告的灵魂,它是作者分析社会现象、揭示事物本质所形成的中心思想或基本观点。正确提炼主题,是写好调查报告的关键。正确提炼调查报告主题,必须考虑两个方面的因素,即调查研究的目的和调查所获得的真实材料。调查研究的目的和调查报告的主题是不完全相同的。提炼调查报告主题的过程,是分析客观社会现象、揭示客观事物本质的过程,是根据调查的实际情况修改、完善或另行确定调查研究目的的过程,是促使主观目的与客观实际密切结合的过程。

主题思想确定后才能更好地拟定标题,报告的标题包括全文主标题、副标题,以及文内的小标题,其作用在于揭示文章的中心和特点,对读者产生吸引力。因此,要力求准确、明快、新颖、醒目,宜小不宜大、宜实不宜虚。标题的样式是多种多样的,可以采用叙述式,也可以采用设问式,还可以采用一些修辞手法。报告的主题是调查报告的灵魂,确定报告主题对调查报告写作的成败具有决定性的意义。因此,确定标题时要注意:①报告的标题应与调查主题一致;②要根据调查和分析的结果,重新确定主题;主题宜小,且宜集中;③与标题协调一致,避免文题不符。

知识链接 9-1

主题的提炼,要努力做到正确、集中、深刻、新颖和对称。

(1) 正确,是指主题要如实反映客观事物的本质和规律,要对社会实践起指导作用,对社会发展起促进作用。

(2) 集中,是指主题要突出,要小而实,不要多中心,不要大而空。

(3) 深刻,是指主题要深入揭示事物的内在本质,由现象到本质,由浅层本质到深层本质,不断深入下去,而不能只满足于对现象、对浅层本质的认识。

(4) 新颖，是指主题要有新意，要在前人研究的基础上有所发现、有所前进、有所创造，要努力在他人尚未开垦的地方耕耘。

(5) 对称，是指主题与材料、观点相对称。主题过宽、过大，而材料不充分、观点不成熟，论证就没有力量；主题过窄、过小，又不能充分发挥材料和观点的价值。

2. 编写提纲

拟订报告提纲是作者动笔行文前的必要准备，根据报告主题的需要拟订该文结构框架和体系。拟定写作提纲的过程，实际上是研究调查材料的过程，是形成基本观点的过程，也是进一步明晰报告主题的过程。在动笔之前，对整篇文章进行通盘考虑，明确总论点是什么，围绕总论点有几个分论点，每个分论点又有几个小论点，每个小论点又包括哪些素材。先把框架搭起来，写作就能够提纲挈领。一份高质量的写作提纲，从内容的角度看应该符合 4 点基本要求：

(1) 突出报告主题，即围绕报告主题科学安排层次结构，合理使用调查材料，深入论证基本观点，努力充分地表达调查报告的主题。

(2) 阐明基本观点，即根据主题阐明观点，用材料论证观点。用观点统率材料，努力做到观点和材料的统一。

(3) 精选调查材料，即精心选择真实、准确、全面、系统的调查材料，努力做到材料与观点的统一，并与观点一起共同突出报告主题。

(4) 符合内在逻辑，即写作提纲要符合客观事物发展的内在逻辑，努力做到历史与逻辑的统一。

3. 取舍选择调查资料

对经过统计分析与理论分析所得到的系统、完整的"调查资料"，在组织调查报告时仍需精心选择，不可能也不必都写入报告，要注意取舍。为了充分论证主题，应该精心选择材料。

1) 典型材料

典型材料是最能反映事物本质、说明和表现主题的材料。如典型事件、典型例证、典型经验、典型事迹等。典型材料必须真实、具体、生动，具有代表性。典型材料的运用，有助于说明事物的本质，加深对问题的认识，增强说服力。

2) 综合材料

综合材料是指能说明事物总体概貌的材料。写作时，要注意处理好典型材料和综合材料的关系，没有综合材料说明不了广度，缺少典型材料体现不了深度，只有把这两种材料有机地结合起来，才能充分说明事物总体的状况。

3) 对比材料

对比材料是一组具有可比性的材料，如历史与现实的对比，成功与失败的对比，新与旧的对比，好与坏的对比，优点与缺点的对比，先进与落后的对比等。有比较才有鉴别，通过对比，可以使调查报告的主题更加突出，给人以更强烈、更深刻的印象。

4) 统计材料

统计材料包括绝对数、相对数、平均数、指数、动态数列等。统计材料有很强的概括力、表现力，而且具有具体性、准确性的特点。许多问题用文字很难表达清楚，但如果选用恰当的统计材料就可一目了然。因此，恰当地使用统计材料，对于论证基本观点，突出报告主题，增强调查报告的科学性、准确性和说服力具有重要作用。

知识链接 9-2

> 取舍选择材料，要注意把握以下原则：
> (1) 选取与主题有关的材料，去掉无关的、关系不大的、次要的、非本质的材料，使主题集中、鲜明、突出；
> (2) 注意材料点与面的结合，材料不仅要支持报告中的某个观点，而且要相互支持，形成面上的"大气"；
> (3) 在现有有用的材料中，要比较、鉴别、精选，选择最好的材料支持作者的观点，使每一材料都能以一当十。

4. 撰写报告初稿

起草报告是调查报告写作的行文阶段。要根据已经确定的主题、选好的材料和写作提纲，撰写调查报告的初稿，行文要有条不紊。写作过程中，要从实际需要出发选用语言，灵活地划分段落。在行文时要注意以下3个方面：

(1) 结构合理，如标题、导语、正文、结尾、落款等各部分安排要合理。

(2) 文字规范，具有审美性与可读性。例如，段落的条目观点可以为"制定优惠政策，引进急需人才"、"运用竞争机制，盘活现有人才"等。

(3) 通读易懂。注意对数字、图表、专业名词术语的使用，做到深入浅出，语言具有表现力、准确、鲜明、生动、朴实。

总的来说，在起草初稿时应尽量做到"纲举目张、顺理成章、详略得当、井然有序"。

5. 修改定稿

报告的初稿写完之后，需要进一步改正草稿中的缺点或错误。因此，还应该对报告进行反复修改，才能最终定稿。修改时主要是对报告的主题、材料、结构、语言文字和标点符号进行检查，加以增、删、改、调等多种方法的综合运用。

调查报告的写作顺序和方法，一般会因人、因文而异。有的人喜欢按自然顺序从头写起；有的人则喜欢从自己最感兴趣、思考最成熟、最有创见的部分写起；有的人习惯初稿粗写，一气呵成；有的人则习惯初稿细写，边想边写，想好了再写。但是不管按什么顺序和方法，文章写成之后都应从观点提炼、内容表达、文字润色等方面进行认真推敲和修改，以保证质量。本文所说的只是报告写作的一般规则和形式，具体运用主要视文章内容和思想表达的需要而定，使形式更好地为内容服务。同样，掌握调查报告的写作技巧，没有捷径，主要靠平时多思、多写，通过写作实践摸索和提高撰写调查报告的技巧。

9.3.2 撰写调查报告的技巧

调查报告的写作技巧主要包括表达、表格和图形表现等方面的技巧。表达技巧主要包括叙述、说明、议论、语言运用4个方面的技巧。

1. 表达技巧

1）叙述的技巧

市场调查报告中的叙述，主要用于开头部分，叙述事情的来龙去脉，表明调查的目的和根据，以及过程和结果。此外，在主体部分还要叙述调查得来的情况。市场调查报告常用的叙述技巧有：概括叙述、按时间顺序叙述、叙述主体的省略。

（1）概括叙述。叙述有概括叙述和详细叙述之分。市场调查报告主要采用概括叙述，将调查过程和情况概略地陈述，不需要对事件的细枝末节详加铺陈。这是一种"浓缩型"的快节奏叙述，文字简约，一带而过，给人以整体、全面的认识，以适应市场调查报告快速、及时反映市场变化的需要。

（2）按时间顺序叙述。在交代调查的目的、对象、经过时，往往采用按时间顺序叙述的方法，次序井然，前后连贯。例如，开头部分叙述事情的前因后果，主体部分叙述市场的历史及现状，就体现为按时间顺序叙述。

（3）叙述主体的省略。市场调查报告的叙述主体是撰写报告的单位，叙述中采用第一人称"我们"。为行文简便，叙述主体一般在开头部分出现后，在后面的各部分即可省略，并不会因此而令人误解。

2）说明的技巧

市场调查报告常用的说明技巧有：数字说明、分类说明、对比说明、举例说明。

（1）数字说明。市场运作离不开数字，反映市场发展变化情况的市场调查报告，要运用大量数据，增强调查报告的精确性和可信度。

（2）分类说明。市场调查中所获材料杂乱无章，根据主旨表达的需要，可将材料按一定标准分为几类，分别说明。例如，将调查得来的基本情况，按问题性质归纳成几类，或按不同层次分为几类。每类前冠以小标题，按提要句的形式表述。

（3）对比说明。市场调查报告中有关情况、数字说明，往往采用对比形式，以便全面深入地反映市场变化情况。对比要清楚事物的可比性，在同标准的前提下，进行切合实际的比较。

（4）举例说明。为说明市场发展变化情况，举出具体、典型事例，也是常用的方法。市场调查中，会遇到大量事例，应从中选取有代表性的例子。

3）议论的技巧

市场调查报告常用的议论技巧有：归纳论证和局部论证。

（1）归纳论证。市场调查报告是在占有大量材料之后，进行分析研究，进行论证，从而得出结论的过程。这一过程，主要运用议论方式，所得结论是从具体事实中归纳出来的。

（2）局部论证。市场调查报告不同于议论文，不可能形成全篇论证，只是在情况分析、对未来预测中进行局部论证。例如，对市场情况从几个方面进行分析，每一方面形成一个论证过程，将数据、情况等作为论据证明其结论，形成局部论证。

4）语言运用的技巧

语言运用的技巧包括用词方面和句式方面的技巧。

（1）用词方面。市场调查报告中数量词用得较多，因为市场调查离不开数字，很多问题要用数字说明。可以说，数量词在市场调查报告中以其特有的优势，越来越显示出其重要作

市场调查与预测

用。市场调查报告中介词用得也很多,主要用于交代调查目的、对象、根据等,如"为"、"对"、"根据"、"从"、"在"等介词。此外,还多用专业词,以反映市场发展变化,如"商品流通"、"经营机制"、"市场竞争"等。为使语言表达准确,撰写者还需熟悉市场有关专业术语。

知识链接 9-3

> 调查报告是一种以叙事为主的说明性文体,应该有其独特的语言风格。一般来说,调查报告的语言应力求做到以下几点:
>
> (1)准确。陈述事实要真实可靠,引用数据要准确无误。议论要缘事而发、把握分寸,切不可任意拔高或贬低。
>
> (2)简洁。要开门见山,不拐弯抹角,用尽可能少的字句表达尽可能多的内容。叙述事实,不要进行过多描绘;阐释观点,不要进行繁琐论证。要坚决删去一切可要可不要的字句和段落。
>
> (3)朴实。要使用通俗易懂的语言,不要使用深奥的专业术语和华而不实的辞藻,不随便运用夸张手法和奇特比喻。
>
> (4)生动。要形象、活泼,可适当使用一些群众语言和通俗比喻。但不要使用那些多数人看不懂的土语、方言。

调查报告的书面语言,必须保持客观态度。如果是描述性的调查报告,应严格保持中立态度,用具体事实说话,而不要轻易做判断、下结论;如果是因果性、学术性、应用性的调查报告,无论是讲道理、下结论,还是指出问题、提出建议,都应以事实为根据,而不能离开事实空发议论。

调查报告的表达方式,最好用第三人称或非人称代词,尽量避免强加于人之感。当然,在特殊情况下,也可采用第一人称。

(2)句式方面。市场调查报告多用陈述句,陈述调查过程和调查得到的市场情况,表示肯定或否定判断。祈使句多用在提议部分,表示某种期望,但提议并非皆用祈使句,也可用陈述句。

2. 图表使用技巧

一般说来,与使用文字说明某种变化趋势及各个因素的相互关系比较,使用图表通常可以收到更为明显的效果。使用图表进行说明必须要有明确的目的性,不能只是为了装饰文字,以求悦目。通常情况下,在总结调查结果和报告正文当中所使用的图表,应该只是扼要地介绍资料的图表。

此外,使用图表进行说明还必须认真考虑图表的设计和格式。如果图表格式设计不当,不但无助于说明情况,甚至可能产生曲解事实真相的相反效果。

详细地介绍搜集到的所有重要资料的图表,应该归为报告附件部分。作为报告附件部分的图表,要求格式设计必须完整,主要是为了更好地向读者全面介绍有关的资料,以便读者进行独立思考和分析问题。正是这个缘故,图表中所有列载的资料务求尽量完整和准确,一般都需要提供绝对数值的资料,而不是百分比或指数。

在报告正文部分使用图表还有一种特殊的作用,那就是通过图表突出某些方面的资料,或强调某种关系和变化趋势。因此，在报告正文中选用图表列载的资料，一般须有较强的选择性。为了方便阅读，图表中各项资料的数值通常应选用整数，但经常也会使用百分比和指数，或进行补充说明，或使用代替某些绝对数值的资料。

9.3.3 撰写调查报告的注意事项

调查报告主要是为企业或事业单位、政府或本部门领导解决问题、了解情况、进行决策提供依据的。因此，撰写调查报告要注意一些的问题，本节主要从总体要求及写作细则两个方面介绍。

1. 撰写调查报告的总体要求

1）主题突出

撰写调查报告，切忌平铺直叙，面面俱到，切忌简单的罗列堆积材料。写文章，不是为用材料而用材料，而是为了体现主题、说明主题、表现主题才列举事实或材料的。如果读了半天而不知道写的什么，那就是最大的败笔。同时，还要注意报告所表现的内容要有新意，要把一些新情况、新动态、新见解反映出来，叙人所未知，讲人所未讲，以增强报告的吸引力。

2）内容真实

调查报告不是文学作品，其主题的确定，其价值和魅力，是以内容的真实性为依据的。因此，调查报告所反映的内容、事实必须是客观事物的原貌，绝不可以想象、虚构，更不可以弄虚作假。

3）数据确切

调查报告的说服力在很大程度上取决于事实，而证明事实的真实又莫过于提供翔实的数字。好的调查报告，几乎都运用具体数字说明观点，精确的数据要比空洞的叙述更具有说服力。

4）符合党的方针政策

要从客观事实出发，反映现实生活中的新事物、新问题，调查报告通常是以反映现实生活中的新事物、新问题为优势的。而这些新事物、新问题又往往是在党的方针政策下出现的。因此，写出优秀的调查报告，还要深入领会党的方针政策，增强对新事物、新问题的敏感性和辨别力。

2. 调查报告的写作细则

1）书写

调查报告要用单位规定的稿纸单面书写（必须用黑或蓝黑墨水）或打印，正文中的任何部分不得写到稿纸边框线以外。稿纸不得左右加贴补写正文和图表的纸条，或随意裁剪。若用计算机排版、打印一般采用 A4 打印纸。版式具体要求由企业或单位自行规定，都不尽相同，但实践报告中的汉字必须使用规范字。

2）标点符号

实践报告中的标点符号应准确使用。

3）名词、名称

科学技术名词术语采用全国自然科学名词审定委员会公布的规范词或国家标准部标准中

规定的名称,尚未统一规定或叫法有争议的名词术语,可采用惯用的名称。使用外文缩写代替某一名词术语时,首次出现时应在括号内注明全称。外国人名一般采用英文原名,按名前姓后的原则书写。一般很熟知的外国名称(如爱因斯坦、马克思、麦当劳、星巴克等)应按通常标准译法写出译名。

4)量和单位

调查报告中的量和单位必须符合我国家标准,它是以国际单位制(SI)为基础的。非物理量的单位,如件、台、人、元等;可用汉字与符号构成组合形式的单位,如件/台、元/千米。

5)数字

调查报告中的测量、统计数据一律使用阿拉伯数字;在叙述中,一般不宜用阿拉伯数字。

6)标题层次

调查报告的全部标题层次应统一、有条不紊,整齐清晰,相同的层次应采用统一的体例,正文中各级标题下的内容应同各自的标题对应,不应有与标题无关的内容。

章节编号方法应采用分级阿拉伯数字编号方法,第一级为"1"、"2"、"3"等,第二级为"2.1"、"2.2"、"2.3"等,第三级为"2.2.1"、"2.2.2"、"2.2.3"等,但分级阿拉伯数字的编号一般不超过4级,两级之间用下角圆点隔开,每一级的末尾不加标点。

7)注释

调查报告中有个别名词或情况需要解释时可加注说明,注释可用页末注(将注文放在加注页的下端),而不可用行中插注(夹在正文中的注)。注释只限于注释符号出现的同页,不得隔页。

8)公式

公式应居中书写,公式的编号用圆括号括起放在公式右边行末,公式与编号之间不加虚线。引用文献标注应在引用处正文右上角用"[ ]"和参考文献编号表明,字体用5号字。

9)表格

每个表格应有自己的表序和表题,表序和表题应在表格上方居中排放,表序后空一格书写表题。表格允许下页续写,续写时表题可省略,但表头应重复写,并在右上方标明"续表××"。

10)插图

文中的插图必须精心制作,线条要匀称,图面要整洁美观;插图6幅以内,用计算机绘制;若为照片,应提供清晰的黑白照片,比例一般以1∶1为宜。插图一律插入正文的相应位置,并注名图号、图题每幅插图应有图序和图题,图序和图题应放在图位下方居中处,图序和图题一般用五号字。

11)参考文献

参考文献一律放在文后,参考文献的书写格式要遵守国家标准(GB 7714—87)。参考文献按文中引用的先后标号,从小到大排序,一般序码宜用方括号括起,不用圆括号括起,且在文中引用处用右上角标注明,要求各项内容齐全。文献作者不超过3位时,全部列出;超过3位只列前3位,后面加"等"字或"etal"。中国人名和外国人名一律采用姓名前后著录法。外国人的名字部分用缩写,并省略"."。

项目小结

本项目主要通过学习调查报告的特征和意义，进一步明确调查报告的撰写要求，并掌握调查报告的规范格式内容，最终按照前期所收集的资料，撰写调查报告。撰写调查报告的程序分为5个步骤：确定标题，编写提纲，取舍选择调查资料，撰写调查报告初稿，修改定稿。在撰写报告时，还要注意一些具体的问题，只有这样，才能完成一份成功的调查报告，最终达到撰写报告的目的。

思考与练习

一、选择题

1. 撰写调查报告的主要内容是（　　）。
   A. 标题　　　　　　B. 概要　　　　　　C. 正文　　　　　　D. 结论和建议
2. 市场调查报告的特点包括（　　）。
   A. 科学性　　　　　B. 针对性　　　　　C. 典型性　　　　　D. 真实性
3. 根据调查报告的表现形式将其分为（　　）两类。
   A. 反映情况的调查报告　　　　　　　　B. 纯资料性调查报告
   C. 市场需求调查报告　　　　　　　　　D. 分析性调查报告
4. 市场报告的语言要求（　　）。
   A. 篇幅应该越长越好　　　　　　　　　B. 语言应该简单、精练、凝练
   C. 可用难懂的语句、方言和陈词滥调　　D. 可面面俱到，尽量做到完美无缺
5. （　　）一般应该打印在扉页上。
   A. 标题　　　　　　B. 报告日期　　　　C. 调查方　　　　　D. 委托方
6. 调查报告的最终修改定稿，需要（　　）等多种方法的综合运用。
   A. 问　　　　　　　B. 增　　　　　　　C. 删
   D. 改　　　　　　　E. 调
7. 调查报告的表达技巧主要包括叙述、说明、议论、（　　）运用4个方面的技巧。
   A. 句子　　　　　　B. 段落　　　　　　C. 字数　　　　　　D. 语言
8. 市场调查报告中，有很多问题需要用（　　）说明。
   A. 数字　　　　　　B. 表格　　　　　　C. 图像　　　　　　D. 照片

二、判断题

1. 为了避免调查报告中局限性和限制性的存在，报告中有些信息尽量不要披露。（　　）
2. 市场调查报告的时效性并不强。（　　）
3. 标题是对调查资料的准确概括，也是市场调查报告的中心。（　　）
4. 调查报告修改定稿以后，就可以提交给委托方使用了。（　　）
5. 调查报告要求有统一的格式和要求。（　　）

市场调查与预测

6. 市场调查报告可以用大量的图和表来代替文字性的说明工作。（ ）

三、简答题

1. 什么是市场调查报告？其有哪些特征？
2. 调查报告的格式由哪些部分组成？
3. 撰写调查报告时哪些问题需要注意？
4. 撰写调查报告的具体步骤是什么？
5. 撰写调查报告有哪些技巧？

四、案例分析题

东北地区手机市场需求调查报告

国内手机市场的竞争进一步加剧。手机消费者的消费理念日渐向理性与个性化方向发展，使得各大手机品牌围绕手机产品的竞争日趋激烈。如何在激烈的市场竞争中不陷入价格战和同质化的泥潭已成为手机厂商急需解决的问题，而广大消费者也要思考如何在纷繁的市场中购得满足自己个性化需求的产品。

为了使消费者的消费需求得到真实的体现，使厂商能够推出更加符合市场需求的新品，××商贸公司于2011年6月在东北地区进行了一次千余份的规模性的问卷调查。

一、调查目的
东北地区消费者情况及消费者对手机的需求情况。

二、调查对象
不同地域、年龄、性别、收入职业、受教育程度等各个阶层的东北地区消费者。

三、调查时间
2011年6月。

四、调查方式
问卷调查。

五、调查地区
东北具有代表性的城镇及农村地区。

六、调查内容
通过向被调查者发送调查问卷，收集反馈意见。

七、调查数据统计分析

1. 消费者特征分析

1）针对居住地调查结果
东北地区的农村居民数（71%）和城镇居民数（29%）差距悬殊，所以，在东北地区手机市场应主要按照经济实用的原则生产及销售，另外也可以生产少量高档手机满足城镇居民对时尚的追求及消费需求。

2）针对年龄调查结果
该地区年龄分布总体较均匀，17~25岁（23%）、26~40岁（21%）、41~50岁（20%），这三大年龄段的人群比例相差不多，且都是手机消费的主要群体。8~16岁（26%）、50岁以上（10%），这两个年龄段的人群所占比重较少，且并不是手机消费的主要群体。所以，在生产及销售时应主要考虑三大主要年龄段消费群体的需求，以占领大部分市场。

3) 针对个人收入调查结果

该地区个人收入调查情况如下:

收入在1 000元左右的占23%,1 500~3 000元的占33%,3 000~5 000元的占23%,5 000元以上的占11%。由调查数据可大致预算该地区的平均个人收入为2 000~3 000元,属于中等消费水平,所以在该地区生产及销售的手机应以大众型为主,满足消费者低消费高档次的需求。

4) 针对职业调查结果

调查结果显示,该地区学生人数所占比例比其他职业人数所占比例更大,其次就是农民所占比例较大,其他的职业如个体户、工人、教师、公务员、自由职业等所占比重相差不多。所以厂商可以在该地区针对学生生产和销售一些他们所喜欢的手机类型。

学生具有以下普遍特点:

没有经济收入;追求时尚、崇尚个性化的独特风格和注重个性张扬;具有求新求奇的消费心理物品使用大多喜新厌旧;品牌意识强,大多喜欢品牌产品等。

厂商可以根据以上等特点,生产及销售适合学生消费群体的手机产品,开拓一片属于自己手机品牌的学生市场。

5) 针对受教育程度调查结果

由调查数据算得,该地区高中以上学历所占比例为46%,接近人口半数。受教育程度不同,人们对产品的需求因素也就不同,市场的大体需求趋势应改为时尚、商务帮助、网络沟通等。

6) 针对性别调查结果

由于该地区男女比例相对均衡,所以针对性别的调查结果在此不做太多分析。

2. 消费者偏好分析

1) 居住地的消费者偏好分析

农村居民由于收入水平约束更注重手机产品的价格和功能,也就是偏好实际因素;而城镇居民,由于生活环境和消费理念不同,更偏好产品的外在因素。

2) 不同年龄消费者偏好分析

首先分析主要消费群体的三大年龄段。

17~25岁:该年龄段的人群属于青少年,喜欢时尚与个性,所以偏好手机产品的功能、颜色及品牌。

26~40岁:该年龄阶段的消费者心理较成熟,交际范围广泛,但也不乏对时尚和质量的追求,所以他们相对偏好产品的外观、功能及品牌。

41~50岁:该年龄的人群消费大多数注重经济实惠,所以他们偏好产品的价格、功能及外观。

再来分析一下另外两个端点消费群体

8~16岁:由于该群体都属于少年儿童,他们更在乎感官满足,所以他们更偏好手机产品的外观。

50岁以上:该年龄人群更偏好品牌和待机情况。

3) 不同收入消费者偏好分析

前面已经分析过,该地区平均收入为2 000~3 000元,属于中等消费水平,这一收入水平的消费者,偏好产品的待机功能及品牌。低于平均收入的消费者,偏好产品的价格、外观和待机情况。高于平均收入水平的消费者偏好产品的品牌及功能。

4）不同性别消费者偏好分析

男性消费者由于交际及商务需要，更偏好产品的品牌及功能。

女性消费者由于爱美的心理及服装搭配等原因，更偏好产品的颜色、外观。

5）不同职业消费者偏好分析

农民：由于收入及根深蒂固的消费理念，导致他们更偏好产品的价格，其次还有功能和颜色。

公务员：由于所处的职业地位导致他们对产品的品牌很注重，同时具备一般消费者的心理，也比较在意价格和颜色。

自由职业者：由于没有稳定的收入来源，他们对价格等实在元素比较在意，但由于他们工作的多样性，也导致了他们对时尚理念的追求，所以他们对产品的需求来自各个方面的。

学生：这是一个没有收入的群体，消费有限，却又喜欢新鲜个性与时尚，所以他们更偏好产品的外观、颜色。

教师：他们工作的环境是神圣的，不可太过于华丽但又不能有失庄重，所以他们会偏好产品的价格、外观和功能。

工人：这一群体更多地注重产品的实用性能，所以他们更注重产品的价格和功能。

个体户：这个消费群体是消费水平相对较高的，他们在贸易、社交等许多活动中都需要提升自己的地位，所以他们购买产品时偏好产品的品牌和外观。

3. 国家电子行业政策调查结果分析

国家对电子行业的扶持度达50％，行业市场监管度达25％，技术标准建立支持度达25％，行业准入度达10％，这些数据说明国家还是比较支持国内电子行业创造自己的品牌的。

八、调查结果

调查表明，在该地区生产和销售手机产品时应注重经济实用，低消费、高档次的产品，并且外观要多样性，以满足不同年龄和社会地位的消费者的需求。但也要生产一些高消费产品，以满足个别高消费者的消费和心理需求，更重要的是创造自己的品牌。

（资料来源：百度文库）

分析：

(1) 上述报告材料由几个组成部分构成？对每个部分做出评价。

(2) 若请你根据以上材料撰写一份调查报告，你还会完善哪些方面？

项 目 实 训

实训一：对水果市场进行预测报告

实习目的

通过对一组报告数据进行分析，从中发现问题并表述自己的观点。培养学生的思维、写作能力及语言表达能力。

实训内容和要求

背景资料：《2010－2013年中国果汁饮料市场分析报告》的数据表明，中国虽人口众

项目九　调查报告的撰写

多，果汁饮料的消费量却较低，人均年消费量还不到1千克，是世界平均水平的1/10，发达国家平均水平的1/40。世界人均果汁饮料消费量已达7千克，如果按世界平均消费量计算，中国果汁饮料的市场容量应为910万吨，这表明，果汁饮料在中国仍有巨大的发展空间。

2008年，我国苹果、柑橘、梨三大水果产量分别为2 984.7万吨、2 331.3万吨、1 353.8万吨，均居世界第一位。我国水果种植面积占世界水果种植总面积的20%，水果总产量占世界总产量的16%，是世界第一水果生产大国。2008年，全国果品出口484.1万吨，出口额42.3亿美元，其中，鲜果290万吨、苹果浓缩汁69.3万吨、橘瓣罐头35.3万吨。《2011中国果汁饮料市场趋势观察研究预测报告》数据显示：2009年软饮料工业生产总体保持了高速增长，全年共生产各类饮料8 086.2万吨，增长24.33%，比2008年增幅提高了近5个百分点。果汁和蔬菜汁饮料类，2009年前10个月共生产1 166.85万吨，增长35.57%；2009年11月果汁和蔬菜汁饮料产量130.6万吨，同比增长40.05%，1~11月果汁和蔬菜汁饮料产量1 300.2万吨，同比增长29.62%。

国际市场方面预测，到2020年，全球果汁及碳酸饮料将增至730亿升。据此推断，未来中国果汁饮料行业市场的发展空间非常广阔，与此同时也具备了非常好的投资优势。

（资料来源：百度文库）

某公司对××市果汁饮料市场进行了一次市场调查，根据统计数据，该公司对调查结果进行了简要的分析。

追求绿色、天然、营养成为消费者饮用果汁饮料的主要目的。品种多、口味多是果汁饮料行业的显著特点，据××市场调查显示，每家大型超市内，果汁饮料的品种都在120种左右，厂家达十几家，竞争十分激烈，果汁的品质及创新成为果汁企业获利的关键因素，品牌果汁饮料的淡旺季销量无明显区分。

（1）目标消费群。调查显示，在选择果汁饮料的消费群中，15~24岁年龄段的占了34.3%，25~34岁年龄段的占了28.4%，其中，又以女性消费者居多。

（2）影响购买因素。口味：酸甜的味道销得最好，低糖营养性果汁饮品是市场需求的主流；包装：家庭消费首选750mL和1L装的塑料瓶大包装；260mL的小瓶装和利乐包为即买即饮或旅游时的首选；礼品装是家庭送礼时的选择；新颖别致的杯形因喝完饮料后瓶子可当茶杯用，所以也影响了部分消费者购买决定。

（3）饮料种类选择习惯。71.2%的消费者表示不会仅限于一种，会喝多种饮料；有什么喝什么的占了20.5%；表示就喝一种的有8.3%。

（4）品牌选择习惯。调查显示，习惯于多品牌选择的消费者有54.6%；习惯性单品牌选择的有13.1%；因品牌忠诚性做出单品牌选择的有14.2%；受价格影响的占据2.5%；追求方便的比例为15.5%。

（5）饮料品牌认知渠道。广告：75.4%；自己喝过才知道：58.4%；卖饮料的地方：24.5%；亲友介绍：11.1%。

（6）购买渠道选择。在超市购买：61.3%；随时购买：2.5%；个体商店购买：28.4%；批发市场：2.5%；大中型商场：5.4%；酒店、快餐厅等餐饮场所也具有较大的购买潜力。

（7）一次购买量。选择喝多少就买多少的有62.4%；选择一次性批发很多的有7.6%；会多买一点存着的有29.9%。

试根据上述材料，撰写一篇市场调查报告。

实训考核

通过调查报告，可以发现影响消费者果汁饮料购买行为的因素。同时，也可以结合自己平时购买习惯，总结影响自己行为的因素。

本次实习考核可以由教师抽查，也可以小组推荐。

实训二：电脑城周边产品调查报告

实训目的

到当地电脑城实地进行走访或观察，根据其销售的电脑周边产品在市场上的销售情况，调查当前市场流行的电脑软件，以及调查主流软件价格和趋势。

实训内容和要求

(1) 依据对本市电脑市场的初步了解，拟出市场调查计划。

(2) 实施市场调查计划，并认真进行记录。

(3) 整理记录，完成实训报告。

实训考核

学生分小组走访观察，将本次的调查情况记录下来。小组中的每位同学分工组合，并各自写一篇实训感想，教师根据各小组学生完成情况进行评价打分。

参 考 文 献

[1] [美]伊恩·布雷. 市场调查问卷设计宝典[M]. 胡零, 刘智勇, 译. 上海: 上海交通大学出版社, 2005.
[2] 王力. 国外著名广告实例及述评[M]. 北京: 中央广播电视大学出版社, 1995.
[3] 陈殿阁. 市场调查与预测[M]. 北京: 清华大学出版社, 北京交通大学出版社, 2006.
[4] 刘登辉, 韩千里. 市场调查与预测[M]. 北京: 中国经济出版社, 2008.
[5] 赵轶, 韩建东. 市场调查与预测[M]. 北京: 清华大学出版社, 2007.
[6] 许以洪, 熊艳. 市场调查与预测[M]. 北京: 机械工业出版社, 2010.
[7] 刘震国. 市场调研[M]. 上海: 华东理工大学出版社, 1997.
[8] 邱小平. 市场调研与预测[M]. 北京: 机械工业出版社. 2007.
[9] 王玉华. 市场调查与预测[M]. 北京: 机械工业出版社, 2010.
[10] 柴庆春. 市场调查与预测[M]. 北京: 中国人民大学出版社, 2006.
[11] 刘红. 市场调查与预测[M]. 北京: 北京交通大学出版社, 2011.
[12] 魏颖, 岁磊. 市场调查与预测[M]. 北京: 经济科学出版社, 2010.
[13] 徐林, 王自豪. 市场调查与预测[M]. 北京: 北京大学出版社, 中国农业大学出版社, 2011.
[14] 翁翼飞. 应用统计学[M]. 北京: 中国矿业大学出版社, 2010.
[15] 肖战峰. 统计学原理[M]. 成都: 西南财经大学出版社, 2010.
[16] 覃常员. 市场调查与预测[M]. 大连: 大连理工大学出版社, 2009.
[17] 简明, 金勇进, 蒋妍. 市场调查方法与技术[M]. 北京: 中国人民大学出版社, 2009.
[18] 魏炳麒. 市场调查与预测[M]. 大连: 东北财经大学出版社, 2005.
[19] 夏怡凡. SPSS统计分析精要与实例详解[M]. 北京: 电子工业出版社, 2010.
[20] 刘震. SPSS统计分析与应用[M]. 北京: 电子工业出版社, 2011.
[21] 贾丽艳, 杜强. SPSS统计分析标准教程[M]. 北京: 人民邮电出版社, 2010.
[22] 赖国毅, 陈超. SPSS 17.0中文版常用功能与应用实例精讲[M]. 北京: 电子工业出版社, 2010.
[23] 龚曙名. 市场调查与预测[M]. 北京: 清华大学出版社, 北京交通大学出版社, 2010.

北京大学出版社高职高专经管类规划教材书目

序号	书名	主编	定价	出版日期	序号	书名	主编	定价	出版日期
1	统计学基础	阮红伟	30	2009	47	国际贸易实务	李湘滇 等	34	2011
2	统计学原理	廖江平 等	25	2009	48	国际贸易实务操作	王言炉 等	38	2011
3	统计学原理与实务	姜长文 等	26	2009	49	国际商务谈判	卞桂英 等	33	2008
4	经济法原理与实务	孙晓平 等	38	2009	50	国际商务谈判(第2版)	刘金波 等	35	2011
5	经济法实用教程	胡卫东 等	39	2009	51	国际商法实用教程	聂红梅 等	35	2010
6	财经法规	李 萍 等	35	2009	52	进出口贸易实务	周学明 等	30	2008
7	会计基本技能	高东升 等	26	2010	53	商务英语学习情境教程	孙晓娟	27	2011
8	基础会计	常 美	28	2010	54	金融英语	刘 娣	24	2009
9	基础会计教程	侯 颖	30	2009	55	财政基础与实务	才凤玲 等	34	2007
10	基础会计教程与实训	李 洁 等	28	2009	56	财政与金融	谢利人 等	37	2008
11	基础会计教程与实训(第2版)	李 洁 等	30	2011	57	市场营销学	李世宗 等	28	2008
12	基础会计实训教程	王桂梅	20	2009	58	市场营销	钟立群	33	2010
13	基础会计原理与实务	侯旭华 等	28	2009	59	管理学原理	季 辉 等	26	2008
14	财务管理教程与实训	张 红 等	37	2008	60	管理学基础	李蔚田	34	2010
15	财务会计	张双兰 等	40	2011	61	管理学原理与应用	秦 虹	27	2010
16	财务会计(第2版)	李 哲 等	32	2010	62	企业管理	张 亚 等	34	2008
17	财务会计实用教程	丁增稳 等	36	2008	63	通用管理实务	叶 萍	39	2009
18	财务活动管理	石兰东	26	2011	64	现代公共关系原理与实务	张美清	25	2007
19	财务管理	翟其红	29	2011	65	现代企业管理	于翠华 等	38	2009
20	财务管理	林 琳 等	35	2011	66	现代企业管理	刘 磊	32	2011
21	Excel财务管理应用	陈立稳	33	2011	67	商务礼仪	李 巍	33	2009
22	成本会计	李桂梅	28	2009	68	商务礼仪	金丽娟	29	2011
23	成本会计	陈东领 等	25	2010	69	现代商务礼仪	覃常员 等	24	2009
24	成本会计	徐亚明 等	24	2011	70	商务沟通实务	郑兰先	31	2011
25	成本费用核算	王 磊	27	2011	71	人力资源管理	李蔚田	40	2008
26	成本会计实训教程	贺英莲	23	2008	72	人力资源管理实务	赵国忻 等	30	2011
27	成本会计实务	王书果 等	36	2011	73	电子商务实务	胡华江	27	2009
28	审计学原理与实务	马西牛 等	32	2007	74	电子商务实用教程	卢忠敏 等	33	2011
29	审计业务操作	涂申清	30	2011	75	电子商务英语	陈晓鸣 等	22	2010
30	审计业务操作全程实训教程	涂申清	26	2011	76	网络营销理论与实务	范军环 等	32	2010
31	税务会计实用教程	李克桥 等	37	2008	77	商务谈判	范银萍 等	32	2009
32	涉税业务核算	周常青	29	2011	78	市场调研案例教程	周宏敏	25	2008
33	企业纳税实务	司宇佳	25	2011	79	市场调查与预测	徐 林 等	27	2011
34	会计电算化实用教程	张耀武	28	2008	80	市场营销理论与实训	路 娟	27	2011
35	会计电算化实用教程(第2版)	刘东辉	20	2008	81	市场调查与预测	熊衍红	31	2011
36	会计英语	杨 洪	28	2009	82	管理信息系统	刘 宇	30	2009
37	行业特殊业务核算	余 浩	20	2011	83	商品学概论	方凤玲	20	2008
38	财经英语阅读	朱 琳	29	2010	84	广告原理与实务	郑小兰 等	32	2007
39	资产评估	董亚红	40	2009	85	零售学	陈文汉	33	2009
40	国际结算	徐新伟	32	2009	86	消费心理学	臧良运	31	2009
41	国际结算	黎国英	25	2009	87	营销策划技术	方志坚	26	2008
42	货币银行学	曹 艺 等	28	2009	88	中小企业管理	吕宏程	35	2008
43	国际金融基础与实务	冷丽莲 等	33	2008	89	连锁经营与管理	宋之苓	37	2010
44	国际贸易概论	黎国英	28	2009	90	秘书理论与实务	赵志强	26	2008
45	外贸单证	程文吉 等	28	2011	91	现代物流管理	沈 默 等	37	2007
46	国际贸易理论与实务	程敏然 等	40	2008	92	消费心理与行为分析	王水清	30	2011

　　请登录www.pup6.cn 免费下载本系列教材的电子样书(PDF版)、电子课件和相关教学资源。
　　欢迎免费索取样书,并欢迎到北京大学出版社来出版您的大作,您可在 www.pup6.cn 在线申请样书和进行选题登记,也可下载相关表格填写后发到我们的邮箱,我们将及时与您取得联系并做好全方位的服务。
　　联系方式:010-62750667,sywat716@126.com、linzhangbo@126.com,欢迎来电来信咨询。